„Licht über Licht" – Die Vernun

C000265450

Religion
in der Öffentlichkeit

Herausgegeben von
Jürgen Heumann und Wolfgang Erich Müller

Band 10

PETER LANG

Frankfurt am Main · Berlin · Bern · Bruxelles · New York · Oxford · Wien

Martina Wegener

„Licht über Licht" –
Die Vernunfttradition
des Islam

Kulturelle und religiöse Aspekte
eines Dialogversuchs

Mit einem Vorwort von Peter Antes

PETER LANG
Internationaler Verlag der Wissenschaften

Bibliografische Information der Deutschen Nationalbibliothek
Die Deutsche Nationalbibliothek verzeichnet diese Publikation
in der Deutschen Nationalbibliografie; detaillierte bibliografische
Daten sind im Internet über <http://www.d-nb.de> abrufbar.

Gedruckt auf alterungsbeständigem,
säurefreiem Papier.

ISSN 0721-4022
ISBN 978-3-631-57944-2

© Peter Lang GmbH
Internationaler Verlag der Wissenschaften
Frankfurt am Main 2008
Alle Rechte vorbehalten.

Printed in Germany 1 2 3 4 5   7

www.peterlang.de

Vorwort

Es ist mir eine Ehre und Freude zugleich, das von Frau Dr. Martina Wegener vorgelegte Buch einem breiten Leserpublikum nachdrücklich zur Lektüre zu empfehlen. Das Buch ist nämlich in vierfacher Hinsicht bemerkenswert:

1. Das Buch bietet eine **Einführung in den Islam als Religion und Kultur**, die sich sehen lassen kann. In einer Zeit, in der die öffentliche Wahrnehmung des Islam vorzugsweise den Islam als aggressive Religion mit einer Tendenz zum Fundamentalismus, ja bisweilen zum Terrorismus darstellt, tut es gut, auf der Basis solider Sachkenntnis und mit Bezug auf die einschlägige Fachliteratur dieses negative Bild vom Islam zu korrigieren und darauf hinzuweisen, dass der Islam über Jahrhunderte hinweg die Kulturgeschichte der Menschheit positiv geprägt und auch die europäische Geistesgeschichte nachhaltig beeinflusst sowie zu deren Hochblüte im christlichen Mittelalter wesentlich beigetragen hat.

2. Das Buch besticht durch den **Nachweis einer Vernunfttradition im Islam**. Dies wird bei uns zu leicht vergessen. Nicht nur in vielen neueren Veröffentlichungen zum islamischen Fundamentalismus wird dem Islam die europäische Vernunfttradition gegenübergestellt. Auch in der berühmten Vorlesung an der Universität Regensburg hat 2006 Papst Benedikt XVI. Ähnliches über den Islam gesagt. Von daher ist es wichtig und an der Zeit, an die Vernunfttradition des Islam mit soliden Belegen aus Geschichte und Gegenwart zu erinnern, wie es das hier vorgelegte Buch in vorbildlicher Weise tut.

3. Das Buch wählt für seine Darstellung des Islam einen **sehr originellen Aufbau**, der sich wohltuend von den klassischen Einführungen in den Islam unterscheidet und dabei keines der "heißen Eisen" auslässt, wenn nach einer kurzen Einführung und Aussagen zur Quellenlage islamische Grundlagen für die allgemeinen Menschenrechte, dann die islamische Tradition der Vernunft, die Demokratie in islamischen Staaten und Konzepte des Islam in Europa behandelt werden, bevor eine Schlussbetrachtung die wesentlichen Ergebnisse des vorher Gesagten zusammenfasst.

4. Das Buch besticht schließlich durch **eigene Erfahrungen aus Tunesien**, die die Verfasserin während einer Lehrtätigkeit in Tunis gesammelt und mit den theoretischen Kenntnissen über den Islam zu einer harmonischen Einheit zusammengeführt hat. Von daher verbleibt nichts im Theoretischen, alles ist zugleich durch die Praxis erlebt und erprobt und von daher ein wertvoller Beitrag zum besseren Verständnis des Islam.

Es ist der Verfasserin zuzustimmen, wenn sie in der Schlussbetrachtung schreibt: "Viele der Probleme, die uns heute als muslimisch erscheinen, sind in Wahrheit nicht muslimisch, sondern spiegeln eher die historische Auseinandersetzung des Monotheismus mit einer säkularisierten und aufgeklärten Welt. Es sind auch nicht so sehr die religiösen Grundlagen, die eine Anpassung an diese säkularisierte Welt erschweren, sondern vielmehr die schwierigen politischen Umstände, in denen sich die arabische Welt seit längerer Zeit befindet." Wer dies begriffen hat, ist in einer Weise für den Dialog zwischen den Muslimen und Europa vorbereitet, die in dieser Form bislang ohne Parallele ist. Deshalb ist dem Buch eine große Leserschaft zu wünschen, damit dieser Dialog endlich beginnen und zu einer echten Begegnung zwischen Orient und Okzident werden kann.

Dr. Dr. Peter Antes, Hannover

Inhaltsverzeichnis

Gott ist das Licht von Himmel und Erde.
Sein Licht ist einer Nische zu vergleichen,
mit einer Lampe darin.
Die Lampe ist in einem Glas,
das so blank ist,
wie wenn es ein funkelnder Stern wäre.
Sie brennt mit Öl von einem gesegneten Baum,
einem Ölbaum, der weder östlich noch westlich ist,
und dessen Öl fast schon hell gibt,
noch ohne dass überhaupt Feuer daran gekommen ist, -
Licht über Licht.
Gott führt seinem Licht zu, wen er will.
Und er prägt den Menschen die Gleichnisse.
Gott weiß über alles Bescheid.

Sure 24, 35; frei zitiert nach der Übersetzung von Rudi Paret.

Einführung

Wir leben in einer Zeit, in der die Konflikte zwischen westlicher und arabischer Welt[1] zu eskalieren drohen. Es scheint kein Licht am Ende des Tunnels zu sein, wie der Friedensforscher Dieter Senghaas bei einer Preisverleihung im Bremer Rathaus im November 2006 pessimistisch anmerkte. Die Globalisierung führt zwangsläufig dazu, dass die unterschiedlichen Kulturen stärker miteinander konfrontiert werden. Harte Auseinandersetzungen zwischen Muslimen und Nichtmuslimen unter den modernen Voraussetzungen prognostizierte bereits vor zehn Jahren Samuel Philips Huntington mit seinem Buch „The Clash of Civilizations" (1996). Heute erscheint ein Dialog zwischen den Kulturen angesichts von Karikaturenstreit, Nuklear-Krise, Wahlsiegen von muslimischen Fundamentalisten und dem Konflikt im Irak schwieriger denn je, „und damit umso notwendiger", wie die Friedrich-Ebert-Stiftung konstatiert. Dieser Essay will also trotz der widrigen Umstände auf Spurensuche gehen nach einem Islam, der mit dem Abendland durchaus gemeinsame Werte teilen kann. Der Begriff „Dialog der Kulturen" scheint aber in der Bundesrepublik auch auf Angst und Widerstand zu stoßen. Dass man sich mit dem Anliegen, mit dem Islam in einen Dialog treten zu wollen, neuerdings auch der zynischen Kritik aussetzen kann, beweist ein Spiegel-Kommentar aus dem Jahr 2006:

> „Wie sollen >wir< die kulturelle Identität der islamischen Länder mehr achten? Indem wir das schöne Ritual des freitagnachmittäglichen Handabhackens auch bei uns einführen? Indem wir unsere Frauen zuerst genital verstümmeln und dann unter Burkas und Tschadors verstecken? Indem wir Homosexuelle öffentlich hängen und Ehebrecherinnen steinigen? Und auf welche Provokationen sollten wir verzichten, um keine Gefühle von Erniedrigung und Demütigung hervorzurufen? Sollen wir eine Liste der Themen aufstellen, die unsere Karikaturisten nicht behandeln dürfen? Sollen wir den Christopher Street Day abschaffen und auf den Genuss von Eisbein verzichten? Soll Sasha Waltz ihre Tänzer nicht mehr nackt auftreten lassen? Sollen wir uns jeden Hinweis darauf verkneifen, wie wenige Bücher in Saudi-Arabien verlegt und übersetzt werden? Sollen

---

1 *Anmerkung:* Der Begriff „arabische Welt" wird hier der Einfachheit halber gebraucht, ist aber kein exakt definierter Begriff. Er kann zum einen die Gesamtheit der 22 Mitglieder (21 Mitgliedstaaten und die Palästinensische Autonomiebehörde) der am 22. März 1945 in Kairo gegründeten Arabischen Liga bezeichnen, zum anderen das zusammenhängende Siedlungsgebiet der Araber. Beides ist nicht ganz identisch. Auch wird insofern eine künstliche Einheit geschaffen, weil sich die so genannte „arabische Welt" viel zu different gestaltet, weder als praktizierter Glaube noch als Kultur gab es im Vorderen Orient je eine einheitliche „arabische Welt". Der verwandte Begriff „islamische Welt" ist zu unterscheiden. Die Araber sind in der islamischen Welt in der Minderheit, gleichwohl der Islam aus Arabien stammt.

wir auch bei uns die Fatwa einführen und sie gegen Gotteslästerer anwenden?
Sollen wir die Werke von Voltaire, Freud und Rushdie verbieten?" [1]

Gerade einen so gearteten Dialog, der aus dem religiösen und kulturellen Zusammenhang Erscheinungen aus der islamischen Welt herausreißt, die gegen unsere Freiheitsrechte, wie sie in der UN-Charta formuliert werden, verstoßen, suche ich hier nicht. Er ist unsachlich und wird dem Islam nicht gerecht. Natürlich kann es in einem solchen Dialog auch nicht um Anbiederung gehen. Dass ein gelingender Dialog zwischen Islam und Christentum, zwischen westlicher und islamischer Kultur, von beiden Seiten gedankliche Beweglichkeit, kritische Selbstbetrachtung und die Bereitschaft zu einem gewaltlosen Miteinander erfordert, sollte klar sein.[2] Der muslimische Gelehrte Abdoldjavad Falaturi (1926-1996), der den Anschlag auf das World Trade Center in New York nicht mehr miterlebte, hat schon in den 90er Jahren auf die Schwierigkeiten eines christlich-muslimischen Dialogs verwiesen und warnte davor, zur Selbstberuhigung nur einen „Scheindialog" zu führen. Er führt gegenseitige Skepsis, Geringschätzung der anderen Dialogseite, Überheblichkeit, Vorurteile und Feindbilder an, die einen gelingenden Dialog verhinderten. Scheindialoge würden geführt,

> „wo extreme Ereignisse, wie z. B. aktuelle politische Anlässe verbunden mit
> Gewalt (...) als Anlass dienen, eine Veranstaltung nach der anderen anzube-
> raumen, ohne das mindeste Interesse an der gesamten, mit dem jeweiligen Er-
> eignis verbundenen Problematik, bei denen der Dialog dazu dienen soll, be-
> stimmte aktuelle Erscheinungen aus dem Kontext der Lehre, der Geschichte,
> und dem Überzeugungsfeld herauszugreifen und ein verzerrtes und wahrlich
> verabscheuungswürdiges Bild von der Religion und der Kultur des anderen zu
> konstruieren (das geschieht besonders häufig zum Nachteil des Islam)"[3],

schrieb Falaturi in seinem Todesjahr hellsichtig.

Tatsächlich reagiert der Westen auf das wieder erwachende muslimische Selbstbewusstheit erschreckend eingleisig. Indem sich das amerikanische Establishment der Theorien der in Sachen Islam ziemlich bewanderten Gelehrten wie Bernard Lewis oder Samuel Huntington bediene, tue es mit den Muslimen, was die Briten ihnen im 19. Jahrhundert angetan haben: ihnen neue Eigenschaften und Bedeutung zuzuschreiben. So würden Muslime wahllos als Fundamentalisten und Terroristen gebrandmarkt und der Islam als Ursache ihrer Verbrechen bezeichnet, beklagt der pakistanische Dozent Tahir Kamran im September 2006 in einem Brief an die kulturpolitische Zeitschrift „Fikrun wa fann" des Goethe-Instituts. In Anbetracht der Gewalttätigkeit und Todesbereitschaft von radikalen

---

1   Broder, Henryk M.: Dialog? Nein, danke!, Spiegel-online vom 25.02.2006
2   Vgl. hierzu Margull, Hans Jochen: Zeugnis und Dialog. Ammersbek bei Hamburg 1992
3   Falaturi, Abdoldjavad: Der Islam im Dialog. 5. erw. Auflage, Hamburg 1996, S. 161

islamischen Fundamentalisten war die spontane Reaktion des amerikanischen Präsidenten George Bush nach dem Attentat auf das World Trade Center in New York am 11. September 2001 eine unzulässige Pauschalisierung: Er brandmarkte die arabische Welt als die Verkörperung des Bösen, heiligte den Westen aber als Verkörperung des Guten. Auch die jüngere Vergangenheit gibt mit der Regensburger Rede von Papst Benedikt XVI. im Jahre 2006 ein Beispiel für eine undifferenzierte Betrachtung und Aburteilung des Islam, so dass diese Rede sogar in katholischen Kreisen auf Protest stieß. Der Papst hatte islamkritische Äußerungen aus einem mittelalterlichen Streitgespräch zitiert, um so das Missverhältnis zwischen Glauben und Vernunft am Beispiel des Islam zu zeigen und damit den Islam lediglich in seine vernunftfeindlichen Zusammenhänge gestellt und die langjährige islamische Tradition der Vernunft, auf die viele Muslime stolz sind, unterschlagen. Man sollte sich fragen, ob hier nicht eine Projektion vorliegt, die im tiefenpsychologischen Sinne die Schwächen der eigenen Gesellschaft auf die muslimische projiziert.

> „Das Feindbild stabilisiert. Sind >wir< im Westen auch in vielem uneins, so sind wir doch verschworen gegen den Feind, gegen das >Reich des Bösen<, die >Achse des Bösen<! Ein gemeinsamer Feind stärkt den Zusammenhalt, die NATO, die transatlantische Freundschaft. Er lässt uns zusammenstehen, Kritiker dämonisieren und Abweichler ausgrenzen. Feindbilder fördern das Block-Denken.“[1]

Das Problem einer Verständigung zwischen arabischer und westlicher Welt liegt außer diesem psychologischen Faktor im unterschiedlichen Maßstab, mit dem beide Welten messen. Das Abendland fühlt sich in der Tradition der Aufklärung stehend, die mit dem Ende der französischen Revolution von Frankreich ausgehend ihren Einfluss auf die westliche Welt ausweitete. Es meint, diese Werte müssten vom Rest der Welt geteilt werden. Unsere Werte wie Meinungs- und Glaubensfreiheit, der säkulare Rechtsstaat und die Gleichheit des Menschen vor dem Gesetz sind aber Werte, die unser Selbstverständnis noch nicht einmal seit zweihundert Jahren prägen. Wir können deshalb nicht erwarten, dass der Islam problemlos mit uns gleichzieht.

Die westliche Welt hat mit der islamischen dennoch viel mehr Gemeinsamkeiten, als sie wahrzuhaben bereit ist. Eine Parallelität besteht in vielen Problemen, die das Christentum mit seinem Säkularisierungsprozess hatte. Hier kann der Islam sich zum Teil gespiegelt sehen. Viele der Probleme, vor denen sich die islamische Welt gestellt sieht, wie zum Beispiel den Konflikt zwischen Religion und Staat oder die Ungleichbehandlung von Mann und Frau, sind auch aus unserer eigenen abendländisch-christlichen Geschichte hinreichend bekannt. Eine andere Gemeinsamkeit liegt darin, dass auch der islamischen Welt eine

---

1 Küng, Hans: Der Islam. München: Piper Verlag, 2004

Vernunfttradition keineswegs fremd ist, was im Westen immer noch nicht genügend wahrgenommen wird und worauf der Papst in seiner Rede zum Entsetzen vieler Muslime überhaupt nicht einging. Die gedanklichen Inhalte der europäischen Aufklärung im ausgehenden 18. Jahrhundert sind keine europäische Erfindung. Die arabische Welt hat eine frühe rationalistische Tradition vorzuweisen, in der sie viele der Errungenschaften, die wir in den Kontext der europäischen Aufklärung stellen, vorweg genommen hat. In der Gegenwart gibt es in der islamischen Zivilisation Versuche, in Reaktion auf das antirationale Gedankengut der Fundamentalisten an diese islamische Vernunfttradition wieder anzuknüpfen. In diesem Versuch liegt auch für den Westen ein Potential, das Frieden schaffen kann. Er soll Gegenstand dieses Essays sein. So fällt in der Struktur des Essays sicherlich auf, dass ich das Hauptaugenmerk auf diese Thematik gerichtet habe, wobei die Frage nach den Menschenrechten eng an die Vernunfttradition angebunden ist. Das dritte und vierte Kapitel mit den Fragen nach Demokratie in islamischen Staaten und Islam in europäischen Staaten sind Themen, die lediglich in ergänzender Weise und wesentlich knapper hinzugezogen wurden und vor allem die Konsequenzen beleuchten sollen, die sich aus dem Stand der islamischen Vernunftdiskussion ergeben.

Wenn im Folgenden von Rationalismus die Rede ist, wird dieser Begriff jedoch nicht zu eng umrissen werden dürfen, damit er seine Brückenfunktion zwischen westlicher und islamischer Welt erfüllen kann. Mit Rationalismus werden die menschliche Vernunft, die der Koran anspricht, ferner die platonische und aristotelische Philosophie, die seit dem achten Jahrhundert im Islam reflektiert wurde, sowie die wissenschaftlich-technische Rationalität der europäischen Kolonialstaaten gemeint sein.

Die Rückbesinnung auf gemeinsames Ideengut und Traditionen ist, wie oben erwähnt, auch Voraussetzung für einen interreligiösen Dialog auf hohem Niveau. Er kommt einem kulturellen Dialog damit sehr nahe. So fordert Falaturi von seinen Glaubensgenossen,

> „selbstkritisch und differenziert mit den eigenen Glaubensinhalten umzugehen und den Mut zu haben, die Schwächen und Fehlentwicklungen in der Geschichte der eigenen Religion zuzugeben."[1]

Ein solch geführter Dialog erschöpft sich nicht in der Feststellung, dass der Islam keine Dreieinigkeit von Vater, Sohn und Heiliger Geist anerkennt wie auch Jesus Christus zwar als Propheten sieht, aber keineswegs als Sohn Gottes. Auch der gefährliche Absolutheitsanspruch, den beide Religionen kennen und der im Islam noch in der Feststellung gipfelt, dass er als die jüngere Religion über die

---

1   Falaturi, Abdoldjavad: Der Islam im Dialog, S. 157

letzte Offenbarung verfüge, die von Gott an die Menschen gegangen ist, und damit dem Christentum und schon erst recht dem Judentum überlegen sei, wird in einem solch geführten Dialog kein dominierender Platz eingeräumt. Aber auch ein derartig gestalteter interreligiöser Dialog wird in der westlichen Gesellschaft auf seine natürlichen Grenzen stoßen, da viele Europäer gar nicht mehr gläubig sind, also die westliche Welt immer mehr säkularisiert. Eine von Glaubensfragen weitestgehend frei gehaltene Betrachtung der Geistesgeschichte von Christentum und Islam kann deshalb hier sehr bereichernd sein.

Tatsache ist, dass man über den Islam nicht reden kann, wenn man seine religiösen Grundlagen außer Acht lässt. Im Westen herrscht eine bemerkenswerte Uninformiertheit über die theoretischen Grundlagen des Islam und stattdessen kommt es zu Pauschalisierungen, die sich an den modernen Erscheinungen fundamentalistisch-muslimischer Glaubensäußerungen orientieren, wie obiges Beispiel aus „Spiegel-online" zeigt. Es wird deshalb auch die Hauptaufgabe dieses Essays sein, die Glaubensgrundlagen des Islam für ein Gedankengut zu klären, das die europäische Welt als „aufgeklärt" bezeichnet. Dabei werden im ersten Kapitel die Menschenrechte, wie sie die UN-Charta zusichert, die Grundlage für dieses Gedankengut sein. Dieser Vergleich wird die „wunden" Punkte eines Dialogs zu Tage bringen. Es wird aber gleichzeitig zu zeigen sein, dass die Problemzonen der Menschenrechtsdiskussion keineswegs auf die muslimische Kultur zu begrenzen, sondern auch in der Geschichte des christlichen Abendlandes bekannt sind. Ein Diskurs über Pro und Contra westlichen Menschenrechtsverständnisses mit der muslimischen Welt kann zurzeit auch weniger das Ziel eines Dialogs sein, denn die aktuelle Menschenrechtsdebatte mit der islamischen Welt steckt nicht aus religiösen, sondern aus politischen Gründen in einem Dilemma.

In einem kulturellen Dialog, der sich auch darum bemüht, die religiösen Grundlagen des Islam mit zu berücksichtigen, werden wir mit Sicherheit immer noch auf viele Unterschiede zwischen Orient und Okzident treffen, aber wir werden diese Unterschiede dann besser verstehen und einzuordnen wissen.

Dazu müssen wir auch unseren eigenen Standpunkt, von dem her wir urteilen, kritisch beleuchten. Wenn wir für unser Urteil über die islamische Welt von der abendländischen Tradition der Aufklärung ausgehen, so versuchen wir einen Dialog von unserem eigenen Standpunkt her zu beginnen. Dieser Ausgangspunkt ist nur begrenzt tauglich. „Aufklärung" bezeichnet eine Epoche der europäischen Geistesgeschichte, deren besondere historische Bedingungen und Folgen sich nicht einfach auf die Verhältnisse anderer Kulturen übertragen lassen. Bei dem Wagnis eines Dialogs sollte man sich auch darüber im Klaren sein, dass dieser meist von notwendigen Vereinfachungen ausgeht, denn die islamische Welt ist vielfältig. Einige Islamwissenschaftler gehen sogar soweit, einen kulturellen Dialog an sich als unmöglich zu betrachten, weil er ideolo-

gisch so vereinfachend geführt wird.[1] Dieser Einwand mag besonders dann richtig sein, wenn man von aktuellen Ausprägungen des Islam ausgeht, der hier ge-
wagte kulturelle Dialog soll aber auch in die Geschichte, und besonders in die
Geschichte der Perser verweisen.

Eine Verständigung über die Suche nach einem gemeinsamen Wertekanon kann
also nur zum Teil gelingen, zum anderen Teil muss der Islam als „das Andere"
einfach akzeptiert werden. Dabei meine ich nicht die fundamentalistischen
Schläge gegen den Westen, mit denen sich die Mehrheit der Muslime gar nicht
solidarisiert, sondern die Akzeptanz einer Religion, die sich unter anderen kulturellen und historischen Voraussetzungen entwickelt hat als das Christentum.

Die Konfrontation mit der „anderen" Welt der Muslime findet jedoch nicht nur
über einen Ausflug in die Vergangenheit statt, sondern auch über aktuelle Beispiele aus dem Maghreb-Staat Tunesien *(optisch hervorgehoben durch Kursiv-
druck),* eines der wenigen muslimischen Länder, in dem die Religion vom Staat
getrennt wurde und in dem ich zwei Jahre lang gelebt und gearbeitet habe. Die
Ursachen der alltäglichen Probleme, mit denen sich dieses Land und seine Bevölkerung tragen, liegen vorrangig nicht in der Religion, sondern in den aktuellen wirtschaftlichen und politischen Zusammenhängen.

---

1   *Anmerkung*: So fragt Navid Kermani: „Wo, bitte schön, müssten in diesem Gesprächs-
    kreis die westlichen Muslime Platz nehmen, die Bosnier zum Beispiel oder die zweite
    und dritte Generation der muslimischen Einwanderer? Wo wäre der Platz des arabischen
    Bürgertums, der orientalischen Christen, der Intellektuellen, die mit Paris im Kopf anstatt
    mit Mekka groß werden? Nein, der Dialog der Kulturen ist eine Karikatur." (Kermani,
    Navid: Das heilige Phantasma, in: DIE ZEIT 02/2003).

Zur Quellenlage des Islam

Wenn im Folgenden überprüft werden soll, inwieweit der Islam mit Grundforderungen westlichen aufgeklärten Gedankenguts übereinstimmen kann, so sieht man sich von vornherein einer schwierigen Quellenlage gegenüber. Wer über den Islam sprechen will, muss zunächst deutlich machen, was genau er darunter versteht. Muslime unterscheiden zwischen dem traditionellen Islam, der auf den Sitten und Gebräuchen des Nahen Ostens beruht, und dem „wahren" Islam, der im Koran festgehalten und durch den Propheten Mohammed verkündet wurde. Für eine Reflexion über den Islam sollen die Sitten und Gebräuche zwar berücksichtigt werden, entscheidend für eine Prüfung des Islam sollen hier aber Koran und Verkündigung sein. Der Islam der Traditionen hat die Grundwerte des Korans und der Verkündigung von Anbeginn der islamischen Geschichte an verfälscht und verschleiert, ein Schicksal, das auch dem Christentum im Übrigen nicht erspart geblieben ist, wie ein Vergleich zwischen Urchristentum und Kirchengeschichte zeigen könnte.

Grundsätzlich unterscheidet man als Quellentexte für den Islam das heilige Buch des Korans (Qur'an = Lesung) und die *Sunna* (= Gewohnheit), deren Grundlage die Hadīthe (hadīt = Überlieferung) bilden, die mit einer ununterbrochenen Kette der Überlieferer auf den Propheten zurückgehen sollen und dessen Taten und Worte (Verbote, Empfehlungen, Warnungen etc.) enthalten, die nicht im Koran stehen. Die Tradition beziehungsweise die *Sunna* bleibt aber in ihrer theologischen Bedeutung weit hinter dem Koran zurück. Der bosnische Islam- und Kulturwissenschaftler Smail Balić betont diesbezüglich: „Konkret heißt das, dass es niemandem zusteht, die *Sunna* (Tradition) über den Qur'an zu stellen."[1]
   Was die Koranüberlieferung betrifft, ergeben sich größere Schwierigkeiten. Die muslimische Koranwissenschaft sprach bisher von mündlicher Tradition, die der Philologe Christoph Luxenberg jedoch in Zweifel zieht. Er kommt zu dem Schluss, dass der Koran von Anfang an schriftlich übermittelt worden sei und es dabei zu erheblichen „Verlesungen und Missdeutungen des Korantextes"[2] gekommen ist. Es werden nur noch sieben Textgestalten des Korans als kanonisch anerkannt, in beschränktem Maße noch weitere sieben, die nicht verbindlich, sondern nur erlaubt sind. Daneben gibt es jedoch auch noch ungewöhnliche Lesarten des Korans. Man kann sich also vorstellen, dass es in den

---

1   Smail Balić: Islam für Europa. Neue Perspektiven einer alten Religion. Köln, Weimar, Wien: Böhlau, 2001, S. 46
2   Luxenberg, Christoph (Pseudonym): Die syro-aramäische Lesart des Koran. Ein Beitrag zur Entschlüsselung der Koransprache. Berlin: Verlag Hans Schiler, 2. erw. Aufl. 2004, S. 338

ersten Jahrhunderten nach dem Tod des Propheten unzählige Lesarten gegeben haben muss, welche dann immer wieder verboten und verbrannt wurden.

Die Koranwissenschaftler stehen vor großen Schwierigkeiten, wollen sie den geschichtlichen Zusammenhang, in denen bestimmte Verkündigungen ergingen, rekonstruieren und die Suren deuten. Dies liegt gleich an mehreren erschwerenden Voraussetzungen. Zum einen sind viele Suren gar keinem genauen Offenbarungszeitpunkt zuzuordnen, da der Koran die Suren nicht nach ihrer zeitlichen Abfolge, also nicht nach chronologischen Gesichtspunkten, sondern ihrer Länge nach ordnet und zwar in absteigender Linie. Schon die mittelalterlichen Kommentatoren gliedern die Suren des besseren historischen Überblicks halber in mekkanische Stücke, die stilistisch dynamisch und eruptiv sind und die Schrecken der Endzeit schildern und in medinensische Suren, in denen das irdische Reglement die jenseits gerichtete Verkündigung in den Hintergrund drängt und die auch von persönlichen Interessen des Propheten bestimmt sind. Zum anderen haben wir die kaum noch nachvollziehbare Textentwicklung des Korans sowie die Eigenart seiner Sprache. Die arabische Ausdrucksweise sei oft so knapp und abrupt,

> „dass es oft schwer wird, die historische Situation, die eine koranische Verkündigung im Auge hat und als bekannt voraussetzt, aus dem für unsereinen rätselhaften Wortlaut zu rekonstruieren."[1]

Die arabischen Korankommentare divergieren dementsprechend stark und bieten oft mehr als ein halbes Dutzend[2] unterschiedlicher Deutungsmöglichkeiten. Die sprachlichen Schwierigkeiten, die der Koran mit sich bringt, haben die muslimischen Koranwissenschaftler bisher einfach verklärt. Die Sprache des Korans gilt ihnen als unnachahmlich und damit auch als unübersetzbar, sie sei himmlischen Ursprungs und muss daher auch von nichtarabischen Muslimen auf Arabisch rezitiert werden, ungeachtet der Tatsache, dass sie diese Sprache gar nicht verstehen Die textkritischen Untersuchungen von Luxenberg werfen allerdings ein anderes Licht auf die Sprache des Korans. Luxenbergs Arbeit stellt einen wirklich ernst zu nehmenden Versuch einer linguistischen Textkritik für den Koran dar - die koranische Entsprechung zur textkritischen Bibelauslegung, die die christliche Theologie schon seit über hundert Jahren betreibt. Der nichtmuslimische Philologe stellt einen Zusammenhang her zwischen dem syrischchristlich geprägten Aramäisch, die Muttersprache von Jesus Christus, und der Sprache des Korans. Danach durchweben syrisch-christliche Sprachelemente den heiligen Text der Muslime. Zur Zeit der Entstehung des Korans waren aramäische und arabische Wörter zum Teil identisch, hatten aber eine unterschied-

---

1   Paret, Rudi: Mohammed und der Koran. Stuttgart: W. Kohlhammer, 1976, S. 151

2   Vgl. Régis Blachère *(manchmal bis zu einem Dutzend)*; vgl. Introduction au Coran, Paris 1947, S. XXXII

liche Bedeutung. Diese Tatsache kann durchaus zu falschem Textverständnis geführt haben.

> „Fest steht: Das syrisch-christlich geprägte Aramäische war zur Zeit des Propheten die gebildete Weltsprache des Vorderen Orients. Das Hocharabische hingegen und die klassische arabische Schrift entstanden erst später. Die Araber verfügten zunächst nur über ein „defektives" System zur schriftlichen Aufzeichnung, eine Art Stenografie, die keine Zeichen für kurze Vokale kannte und auch noch nicht die diakritischen Zeichen – jene Punkte und Häkchen, mit denen später die Konsonanten eindeutig festgelegt wurden. Ein Buchstabe der ursprünglich 18 Zeichen umfassenden Schrift konnte bis zu fünf verschiedene Laute bezeichnen. Das System war äußerst vieldeutig und anfällig für Fehllektüren. Die spätere Festlegung durch die diakritischen Zeichen bedeutete darum oft auch eine inhaltliche Festlegung – mithin eine Interpretation."[1]

Wenn sich Luxenberg auch der Brisanz seiner Arbeit bewusst ist, so sieht die Wochenzeitung DIE ZEIT in seiner Forschung nicht etwa eine Provokation der Muslime, sondern eher einen Anlass zum Reflektieren für die Christen und eine ganz neue Chance für einen kulturellen Dialog. Man solle nicht übersehen,

> „dass Luxenbergs Werk nicht nur eine Pointe für die Muslime, sondern auch für die Christen hat. Auch sie werden gezwungen, im vermeintlich anderen das Fortleben der eigenen Tradition zu erkennen – und zwar ohne das übliche Kulturdialog-Gequatsche, nur mit den Mitteln der Philologie."[2]

Tatsächlich schenkten bereits einige kritische muslimische Autoren Luxenbergs Thesen Beachtung, beispielsweise verarbeitet die rebellische muslimische Autorin Irshad Manji die provokativsten in ihrem Buch „Der Aufbruch."[3] Auch der an der niederländischen Universität Utrecht lehrende Koranexperte und Humanist Nasr Hamid Abu Zaid beweist sehr viel Offenheit für Luxenbergs Arbeit:

---

1 Lau, Jörg: Keine Huris im Paradies, in: DIE ZEIT, vom 15.05.2003, Nr. 21
2 Ebenda.
3 *Anmerkung*: Manji bezieht sich vor allem auf die „huris", die nach traditionellem Textverständnis mit „großäugigen Jungfrauen" übersetzt werden, die auf den Gläubigen im Paradies warten. Der Begriff bezeichnet bei Luxenberg aber nach „hur" aus dem Aramäischen weiße Weintrauben, eine paradiesische Frucht *par excellence* der christlichsyrischen Literatur. (Vgl. Luxenberg, Christoph: Die syro-aramäische Lesart des Koran, S. 266 f.) „Wenn der Koran von der jüdisch-christlichen Kultur beeinflusst wurde, was vollkommen im Einklang stände mit der Behauptung des Koran, frühere Offenbarungen zu reflektieren, dann muss das Aramäische von Menschenhand ins Arabische übertragen worden sein, *falsch* übertragen im Falle von *hur* und wer weiß wie vielen anderen Worten noch." (Manji, Irshad: Der Aufbruch. Plädoyer für einen aufgeklärten Islam. Frankfurt a. M.: Eichborn Verlag, 2003, S. 50)

„Sollte dieses Buch nicht übersetzungswürdig sein, damit wir muslimischen
Wissenschaftler und Forscher uns an der aktuellen Diskussion über unser heiliges Buch beteiligen können, anstatt dass wir uns weiterhin vom Rest der Welt
abschotten und in Isolation verweilen, in der wir uns bis zum heutigen Zeitpunkt befinden?"[1]

Im Islam unterscheidet man vorerst die Koranauslegungen der Sunniten, die den
Hauptanteil der muslimischen Gemeinde (*Umma*) ausmachen und den Auslegungen der sich in der Minderheit befindenden Schiiten. Die sunnitische Koranexegese ist vorwiegend exoterisch, sie interessiert sich nur für das äußere des
Wortlautes, ist also an Semantik und Syntax interessiert. Dagegen besteht die
Auslegung der Schia, die sich auf den verborgenen Sinn richtet, auf den allegorischen und symbolischen Gehalt.

Schon zu Lebzeiten Mohammeds bemerkten die Gläubigen, dass der Koran in sich widersprüchlich ist. Mohammed konnte deshalb noch auf ihre Angriffe reagieren und gab das Auslegungsprinzip der Abrogation an (vgl. Sr 2,
106). Damit gilt bei einander widersprechenden gesetzlichen Vorschriften das
zuletzt Offenbarte. Dieses Prinzip bedeutet dann aber auch, dass Gott selbst
Verse widerrufen und erneuern kann. Auch wenn dies eine höchst zweifelhafte
theologische Aussage ist, so förderte sie von Anfang an ein gewisses histori-
sches Bewusstsein bei den Gläubigen und bedeutete ein Aufruf zur Textkritik,
denn es war durchaus nicht sicher, welche Koransuren an Stelle welcher zu rücken hatten. Hier lässt sich in Bezug auf die Koranrezeption tatsächlich ein gewisses rationalistisches Textverständnis schon in der Frühzeit des Islam ausmachen.

Die abendländische Koranwissenschaft, die seit Mitte des 19. Jahrhunderts als Alternative zur muslimischen Koranforschung entstand, ist zurzeit damit beschäftigt, mittels der historisch-kritischen Textauslegungsmethode Hel-
ligkeit in das Dickicht der unterschiedlichen Koranauslegungen und begrenzt
auch in die Unklarheit der zeitlichen Einordnung zu bringen. Ihre hermeneutischen Methoden werden von den muslimischen Korangelehrten jedoch zumeist
ablehnt.

Aus historisch-kritischer Perspektive lässt sich die innere Widersprüchlichkeit des Korans mit Sicherheit auch auf seine unterschiedlichen Lesarten
zurückführen, die während des Überlieferungszeitraums entstanden und wieder
vernichtet worden sind. An einer interessanten Forschungsarbeit zu diesen Lesarten arbeitet zurzeit der Islamwissenschaftler und Experte für koranische Kalligrafie Gerd-Rüdiger Puin von der Universität des Saarlandes mit einem spekta-
kulären jemitischen Fund. Nach Puin besteht der jetzige Korantext aus vielen

---

1   Rede von Nasr Hamid Abu Zaid anlässlich der Preisverleihung des IBN RUSHD Fund:
     Wege zu einer neuen islamischen Methodik in der Hermeneutik. (http://www.ibn-
     rushd.org/Deutsch/Rede-AbuZaid-D.htm)

unterschiedlichen Koranfragmenten. Puin bearbeitet den Textfund aus Jemen, nachdem sich die Regierung Jemens um Restaurierungshilfe ans Ausland gewandt hatte. Bei der Restaurierung der Moschee in Sanaa, Hauptstadt des Jemen, die noch zu Mohammeds Lebzeiten erbaut worden war, hatten Bauarbeiter im Jahre 1972 zehntausende Pergament- und Papierfragmente von Handschriften des Korans gefunden, viele aus dem siebten bis zehnten Jahrhundert nach Christus, einige sogar aus der Zeit um 50 Jahre nach dem Tode des Propheten Mohammed. Die Texte sind in Rasm verfasst, wie man den Korantext ohne diakritische Zeichen und mit nur 18 Buchstaben und ohne Vokalzeichen nennt.

>Als Puin die Funde restaurierte, stieß er auf bedeutende Abweichungen vom späteren, offiziellen Text. Für viele Generationen – das beweisen die Fragmente – blieb der Koran-Text in Bewegung. Die Frühgeschichte sei neu zu schreiben, sagt Puin, „weite Teile des Koran müssen neu gelesen werden". Der Koran sei ein „Cocktail von Texten"<.[1]

Der liberale muslimische Koranexperte Nasr Hamid Abu Zaid vermutet:

„Vielleicht sind sie die übrig gebliebenen Reste der Handschriften, die der 3. Kalif Uthman verbrennen ließ. Diese Handschriften enthalten nichts anderes als den Koran, den wir kennen. Sie sind nur in einer Weise nieder geschrieben, die andere Lesarten möglich machen, andere als die, die der Koran in der jetzigen Form erlaubt."[2]

Dass der Koran nicht ohne Einfluss aus dem syrisch-christlichen Kulturbereich entstanden ist, wird indirekt auch durch die Mohammed-Forschung belegt. Nach ihr war es Mohammed bekannt, bevor er überhaupt die ersten Offenbarungen empfing, dass die Juden und Christen über Offenbarungsschriften verfügten. Da er des Lesens und Schreibens nicht kundig war, musste er sich auf mündliche Überlieferung durch nicht arabisch sprechende Ausländer verlassen. Diese gibt nachträglich den Stoff für original arabische Offenbarungen ab. Paret wagt einen tiefenpsychologischen Zugriff, indem er die Vermutung äußert, dass sich das Gehörte wohl in Mohammeds Unbewussten manifestierte.[3]
Mohammed selbst verstand sich vor allem als Erneuerer der „Religion Abrahams", keineswegs als Stifter einer neuen Religion. Zu Beginn seines Auftretens sah er sich als Gesandter, der in arabischer Sprache dem arabischen Volk dieselbe Botschaft mitteilte, wie sie auch die Juden und Christen in ihrer Sprache empfangen hatten. Mohammed fühlte sich nicht als Begründer einer neuen,

---

1 Lau, Jörg: Keine Huris im Paradies, in: DIE ZEIT, vom 15.05.2003, Nr. 21
2 Zaid, Nasr Hamid Abu: Wege zu einer neuen islamischen Methodik in der Hermeneutik. (http://www.ibn-rushd.org/Deutsch/Rede-AbuZaid-D.htm)
3 Vgl. zu dieser Offenbarungstheorie Paret, Rudi: Mohammed und der Koran, S. 83 f.

„sondern als letzter Prophet der einen, seit Urzeiten bestehenden und seit Adam
den Menschen immer wieder durch Propheten verkündeten Religion, die im
Glauben an den einigen, urewigen Schöpfergott, an seine Gesandten, das Jüngs-
te Gericht und das Fortleben im Jenseits besteht. Er war davon überzeugt, dass
die Heiligen Schriften der Offenbarungsreligionen (...) aus der gleichen himmlischen Urschrift stammen müßten wie der Koran."[1]

Dieser grundsätzlichen Einstellung des Propheten zu dem von ihm Offenbarten
würden auch die neueren Forschungsergebnisse von Luxenberg entsprechen,
nach dem der Koran möglicherweise auf eine christlich-syrische Textschicht
zurückgeht. Daraus ließe sich die Annahme untermauern, dass der Koran in seinen Urelementen gar nicht den Anspruch hatte, die jüdische und christliche Religion als letztgültige Verkündigung zu überbieten, sondern lediglich den, sie
den Arabern nahe zu bringen. Möglicherweise war Mekka auch gar nicht heid-
nisch, sondern bereits stark christianisiert.

Doch vieles von Mohammeds Botschaften war in die vorislamische Tradition gestellt, beispielsweise die Anknüpfung an die Polygamie, jüdisches und
christliches Offenbarungsgut erschien zudem verfälscht. Gerade die Offenbarungen, die die Gesellschaftsstruktur und das Zusammenleben der Menschen
betrafen, orientierten sich am alten arabischen Stammesdenken. Einige Koransuren lassen sodann die Stärke der geistigen Angriffe ahnen, denen Mohammed
deshalb zu Lebzeiten ausgesetzt war. Mit seinen „Offenbarungen", mit denen er
die sich damals im Verfall befindliche polytheistische Stammesreligion abschaf-
fen wollte, hatte er erhebliche Legitimationsprobleme und der Wahrheitsgehalt
seiner Offenbarungen wurde von den Juden, Christen, aber auch von den Trä-
gern der vorislamischen Stammesreligion angezweifelt. Diese Zweifel scheinen
bis zu der Behauptung gegangen zu sein, Mohammed habe die Offenbarungsinhalte frei erfunden.

*„ Und wenn ihnen (d.h. den Ungläubigen) unsere Verse (w. Zeichen) als klare
Beweise verlesen werden, sagen diejenigen, die ungläubig sind, von der Wahrheit, nachdem sie zu ihnen gekommen ist: ‚Das ist offensichtlich Zaube-
rei.'//Oder sie sagen: ‚Er (d. h. Mohammed) hat ihn (d.h. den Koran) (seinerseits) ausgeheckt.' Sag: Angenommen, ich habe ihn (tatsächlich) ausgeheckt,*

---

1   Taschenlexikon Religion und Theologie. Hrsg. von Erwin Fahlbusch, Bd. 1-5. Göttingen:
     Vandenhoeck & Ruprecht, 1983, hier Bd. 2, Stichwort Islam, S. 324
     Anmerkung: Besonders deutlich wird dies auch in Sure 2, 136: „*Sagt: ‚Wir glauben an
     Gott und (an das), was (als Offenbarung) zu uns, und was zu Abraham, Ismael, Isaak,
     Jakob und den Stämmen (Israels) herabgesandt worden ist, und was Moses und Jesus
     und die Propheten von ihrem Herrn erhalten haben, ohne daß wir bei einem von ihnen
     (den anderen gegenüber) einen Unterschied machen. Ihm sind wir ergeben.'"*

dann könnt ihr gegen Gott nichts für mich ausrichten (um mich der verdienten Strafe zu entziehen). (...)" (Sr 46, 7-8)[1]

Dass es in einer Volksreligion ein einzelner wagte, sich gegen die alte Überlieferung zu wenden und zudem noch ärmlichen Verhältnissen entstammte, weckte allgemeinen Widerstand im arabischen Volk. Erst aus diesen Angriffen heraus und im entstehenden Gefühl der Unterschiedlichkeit seiner Verkündigung im Vergleich zu den Juden und Christen entwickelte Mohammed das Bewusstsein der Verpflichtung zu einer universalen Mission an alle Völker der Erde. Heute würde in vielen islamischen Ländern die Behauptung, Mohammed habe den Koran erfunden, mit der Todesstrafe geahndet. Eine mit der historisch-kritischen Bibelexegese vergleichbare Auslegungsmethode stößt in der Koranwissenschaft immer noch auf viel Widerstand, weil der Offenbarungscharakter des Korans grundsätzlich nicht in Frage gestellt wird.

Der behauptete Offenbarungscharakter des Korans beschäftigte schon früh die islamische Theologie. Die Mutaziliten, eine pragmatisch-rationalistische Schule, deren Anfänge sich bis 770 n. Chr. zurückverfolgen lassen und der heute die Schiiten nahe stehen, führten im neunten Jahrhundert die Debatte um die Erschaffenheit oder Unerschaffenheit des Korans[2]. Diese Debatte entfachte aber den Widerstand der orthodoxen Muslime. Unter dem Kalifen al-Mutawakkil wurden dann die so genannten richtigen Glaubenssätze festgelegt. Auf diese Weise wurde der Glaube der Mutaziliten von der Erschaffung des Korans für ungültig erklärt.

Obwohl die rationalistische Schule der Mutaziliten sich im Laufe der Zeit nicht durchsetzen konnte, gibt es auch heute rationalistische Strömungen im Islam, die sich in islamischer Reformtheologie finden, die Ansätze einer historisch-kritischen Exegese betreibt. Die Reformtheologie erhebt den Wortlaut nicht zum Dogma, sondern sucht die Essenz, also den Geist, der bestimmten Suren vor dem damaligen soziokulturellen Hintergrund innewohne.[3] Ebenfalls ein reformerischer Ansatz ist es auch, die Authentizität von bestimmten Traditionen, die auf den Propheten zurückgeführt werden, zu hinterfragen und für ein Leben in der heutigen Zeit neu zu bewerten. Zu nennen für eine undogmatische Koraninterpretation wäre auch der Koranwissenschaftler Amin al-Khuli, der von 1895 bis 1966 in Ägypten lebte und die literarische Interpretation des Korans an der Universität Kairo begründete, eine Methode, die jede Art von ideologischer In-

---

1 *Anmerkung:* Die durch Rudi Paret kommentierten Suren enthalten Anmerkungen, die dem besseren Verständnis dienen sollen, die häufiger auftretenden in Klammern gesetzten Beifügungen, die mit „w" gekennzeichnet sind, verweisen auf die wortwörtliche Bedeutung.

2 Vgl. Kapitel 2.1.1 dieses Essays.

3 *Anmerkung:* In Iran steht besonders der Geistliche Hassan Yussefi Eshkewari für diese Methode.

terpretation ablehnt. Diese Methode wurde jedoch nicht weiterentwickelt, sondern bekämpft.

Die Ablehnung einer fundiert wissenschaftlichen Betrachtung des Korans hat paradoxerweise dazu geführt, dass im Laufe der Geschichte der Koran immer wieder in Ermangelung jeglicher wissenschaftlichen Untermauerung missbraucht wurde. Er wurde als sozialistisch, pazifistisch und nationalistisch propagiert, ohne dass dabei diese Inanspruchnahme durch seriöse Exegese gestützt worden wäre.

Die neben dem Koran bestehenden Quellentexte der *Sunna* entstanden, um die Vorschriften im Koran zu ergänzen, die nach dem Tode Mohammeds nicht ausreichten, alle erdenklichen und neu auftretenden Situationen zu regeln. Die islamische Glaubensgemeinschaft stand schon bald nach dem Tode des Propheten im typischen Konflikt der Gesetzesreligion. Weil es nicht erlaubt war, neue Gesetze zu schaffen und alle Gebote und Gesetze auf Mohammed zurückgehen sollten, wurden die Hadīthe gesammelt. Die sechs kanonischen Hadīth-Sammlungen wurden von al-Bukhārī verfasst, der 870 n. Chr. starb. Der Verfasser der ältesten Mohammedbiografie, Ibn Ishāq, starb im Jahre 768 n. Chr., während Mohammed von 570 bis 632 n. Chr. lebte. Der Grundbestand des faktisch gesicherten Traditionsstoffes lässt sich also kaum über die erste Hälfte des achten Jahrhunderts zurückdatieren, so dass wir es nicht mehr mit frischer Überlieferung zu tun haben und man sich nur noch eingeschränkt auf sie verlassen kann. Viele Hadīthe sind wohl aus der praktischen Notwendigkeit heraus nachträglich erfunden worden. Für die Aussagen über das Leben Mohammeds gilt, dass sie ein Jahrhundert nach dem Tod Mohammeds zum Teil bereits durch Legendenbildung überwuchert waren.

Rechtsfindung wurde nun über Koran, Überlieferung, Analogieschluss[1] und dem Konsens der Gesetzeslehrer[2] betrieben und die Grundlagen in der Schari'a zusammengetragen. Die Schari'a gilt im Islam als göttlich. Ursprünglich meint der arabische Begriff "Schari'a" den Pfad in der Wüste, der zur Wasserquelle führt. Die Schari'a ist der Wegweiser, der den Menschen zu Gott, seiner Quelle führen soll. Im Koran selbst kommt der Begriff nur einmal vor (Sr 45, 18) und heißt dort so viel wie "Ritus". Spricht man von der Schari'a, wird oft vergessen, dass man in ihr zwischen Regeln der primären Quellen und Regeln des daraus abgeleiteten kanonischen Rechts (*fiqh*) unterscheiden muss. Während die primären Regeln auf Grund ihrer angenommenen göttlichen Of-

---

1   *Anmerkung:* Waren die Gläubigen vor eine unbekannte Situation gestellt, so suchten sie in den heiligen Texten nach einem ähnlich gelagerten Fall und versuchten sich vorzustellen, wie der Prophet in vergleichbarer Situation gehandelt hätte.

2   *Anmerkung:* Wenn eine Mehrheit von Rechtsgelehrten darin übereinstimmte, dass eine bestimmte Handlung dem Geiste von Koran und *Sunna* nicht widersprach, dann galt sie als akzeptabel.

fenbarung ewig sind, ist *fiqh* ein von fehlbaren Menschen und bestimmten historischen Umständen formuliertes Recht, das grundsätzlich einer Anpassung zu-
gänglich sein sollte. Nur etwa zehn Prozent der Regeln des islamischen Rechts
sind aber dem Schari'a-Kern zuzurechnen, während der Rest als *fiqh* zu klassifi-
zieren ist. Die Schari'a ist deshalb auch ein Produkt menschlicher Interpretation
und vorrangig „eine Schöpfung von Rechtsgelehrten, die im frühen Mittelalter
gelebt und geschrieben haben."[1] Gerade bei der Anwendung des Analogie-
schlusses wird ja deutlich, dass die Rechtsgelehrten in den ersten Jahrhunderten
nach Mohammed auch interpretieren und übertragen mussten und nach ihrem
eigenen Vermögen Gesetze auslegten. Hierher rührt der bekannte Begriff
idjtihād (arabisch: اجتهاد – *idjtihād*, "Anstrengung"), der das oben beschriebene
Verfahren umfasst, Rechtsfindung durch unabhängige Interpretation von Koran
und *Sunna* zu betreiben. Jeder Anwender von *idjtihād* musste ein Gelehrter des
islamischen Rechts sein. Innerhalb des sunnitischen Islams setzten sich im Laufe
der Zeit vier Rechtsschulen durch: die der Schafiiten, der Malikiten, der Hanba-
liten und der Hanafiten. Diese Schulen sind jeweils nach ihrem Begründer benannt und sind in verschiedenen Regionen der islamischen Welt vorherrschend.
Sie weichen in vielen Einzelfragen des islamischen Rechts voneinander ab - in
diesem Sinne gibt es also eine regional unterschiedliche "Schari'a". In den
Grundfragen sind sich diese Schulen jedoch einig. Man erkennt auch die jeweils
anderen Schulen als rechtgläubig an. Die Schari'a ist also kein Buch, sondern
ein lebendiges, sich stets weiterentwickelndes System, das auch langsam auf
moderne Anforderungen zu reagieren beginnt. Hier wäre Tariq Ramadan zu
nennen, der in Frankreich lebt und für eine „authentische Verwirklichung der
Lehre des Islam *im Lichte des westlichen Kontextes und seiner Gesetze*"[2] eintritt,
also an einer dem säkularen Europa angepassten Schari'a.

Mittlerweile wird der Begriff *idjtihād* auch kämpferisch für die Entwicklung eines unorthodoxen Islam gebraucht.[3] Der Geist des *idjtihād,* die freie und
sich oft mit Philosophie vermischende Auslegung des Korans und der Hadīthe,
der also die muslimische Tradition unabhängigen Denkens bezeichnet, prägte
die ersten drei Jahrhunderte der islamischen Zivilisation. Danach setzte sich jedoch die Meinung durch, zuviel menschliches Räsonnieren könne die göttliche
Botschaft verwässern. Das Tor des *idjtihād* wurde deshalb im neunten Jahrhundert n. Chr. geschlossen. Heute fordern moderne Muslime eine Wiedereröffnung
des Tores, damit die islamische Rechtsprechung den modernen Verhältnissen
angepasst werden könne. Die meisten Gesetzesgrundlagen, die heute noch Gültigkeit haben, unterlagen der Interpretation von Rechtsgelehrten, die vor dem

---

1 Smail Balić: Islam für Europa. Neue Perspektiven einer alten Religion, S. 39
2 Ramadan, Tariq: Muslimsein in Europa. Marburg: MSV, 2001, S. 146
3 „(...)wir müssen keine mit Preisen überschütteten Intellektuellen sein, um Idschtihad zu
   praktizieren. Wir müssen nur offen unsere Fragen an den Islam stellen." (Manji, Irshad:
   Der Aufbruch. Plädoyer für einen aufgeklärten Islam, S. 71)

sozialen und politischen Hintergrund ihrer jeweiligen historischen Epoche urteilten, von der uns heute mehr als tausend Jahre trennen. Das Ehe-, Familien-, Erbschafts- und Strafrecht scheint in vielen Punkten mit der modernen Zeit nicht mehr vereinbar. Zudem ist ein Strafrecht im engeren Sinne in der Schari'a kaum vorhanden, da selbst bei Mord die Familienangehörigen entscheiden, ob eine Entschädigungszahlung oder eine Hinrichtung des Opfers erfolgt. Die Justiz hat über diese Blutrache nur eine Aufsicht führende Position. Besonderer Strafe unterliegen die vom Koran explizit verbotenen Handlungen wie Unzucht, Verleumdung, Diebstahl, Straßenraub und Weinkonsum. Die Strafen wie beispielsweise Abhacken der rechten Hand bei Diebstahl und Steinigung bei ehelicher Untreue erscheinen aus westlicher Perspektive mittelalterlich und unmenschlich. Auf der Internetseite der Friedensforschung an der Uni Kassel wird jedoch auch positiv über die Schari'a geurteilt: „Die niedrige Verbrechensrate in muslimischen Gesellschaften ist auf die Anwendung des islamischen Gesetzes zurückzuführen."[1]

Ergebnisse der Denktradition des *idjtihād* sowie Vorschläge muslimischer Reformtheologen und Rechtsgelehrter zu einem modernen *idjtihād* sollen in den folgenden Ausführungen mitberücksichtigt werden, um einen kulturellen Dialog voranzutreiben.

---

1   www.uni-kassel.de/AG Friedensforschung der Uni Kassel

1 Islamische Grundlagen für die allgemeinen Menschenrechte

Während einer der Konferenzen über die Stundenverteilung in der Sprachenuniversität I.S.L. Tunis El Khadra, an der ich zwei Jahre arbeitete, machte ich eine wichtige Erfahrung, die mir die Vermutung bestätigte, dass es mit europäischer Freiheit vorerst vorbei war, auch wenn ich arbeiten durfte. Es war zu Beginn meines Aufenthaltes in Tunesien und meiner Lehrtätigkeit an der I.S.L. Tunis. Im Lehrplan für die Deutschstudenten standen unter anderem auch „droits de l'homme", die Menschenrechte. Überrascht, dass diesem Thema besondere Aufmerksamkeit im Stundenplan zukam und neugierig geworden, bot ich an, dieses Fach zusätzlich zu übernehmen, denn ich hatte Philosophie bereits in Deutschland unterrichtet. Wahrscheinlich ritt mich dabei der Teufel, denn die Reaktion war natürlich voraus zu sehen: in den Gesichtern meiner Kollegen zeichnete sich blankes Entsetzen ab, einige der weiblichen Mitarbeiterinnen fingen hysterisch an zu kichern. Niemand hielt es für nötig, mir Erklärungen zu geben, nur der die Deutschsektion leitende Chef, der vor Schreck beinahe vom Stuhl gefallen wäre, rang sich die lakonische Bemerkung ab, diesen Unterricht erteile er lieber selbst. Das sei in Tunesien etwas ganz anderes als in Deutschland. Inwiefern es etwas anderes ist, sagte er nicht und hätte er es gesagt, wäre er wohl seine Stellung los gewesen. Ich schwieg daraufhin. Dass Nachfragen in diesem Land nicht erwünscht war, hatte ich schon gelernt. Möglicherweise machte man in diesen Unterrichtsstunden die Studenten eher darauf aufmerksam, inwiefern sie auf bestimmte Rechte zu verzichten hatten, als darauf, welche sie in Anspruch nehmen durften. Beispielsweise lag es im Interesse der Universität und der Regierung, den immer wieder von den Studenten versuchten Demonstrationen gegen die tunesischen Verhältnisse zuvor zu kommen, denn immerhin lebten sie in einer der schärfsten Diktaturen der arabischen Welt, die das Recht auf Meinungs- und Pressefreiheit extrem einschränkte und das Verbot der Folter missachtete. Wenn man es so verstand, war klar, warum ich das Fach nicht unterrichten durfte. Ich hätte noch nicht einmal von der deutschen Botschaft den Rücken gestärkt bekommen, hätte es irgendwelche Schwierigkeiten gegeben, denn die Missachtung Tunesiens gegenüber den Menschenrechten wurde indirekt gebilligt, wie ich später durch die Arbeit meines Mannes erfuhr. Tunesien war zum Modellstaat für Entwicklungshilfe erhoben worden und soll bis zum Jahre 2013[1] gemeinsam mit anderen nordafrikanischen Staaten wie Algerien und Marokko Mitglied der Europa-Mittelmeer-Freihandelszone werden. Dabei kommt Tunesien insofern eine besondere Stellung zu, als dass hier besonders viele europäische Industrieunternehmen angesiedelt sind.

---

1 *Anmerkung:* Die Jahreszahlangabe ist die zum Zeitpunkt des Erscheinens dieses Essays letztgültige. Sie wurde immer wieder verändert und weiter in die Zukunft verschoben.

Auf diese Weise wurde mir unmissverständlich klar gemacht, dass die Menschenrechte aus islamischer Sicht und aus der Sicht der europäischen Tradition der Aufklärung etwas völlig Unterschiedliches bedeuten.

Die Erklärung der Allgemeinen Menschenrechte der UNO von 1948 wurde von fast allen arabischen Staaten ratifiziert, jedoch letztlich praktisch unzureichend umgesetzt. Die Diskussion um Menschenrechte setzte in der islamischen Welt erst Ende der 60er Jahre ein. Und dies nicht etwa, weil man schlagartig sein Interesse an westlichem Wertedenken entdeckte, sondern im Gegenteil, weil man sich im Zuge einer einsetzenden Re-Islamisierung von einem westlich orientierten Entwicklungsweg befreien wollte.

> „Das Nachdenken über die eigenen Wurzeln vor dem Hintergrund der Krise des westorientierten Entwicklungsweges war von einer Bewegung begleitet, „universale" Konzepte, wie sie vom Westen angeboten und in einer unter seinem Einfluss geschaffenen und dominierten internationalen Organisation (UNO) institutionalisiert worden waren, in Frage zu stellen."[1]

Im Jahre 1981 verfasste der „Islamrat für Europa" eine Islamische Menschenrechtserklärung, 1990 folgte die Kairoer Erklärung über Menschenrechte im Islam von der Organisation des Islamrates und am 15.09.1994 verabschiedete der Rat der Liga der arabischen Staaten die Arabische Charta der Menschenrechte. Diese orientiert sich stark an der Allgemeinen Erklärung der Menschenrechte der UN von 1948 und sichert zum Beispiel in Artikel 26 Religions-, Gedanken- und Meinungsfreiheit zu. Andererseits gibt die Arabische Charta den Staaten auch die Möglichkeit, die in ihr zugesicherten Rechte gesetzlich einzuschränken, beispielsweise, wenn dies die „Sittlichkeit" notwendig mache, wie man weiß, ein sehr dehnbarer Begriff. Auch bezieht sie sich bereits in der Präambel auf die Schari'a, in der die Gleichheit der Menschen festgeschrieben sei, sowie nimmt sie Stellung gegen den Zionismus und nennt ihn in einem Atemzug mit Rassismus. Dennoch ist die Charta gegenüber den anderen islamischen Menschenrechtsinstrumenten eine starke Annäherung an westlichen Standard. Bedauerlicherweise ist sie bis zu diesem Zeitpunkt noch nicht in Kraft getreten, da bis dato noch keiner der 22 Mitgliedsstaaten die Charta ratifiziert hat. Diese Fassung ist unter Einbindung internationaler und regionaler Menschenrechtsorganisationen im Mai 2004 noch einmal in einer überarbeiteten Version verabschiedet, jedoch ebenfalls noch nicht ratifiziert worden. Es sollten die Todesstrafe und Folter abgeschafft, die Frauenrechte verbindlicher gestärkt und das Recht auf Meinungsfreiheit vor Angriffen geschützt werden. Viele dieser Emp-

---

1   Steinbach, Udo: Menschenbild und Menschenrechte in Europa und der islamischen Welt, in: Tilman Seidensticker, Annemarie Schimmel, Ulrich Zwiener (Hrsg.): Demokratie, Menschenrechte in den arabischen Ländern. Der Weg Saad Eddin Ibrahims. Jena und Erlangen: Collegium Europaeum Jenense Palm & Enke, 2002, S. 32-50, hier S. 45

fehlungen fanden tatsächlich Eingang in die Charta, wurden aber noch nicht genügend notstandsfest verankert. Die Fassung von 1994 hatte in Artikel 4b vorgesehen, dass alle Menschenrechte im Falle eines öffentlichen Notstandes, der das Leben der Nation bedrohe, außer Kraft gesetzt werden dürften.

Da die Arabische Charta also noch nicht ratifiziert wurde, wenden wir uns vorerst der Kairoer Erklärung der Menschenrechte von 1990 zu. Diese Erklärung wurde vom Islamrat erlassen, weil eine Reihe von islamischen Ländern (Pakistan, Sudan, Iran, Saudi-Arabien) die UN-Charta kritisiert haben wegen des fehlenden kulturellen und religiösen Bezugs der nicht westlichen Länder. Die UN-Charta unterliege der jüdisch-christlichen und einer säkularen Tradition, die von den islamischen Ländern nicht ohne kulturellen Bruch befolgt werden könne.[1] Die Kairoer Erklärung ist eine Deklaration der Mitgliedsstaaten der Organisation der Islamischen Konferenz und definiert in den Artikeln 24 und 25 die Schari'a als zuständige Quelle für die Auslegung der Menschenrechte, wie sie in der Erklärung formuliert werden.

Seit der Kairoer Deklaration der „Menschenrechte" im Islam 1990 ist die Schari'a wieder Basis der Gesetzgebung in allen islamischen Ländern. Die praktische Umsetzung ist jedoch sehr unterschiedlich. Während sie in der Türkei praktisch gar nicht oder in einigen Ländern nur punktuell und abgeschwächt erfolgt (zum Beispiel in Tunesien und Marokko), wird sie in Ländern wie dem Sudan, Saudi-Arabien, Bangladesh, Afghanistan und Pakistan zur vollständigen Grundlage der Rechtsprechung.

Menschenrechte existieren also in islamischen Ländern losgelöst vom islamischen Recht nicht. Sie werden innerhalb des durch die Schari'a gesteckten Rahmens gewährt und hinter dieser Distanzierung zur UN-Charta steckt durchaus System, wie oben deutlich geworden sein dürfte.

Zu Lebzeiten des Propheten gehörten Religion und Politik eng zusammen. Heute kennen wir auch säkularisierte islamische Länder, wie zum Beispiel Tunesien. Aber auch in diesen Ländern ist die Einhaltung der Menschenrechte nicht garantiert. In Tunesien werden sie sogar besonders drastisch missachtet.

So wird in Tunesien trotz religiöser Reformversuche die Menschenrechtlerin Sihem Bensedrine, die in Deutschland lebt, politisch verfolgt, in tunesischen Zeitungen als Hure und Hexe verleumdet, schikaniert, indem man ihre Autobremsen manipulierte und gefangen genommen, sobald sie tunesischen Boden betritt. Auch Folter musste sie schon erdulden. Das alles geschieht mit Wissen und Duldung der EU-Staaten, die bemüht sind, zum derzeitigen tunesischen Präsidenten Ben Ali eine gute politische Beziehung aufrecht zu erhalten.[2]

---

1   Mündliche Überlieferung, Said Rajaie-Khorassani (Iranischer Vertreter bei den Vereinten Nationen)
2   Vgl. Mestiri, Omar und Bensedrine, Sihem: Despoten vor Europas Haustür. Warum der Sicherheitswahn den Extremismus schürt. Antje Kunstmann Verlag: München, 2005

Hier zeigt sich, dass die Nichtumsetzung der Menschenrechte durchaus nicht allein einer unflexiblen islamischen Theologie angelastet werden kann, sondern auch despotischen Regimes, die ihre Bürger quasi mundtot machen sowie letztendlich auch der westlichen Welt, die aus Sicherheitsinteressen oder wirtschaftlichen Überlegungen diese Staaten auch noch stützt, um sich hinterher scheinheilig über mangelnde Umsetzung der Menschenrechte in diesen Staaten zu beschweren.[1] Das vielfach von muslimischer Seite angeführte Argument, dass der Islam schon vor mehr als 1400 Jahren Rechte für die Menschen festgelegt hat, die in Europa erst durch die Französische Aufklärung ihre juristische Festlegung erfahren haben, ist nicht von der Hand zu weisen.

Grundsätzlich ist die islamische Kritik an der UN-Charta insofern angemessen, als der Islam von ganz anderen Voraussetzungen als das säkularisierte Abendland ausgeht. Dadurch, dass Staat und Religion in einem islamischen Staat nicht getrennt werden, und insofern stellt zum Beispiel Tunesien keinen klassisch islamischen Staat dar, steht der Staat für die religiösen Rechte und Pflichten des Bürgers ein. Im islamischen Staat ist also die Religion das Staaten bildende Prinzip. Dadurch verhalten sich aber Muslime meistens staatsloyal, während Nichtmuslime mit dieser Loyalität Schwierigkeiten haben. Sie kann allerdings auch nur dann erreicht werden, wenn der islamische Staat dazu in der Lage ist, mit der Pluralität unterschiedlicher islamischer Strömungen integrierend und akzeptierend umzugehen. Muslime, die vom Glauben abfallen, gelten dadurch dass der Islam Staatsreligion ist, nicht nur als ungläubig, sondern gleichzeitig auch als staatsfeindlich. In diesem Fall würde der Schari'a vor allen Menschenrechtserklärungen der Vorrang eingeräumt und der Abtrünnige würde mit dem Tode bestraft. Muslime genießen den vollen Schutz ihres Staates, während Nichtmuslime nur mit Einschränkungen in diesen Genuss kommen. Als Beispiel könnte man die Erbpraxis anführen, in der Regel darf ein Muslim nicht von einem Nichtmuslim beerbt werden, sondern nur von einem Glaubensgenossen.

---

1   *Anmerkung: Deutlich wurde mir diese zwiespältige Haltung des Westens an der Halbherzigkeit der Entwicklungsprojekte in Tunesien.* Bestätigt findet sich dieses mein persönliches Erleben dann aber in der allgemein zwiespältigen Haltung des Westens gegenüber der islamischen Welt, die sich aus wirtschaftlichen Interessen speist. So „ist es eines der erklärten Ziele der amerikanischen Außenpolitik, Demokratie und Respekt für Menschenrechte im Rest der Welt zu verbreiten. Im Nahen Osten ist diese Politik jedoch seit dem Zweiten Weltkrieg mit einem Dilemma behaftet. Denn es widerspricht häufig dem strategischen Interessen des Westens, einen Prozess der Demokratisierung in der Region zu fördern. Diese Interessen konzentrieren sich auf zwei Bereiche: Der eine ist Öl, der andere die Sicherheit Israels. In Saudi-Arabien, dem Land mit den größten Ölreserven der Welt, herrscht eines der intolerantesten Regime des Nahen Ostens. Aus Sorge um die Stabilität dieses Regimes, das sich im Ölgeschäft sehr kooperativ zeigt, hatten die Amerikaner nie ein wirkliches Interesse daran, den Status quo zu verändern." (Metzger, Albrecht: Islam und Politik. Bonn: Bundeszentrale für politische Bildung, 2002)

Die islamischen Menschenrechtsinstrumente unterscheiden sich außerdem durch eine andere Schwerpunktsetzung. Sie legen besonderen Wert auf wirtschaftliche Rechte und Solidarität der *Umma*. So sehen sie sich durch die reichen Industrieländer benachteiligt, verpflichten den Muslim, gegen Kolonialismus einzutreten und legen insgesamt großen Wert auf wirtschaftliche Gerechtigkeit. Diese Schwerpunktsetzung ist nicht nur durch die geschichtliche Erfahrung bedingt, gegenüber den westlichen Ländern im Nachteil zu sein, sondern auch durch Koransuren, die das Wuchern und Zinsnehmen ablehnen. Der Koran fordert von den Reichen gegenüber den Armen eine Pflichtsteuer (zakāt) und fordert, aus dem Geldverleihen kein Geschäft zu machen. Westliche Bankinstitute werden in islamischen Ländern deshalb nicht gern gesehen. Auch das Erbrecht illustriert die wirtschaftliche Moral der islamischen Länder. Ein Erblasser darf nur über den Verbleib eines Drittels seines Vermögens bestimmen, die anderen zwei Drittel werden automatisch an die ganze Verwandtschaft des Verstorbenen verteilt. Anhäufung von Besitztum lehnt der Koran ab und strebt stattdessen gerechte Verteilung an. Schulden werden nicht vererbt. Im Gespräch über Menschenrechte mit den islamischen Ländern bietet es sich daher an, das Leid der Armen und die Benachteiligung der Schwächeren in den Vordergrund zu stellen. Sure 93 leitet von der Liebe Allahs zum Menschen eindeutig die Verpflichtung des Gläubigen ab, ebenfalls hilfsbereit zu sein.

„Hat er dich nicht als Waise gefunden und dir Aufnahme gewährt, dich auf dem Irrweg gefunden und rechtgeleitet, und dich bedürftig gefunden und reich gemacht? Gegen die Waise sollst du deshalb nicht gewalttätig sein und Bettler sollst du nicht anfahren. Aber erzähle von der Gnade deines Herrn!" (Sr 93, 6-10)

Und in einem Hadīth wird die Gerechtigkeit ebenfalls besonders betont: „Die Gerechtigkeit ist die Hälfte der Religion." Der Islamwissenschaftler Max Horten sieht in dieser Schwerpunktsetzung ein klares Indiz für die Wertschätzung des Mitmenschen in der muslimischen Gemeinschaft.[1] Aus dieser Schwerpunktsetzung ergibt sich aber auch, dass individuelle Rechte hinter die Betonung von Pflichten des Einzelnen gegen die Gemeinschaft zurücktreten.

Notwendige Neuinterpretationen, Einschränkungen des islamischen Gesetzes oder klassische Befolgung der Schari'a? Der islamische Staat hat viele Möglichkeiten, Gesetze zu erlassen und Urteile zu fällen. Der Pluralismus, der innerhalb der islamischen Welt herrscht, trägt nicht gerade zu einer Einigkeit der Muslime untereinander bei. Das zeigt auch der Diskussionsstand nach 1948. Im

---

1 Vgl. Horten, Max: Entwicklungsfähigkeit des Islam auf ethischem Gebiet, in: Ağabnâmeh. Volume of Oriental Studies presented to Edward G. Browne on his 60th birthday. Cambridge 1922 (Neudruck Amsterdam 1973), S. 213 f.

Laufe der letzten Jahrzehnte sind mehr als 20 internationale Verträge über Menschenrechte verabschiedet worden, die wirtschaftliche, gesellschaftliche und kulturelle Rechte regeln (Rechte der Frau, Abschaffung der Sklaverei und Rassendiskriminierung, Rechte des Kindes etc.). Die Zustimmung der islamischen Staaten zu diesen Verträgen ist dann auch recht unterschiedlich ausgefallen.[1] Die Hauptprobleme bestehen mit der Religions- und Meinungsfreiheit sowie mit den Rechten der Frau.

Das Problem, Religions-, Gedanken- und Meinungsfreiheit zuzusichern, ist aber keineswegs auf den Islam zu beschränken. Die Erklärung der Menschen- und Bürgerrechte der Französischen Revolution im Jahr 1789 stand im Konflikt mit der kirchlichen Lehre. Entsprechend wurden die Menschenrechte im katholischen Raum nur sehr langsam akzeptiert, vor allem die Meinungs-, Gewissens- und Religionsfreiheit.[2] Menschenrechte haben in der römisch-katholischen Kirche erst seit dem Pontifikat von Papst Johannes XXIII. (1958-1963) ein Heimatrecht innerhalb der Theologie gefunden.

Zusätzlich erschwert wird die Akzeptanz der Menschenrechte in islamischen Staaten durch fundamentalistische Strömungen einerseits und durch die Globalisierung andererseits. Durch die stärkere Nähe der Kulturen werden die Unterschiede erst richtig spürbar. Der in Syrien geborene Politologe Bassam Tibi sieht dies ebenfalls als ein Hauptproblem, Frieden zwischen den Kulturen zu schaffen:

> „Während die Menschen unterschiedlicher Kulturen durch globale Strukturen in einem ungeahnten Maße einander nahe gebracht werden, entfernen sie sich in ihrer Weltsicht und normativen Orientierung bis zum tiefen Hass voneinander. Der religiöse Fundamentalismus bringt diese Fragmentierung am nachhaltigsten zum Ausdruck."[3]

Man könnte jetzt darauf dringen, in einem Dialog der Kulturen eben diese Unterschiedlichkeit nicht zu verwischen, sondern in gegenseitiger Toleranz bestehen zu lassen. Dieses führt aber beim Thema Menschenrechte an natürliche Grenzen. Tibi warnt dann auch mit Recht vor einem „Kulturrelativismus", der in „moralische Gleichgültigkeit"[4] umschlage und die menschenrechtliche Universalität gefährde. Er fordert die muslimischen Länder dazu auf, dem individuellen Persönlichkeitsrecht mehr Beachtung zu schenken. In Parallelität zur Men-

---

1   Vgl. Brownlie, I.: Basic Documents on Human Rights. Oxford 1981
2   Vgl. Höffe, u.a., Ottfried (Hrsg.): Johannes Paul II und die Menschenrechte. Ein Jahr Pontifikat. Freiburg/Schweiz 1981
3   Tibi, Bassam: Im Schatten Allahs, München: Piper, 1994, S. 35
4   Ebenda, S. 36

schenrechtsdebatte innerhalb der christlichen Kirche hält der Religionswissenschaftler und Theologe Peter Antes diese Entwicklung für durchaus möglich:

> „Entwicklungen in diese Richtung sind also innerhalb von Religionen nicht ge-
> nerell ausgeschlossen, wie im übrigen u.a. die „Erklärung zum Weltethos" von
> 1993[1] beweist, die auch von einigen Muslimen mitunterzeichnet wurde und da-
> durch als Beleg dafür gelten kann, dass sie nicht prinzipiell dem islamischen
> Glauben widerspricht."[2]

Voraussetzung wäre eine Neuinterpretation der Schari'a sowie ein politischer
Background, der der Umsetzung dieser Neuformulierung nicht im Wege steht.
Zurzeit klingt dies allerdings, auch durch das vorherrschende Bedürfnis islami-
scher Staaten sich von westlicher Politik zu distanzieren, nach vager Utopie.

1.1 Die Würde des Menschen

*Alle Menschen sind frei und gleich an Würde und Rechten geboren. Sie sind
mit Vernunft und Gewissen begabt und sollen einander im Geiste der Brüderlichkeit begegnen. (Artikel 1 der UN-Charta)*

Der Begriff der Menschenwürde ist in zahlreichen Entscheidungen des Bundes-
verfassungsgerichts definiert: Es ist damit jener Wert- und Achtungsanspruch
gemeint, der dem Menschen kraft seines Menschseins zukommt, unabhängig
von seinen Eigenschaften, seinem körperlichen oder geistigen Zustand, seinen
Leistungen oder sozialem Status. Die Würde des Menschen ist also oberster
Grundwert für alle Grundrechte und wird nicht umsonst an erster Stelle in der
Erklärung der Menschenrechte der Vereinten Nationen genannt. Die Würde der
menschlichen Natur wird in ihr nicht allein christlich hergeleitet, sondern als
säkulares Naturrecht behauptet.

Naturrecht ist zunächst einmal überpositives Recht. Es ist damit dem geltenden
gesetzlichen Gesetz übergeordnet, soll dieses bestimmen. Die Idee des Natürlichen im Recht wurde in der Antike schon von Platon und seinem Schüler Aristoteles formuliert. Voraussetzung war für sie, dass der Mensch zur Erkenntnis
von Wahrheit befähigt sei. Diese Erkenntnis sollte durch auf Vernunft begründete Intuition geschehen. Für Aristoteles war der intuitive Verstand eine Gabe
der Natur. Diese Ansichten fanden später Eingang in die Formulierung römi-

---

1   Vgl. dazu Hans Küng und Karl-Josef Kuschel (Hrsg.): Erklärung zum Weltethos. Die
    Deklaration des Parlamentes der Weltreligionen. München-Zürich 1993
2   Antes, Peter: Der Islam als politischer Faktor. Hrsg. von der Niedersächsischen Landes-
    zentrale für politische Bildung. Hannover 1997, S. 81

schen Rechts, zum Beispiel durch die Fürsprache Ciceros. Richtig angewandtes Naturrecht war untrennbar mit dem Glauben und dem Erkennen von Wahrheit verbunden. Erst mit Beginn der Aufklärung löste sich die Verbindung von Naturrecht und Glauben auf. Beispielhaft wäre hier Christian Thomasius (1655-1728) zu nennen, der Vorkämpfer für eine Säkularisierung des Naturrechts war. In seinem Gefolge entwickelte Immanuel Kant die Verweltlichung des Naturrechts weiter und vollzog mit seiner Philosophie der Vernunft die endgültige Trennung zwischen Glauben und Naturrecht. Diese Säkularisierung des Naturrechts wurde von der islamischen Welt theoretisch nicht vollzogen, wenn auch die antike Tradition des Aristoteles durch die islamische Philosophie durchaus aufgenommen wurde. Im 21. Jahrhundert muss sich allerdings auch der Westen fragen, inwieweit vor allem durch ungelöste bioethische Probleme selbst das säkularisierte Naturrecht noch tragfähig ist.

Die islamische Erklärung, die Kairoer Erklärung und die Arabische Menschenrechtscharta bejahen ebenfalls die Würde des Menschen, leiten diese aber allein aus dem islamischen Menschenbild ab. Nach ihm bezieht der Mensch seine Würde durch Gott, Allah. Ein Dialog zwischen westlicher und islamischer Welt über die genaue Herleitung der Natur des Menschen und seiner Würde steht hier sicherlich noch aus.

Zunächst einmal ist die „Menschenwürde" ein abendländischer Begriff. Er wurzelt in der antiken Philosophie, wo er aber noch in recht unterschiedlichen Kontexten gebraucht wird. Aristoteles verbindet die Idee menschlicher Würde mit menschlicher Selbsterkenntnis. In seiner „Nikomachischen Ethik" betont Aristoteles die Besonderheit des Menschseins an sich wie auch die Individualität eines jeden Menschen. Cicero unterscheidet im ersten Jahrhundert v. Chr. zwischen einer unterschiedlichen und einer gemeinsamen Würde. Mit dieser Unterscheidung wird schon bei Cicero der Begriff der Menschenwürde eingeführt (Cicero, De officiis). Schon bei ihm findet sich die Idee von gleicher menschlicher Würde, die den Menschen unabhängig von seiner sozialen Position vor der Kreatur auszeichne. Die griechisch-römische Stoa formuliert die menschliche Würde dann genauer. Im Unterschied zum Tier sieht sie den Menschen von Vernunft durchdrungen. Wenn er ein vernunftgemäßes Leben führt, befindet er sich nicht nur in Übereinstimmung mit seinem eigenen Wesen, sondern auch mit den Göttern und der Natur. Daher gäbe es eine Gemeinschaft aller rationalen Wesen von Menschen und Göttern. Und allen sind bestimmte höchste Rechtsnormen als Naturrecht gemeinsam. So besitzt jeder Mensch, ob arm oder reich, Sklave oder freier Bürger, unantastbare Würde und Anspruch auf Achtung. Aus dieser Erkenntnis wurden keine weitergehenden politischen und sozialen Folgerungen gezogen. Die Stoiker erkannten die Gleichheit der Menschen als Teilhaber an der Vernunft, wandten sich aber nicht gegen die schärfste Form der sozialen Ungleichheit, die Sklaverei.

Christliche Begründungen der Menschenwürde leiten sich zum einen aus der Gottesebenbildlichkeit ab: *„ Und Gott schuf den Menschen nach seinem Bilde"* (Gen. 1, 27), aber auch aus der unmittelbaren Beziehung des Menschen zu Gott, die durch Jesus Christus bestätigt worden sei. Die Stoa folgerte in den ersten nachchristlichen Jahrhunderten daraus, dass die Menschen auf Grund der Gottesebenbildlichkeit gleich seien. Für sie spielte jedoch nicht nur diese Ebenbildlichkeit eine Rolle für die Begründung der menschlichen Würde, sondern auch die Teilhabe des Menschen an der Vernunft. Eine neue Sicht der menschlichen Würde brachte die Renaissance. Der italienische Humanist Pico della Mirandola kam auf Grund von Überlegungen über die Ähnlichkeit des Menschen mit Gott zu der auf stoische Lehren zurückgehenden Überzeugung, dass der Mensch einen Mikrokosmos darstelle, in dem alle Handlungsmöglichkeiten angelegt seien. Zwischen diesen Möglichkeiten eine Wahl zu treffen sei die dem Menschen von Gott gegebene Bestimmung. Die den Menschen auszeichnende Würde ist damit also seine Handlungs- und Entscheidungsfreiheit, die allerdings durch die Vorstellung von menschlicher Sündhaftigkeit eingegrenzt wird.

Mit der beginnenden Neuzeit rückte erneut die Vernunftbestimmung in den Mittelpunkt und wurde zu einem umfassenden philosophischen Konzept ausgebaut. Im Zuge der europäischen Aufklärung im 17. und 18. Jahrhundert wurde die Auffassung der Würde als Freiheit mit der stoischen Auffassung der Würde als Teilhabe an der Vernunft verbunden. Der Grund dafür, dass die menschliche Natur Würde hat, ist nach Immanuel Kant die Autonomie des Menschen, das heißt seine Möglichkeit, in Freiheit einem Gesetz unterworfen zu sein, also sittlich sein zu können. Der französische Philosoph Blaise Pascal und der Staats- und Völkerrechtstheoretiker Samuel Pufendorf sahen ebenfalls die Würde des Menschen in seiner Freiheit, das durch die Vernunft Erkannte zu wählen und zu tun. Pufendorf, ein Wegbereiter der Aufklärung, dessen Lehre Einfluss auf die amerikanische Erklärung der Menschenrechte von 1776 hatte, verband diesen Gedanken der Würde mit dem der Gleichheit aller, da allen Menschen als solchen diese Eigenschaft zukomme.

Diese Gleichheit war im abendländischen Diskurs um die menschliche Würde keineswegs selbstverständlich. Im Mittelalter und in der Renaissance wurde thematisiert, welche Würde der Frau zukomme, da man ihr nur eingeschränkt Vernunft zugestand. Zu Beginn des 17. Jahrhunderts argumentierte Marie de Gournay zu einer Zeit der Hexenverbrennungen theologisch mutig für die gleiche Würde der Frau (*la même dignité*). Bis in die heutige Zeit hat sich in der katholischen Kirche die Tradition, der Frau nur eingeschränkt Würde zuzubilligen, fortgesetzt, während Martin Luther den Würdebegriff mit dem Gleichheitsgedanken verband. Die Auszeichnung christlicher Würde sah er in der gleichen Teilhabe aller Glaubenden am priesterlichen Amt Christi.

Mohammed erkannte ausdrücklich die Offenbarungstexte der Juden und Christen an, obwohl sie ihm gar nicht vollständig bekannt waren. Von der Gottesebenbildlichkeit sprach er jedoch nicht. Für den tunesischen Islamwissenschaftler Mohammed Talbi gilt jedoch auch für den Islam die alttestamentliche Aussage, dass der Mensch nach dem Bilde Gottes geschaffen sei. Die Menschen seien auch gleich, da sie denselben Atem Gottes in sich hätten[1], bei Talbi finden wir also auch die Ableitungen der Stoa wieder. Diese Interpretation ist für andere Muslime aber keineswegs zwingend und so finden wir auch in der Frage nach der Menschenwürde keine einheitliche Position des Islam. Die Präambel der Islamischen Erklärung der Menschenrechte von 1981 führt noch eine andere Koranstelle zur Begründung menschlicher Würde an, die von einer Auszeichnung des Menschen spricht:

> *„Und wir waren gegen die Kinder Adams huldreich und haben bewirkt, daß sie auf dem Festland (von Reittieren) und auf dem Meer (von Schiffen) getragen werden, (haben) ihnen (allerlei) gute Dinge beschert und sie vor vielen von denen, die wir (sonst noch) erschaffen haben, sichtlich ausgezeichnet."* (Sr 17, 70)

Der Koran bestätigt die Schöpfung der Welt durch Gott in sechs Tagen und betont, dass Gott die Welt für den Menschen geschaffen habe. Die Kosmologie des Korans kennt *„sieben Himmel"* (Sr 2, 29) und auch sieben Erden. *„Gott ist es, der sieben Himmel geschaffen hat, und von der Erde ebensoviel"* (Sr 65, 12). Diese Vorstellung scheint der jüdischen Überlieferung entlehnt zu sein. Ebenso findet sich neuplatonisch-gnostisches Gedankengut in der Beschreibung der Beziehung zwischen den Himmelskörpern, der Elemente und der drei Naturreiche. Eine ganze Reihe von Suren betonen Gottes Schöpfermacht und seine Güte gegen den Menschen. Es gibt Islamwissenschaftler, die behaupten, diese Botschaft sei überhaupt die älteste im Koran.[2] Die Allmacht Gottes als zentraler Glaubensinhalt des Islam ergibt sich daraus, dass Himmel und Erde mit allem, was darin ist, von ihm geschaffen wurden. Auch der Mensch wurde nach den Offenbarungen Mohammeds von Gott geschaffen, dies wird immer wieder betont. Die Erschaffung des Menschen ist dabei kein einmaliger Akt, sondern es wird betont, dass Gott seine Hand in jedem einzelnen Entwicklungsstadium des Menschen, vom Embryo bis zum Säugling bis hin zu seinem Tod als Greis habe. Paret meint nun, dass der Eigenwert des Menschen nicht aus der Tatsache, dass er von Gott geschaffen sei, abgeleitet werden könne, sondern eher umgekehrt, der Mensch verliere in der muslimischen Vorstellung dadurch seinen Eigenwert.

---

1   Mohammed Talbi, mündliche Überlieferung
2   Vgl. Paret, Rudi: Mohammed und der Koran, S. 63, 69 ff.

„Gegenüber der Allmacht Gottes tritt nicht nur die Natur völlig zurück. Auch der Mensch verliert seinen Eigenwert. Alles, was er kann und macht, ist ein Werk des Schöpfers."[1]

Hier kann man Paret jedoch nur unter Vorbehalt zustimmen. Es ist richtig, dass der Koran den Menschen in vielen Suren als unwissend und schwach darstellt, der Gott nur voller Demut entgegen treten könne. Es gibt jedoch auch Suren, wie oben bereits dargestellt, die den Menschen in seiner Verantwortlichkeit betonen. Ein besonderer Stellenwert kommt dabei der nachfolgend zitierten Sure zu. Der Mensch erhält von Gott den Auftrag, seine Schöpfung zu verwalten, wohl wissend, dass er dieser Aufgabe wahrscheinlich nur schwerlich gewachsen sein wird.

> *„ Wir haben (nach Beendigung des Schöpfungswerkes) das Gut des Lebens[2], das der Welt anvertraut werden sollte, zuerst dem Himmel, der Erde und den Bergen angetragen. Sie aber weigerten sich, es auf sich zu nehmen, und hatten Angst davor. Doch der Mensch nahm es (ohne Bedenken) auf sich. (...)."*
> (Sr 33, 72)

Der Mensch stellt sich dieser schweren Aufgabe also freiwillig, was ihn in gewisser Hinsicht ehrt. So heißt es auch an einer anderen Stelle: „wa-karramnā banī Adamā" *(Und wir haben die Kinder Adams geehrt)* (Sr 17, 70)[3]. Das arabische Wort für Menschenwürde *karamāt al-insān* ist dabei aus derselben Wurzel abgeleitet wie das in dieser Koranstelle für „ehren" abgeleitete Verb. Darin steckt das islamische Verständnis, dass die Ehre, die Gott dem Menschen angedeihen lässt, gleichzeitig auch seine Würde begründet. Worin die Aufgabe des Menschen denn aber nun eigentlich bestehe, darüber herrscht im Islam keine einheitliche Meinung. Während fortschrittliche Muslime meinen, dass dies ein Auftrag sei, die Schöpfung zu schützen, meinen orthodoxe Muslime, es sei das Gebot zu religiösem Gehorsam.

Jedoch finden wir hier eine Parallele zu christlicher Theologie. Erst vor dem Hintergrund der ökologischen Bedrohung unseres Planeten haben sich christliche Theologen kritische Gedanken gemacht über den folgeträchtigen Befehl in der Schöpfungsgeschichte:

> *„ Und Gott segnete sie und sprach zu ihnen: Seid fruchtbar und mehret euch und füllet die Erde und machet sie euch untertan und herrschet über die Fische*

---

1   Ebenda, S. 79
2   *Anmerkung*: Statt „des Heils" hier „des Lebens" nach dem Kommentar von Paret. (Der Koran. Kommentar und Konkordanz von Rudi Paret, S. 402)
3   *Anmerkung*: Paret übersetzt hier allerdings nicht mit „ehren", sondern mit „huldreich sein gegen".

*im Meer und über die Vögel unter dem Himmel und über das Vieh und alle Tie-
re, die auf der Erde sich regen!"* (1. Mose, 28).[1]

Lange Zeit hat dieser göttliche Befehl, sich die Erde untertan zu machen, auch
Raubbau an der Natur gerechtfertigt. Neuere christliche Theologie betont hingegen, das Verb „herrschen" sei hier nicht im Sinne willkürlicher Machtausübung
gemeint. Es sei dabei vielmehr an die antike klassische Form der Herrschaft zu
denken, an die Königsherrschaft. Sie bedeutete die volle Verantwortung des
Herrschers für das Wohlergehen des ihm anvertrauten Volkes und Landes. Dieser Verantwortung habe er zwingend nachkommen müssen, wollte er seine
Herrschaft nicht verwirken. Übertragen auf den Herrschaftsbefehl an den Menschen würde dies bedeuten, dass der Herrschaftsauftrag des Menschen ein Pflegeauftrag ist, der darin besteht, die Erde zu behüten.[2] Dieser Interpretation kann
man auch insofern Folge leisten, da nur ein solcher Pflegeauftrag an den Menschen dazu geeignet ist, die Wichtigkeit und Sonderstellung des Menschen auf
dieser Erde, und damit die menschliche Würde, zu begründen.

Vergleichen wir die geschichtliche Entwicklung des Begriffs der Würde zwischen Abendland und islamischer Welt, so fällt zunächst einmal ein wesentlicher Unterschied auf. Während im Abendland die menschliche Würde nicht nur
auf religiösen Grundlagen ruht, sondern auch als säkulares Naturrecht behauptet
wird, wird in der islamischen Welt die Würde des Menschen nur aus dem Koran
hergeleitet. Es fehlt für die Befestigung der menschlichen Würde also eine nicht
religiöse Grundlage. Ein zweiter wesentlicher Unterschied besteht darin, dass
sich von der Antike bis zur Neuzeit in der islamischen Welt auch kein Diskurs
über die menschliche Würde entwickelte, wie dies im Westen geschah. Eine
Ausnahme besteht in der islamischen Philosophie, der wir uns deshalb noch besonders zuwenden werden. Auch der Diskurs über gleiche oder unterschiedliche
Würde von Mann und Frau fehlt in der sunnitischen Theologie. Dieser Diskurs
wird erst jetzt von modernen Koran- und Islamwissenschaftlern aufgenommen.
Wie aber das Beispiel von Mohamed Talbi zeigte, können diese Theologen in
der Stützung ihrer Position auf keinen in der islamischen Welt stattgefundenen
Diskurs zurückgreifen, so dass ihre Positionen ziemlich willkürlich neben denen
von orthodoxen Koranwissenschaftlern stehen. Auffällig ist zudem, dass der Koran an keinen anthropologischen Aussagen interessiert ist, also über das Wesen
des Menschen nicht ernsthaft reflektiert, sondern den Menschen lediglich in seinem Verhältnis zu Gott betrachtet. Die menschliche Gebundenheit an Gott bedeutet im Islam in erster Linie Gehorsam gegen Gott und ist seine wesentlichste

---

1   Die Heilige Schrift des Alten und Neuen Testaments. Hrsg. vom Kirchenrat des Kantons
    Zürich. Ausgeliefert durch die Württembergische Bibelanstalt Stuttgart 1972.
2   Vgl. Westermann, Claus: Theologie des Alten Testaments in Grundzügen. ATD Ergän-
    zungsreihe 6, Göttingen: Vandenhoeck & Ruprecht, 1978, S. 83 f.

Eigenschaft. Hierin liegt ein zentraler Unterschied zum Christentum und zur Stoa, die an anthropologischen Aussagen interessiert sind.

Eine einheitliche Begründung für die menschliche Würde und die sich daraus ableitende Gleichheit kennt aber auch das Abendland nicht. Eine Gemeinsamkeit in der Haltung von Islam und Christentum zum Thema Menschenwürde und –rechten besteht, wenn man in die Geschichte des Christentums zurückblickt. Menschenwürde und Menschenrechte existieren im Christentum vorrangig für Glaubende als von Gott Begnadete. So musste die Aufklärung die Idee des nichtrelativen Naturrechts gegen den erbitterten Widerstand der Amtskirche beider Konfessionen durchsetzen. Dabei galt es, die Erbsündenlehre samt ihrer fatalen Implikationen zu neutralisieren. Der Natur des Menschen wird im Abendland erst nach diesen Kämpfen mit dem Christentum ein absoluter Wert zugeschrieben. Wir sehen also, dass man pauschal das Christentum nicht als fortschrittlicher als den Islam darstellen kann. Im Gegenteil ergibt sich zwischen christlicher und islamischer Diskussion der Menschenrechte an sich eine Gemeinsamkeit. Sofern der Mensch als von Gott unabhängig handelndes Wesen, das nicht nur Gott gleich handeln kann, sondern auch Gott widrig und autonom handeln kann und darf, begriffen wird, ist sowohl mit islamischen als auch mit christlichem Widerstand zu rechnen. Der Islam schränkt mit seiner vorherrschenden Forderung des unbedingten Gehorsams gegenüber Gott den Gedanken der menschlichen Autonomie deutlich ein, aber auch das Christentum bezieht hier keine Gegenposition. Das liberale Freiheitsverständnis, das zu einem guten Teil menschliche Würde erst begründet, weil es an Selbstbestimmung und Autonomie gebunden ist, widerspricht der Erfahrung der Sündhaftigkeit des Menschen. Nicht Menschenrechte des freien Individuums, sondern die Pflichten des Einzelnen gegenüber Staat und bergenden Gemeinschaften standen im Zentrum des Hauptstroms christlicher Ethik im frühen 19. und 20. Jahrhundert. In dieser deutlichen Einschränkung der Individualität zu Gunsten der Gemeinschaft liegt eine wichtige Gemeinsamkeit zwischen islamischer und christlicher Definition menschlicher Würde.

Ein wesentlicher Unterschied liegt jedoch darin, dass durch die Entbehrung des Säkularisierungsprozesses die islamische Welt menschliche Würde immer noch allein an theologische Grundlagen bindet. Dabei erschwert ein in islamischer Theologie ungeklärtes Verhältnis zwischen Allah und den Gläubigen noch zudem die Definition menschlicher Würde: die Allmacht Gottes, die menschlichen Gehorsam verlangt, steht gegen die Ehre, die Gott dem Menschen angedeihen lässt, indem er ihm seine Schöpfung übereignet.

1.2 Gleichheit der Menschen

Jeder hat Anspruch auf die in dieser Erklärung verkündeten Rechte und Freiheiten ohne irgendeinen Unterschied, wie etwa nach Rasse, Hautfarbe, Geschlecht, Sprache, Religion, politischer oder sonstiger Überzeugung, nationaler oder sozialer Herkunft, nach Eigentum, Geburt oder sonstigen Umständen. [Art. 2 (1) der UN-Charta]

Wir berühren hier vielleicht einen der wesentlichsten Unterschiede zwischen dem Leben in einem westlichen und einem arabischen Land. Während meines Aufenthaltes in Tunesien war es förmlich als Stimmung auf der Straße spürbar, die etwas fremdartig Lauerndes hatte und die man aus westlichen Ländern nicht kennt. Diese Atmosphäre, die ich in den ersten Wochen meines Aufenthaltes besonders stark wahrnahm, irritierte mich, denn ich konnte die Quelle vorerst nicht ausfindig machen. Frauen und Mädchen bevölkerten auf dem ersten Blick die Straßen genauso wie Männer, und das Land wirkte auf jeden Fall westlicher als zum Beispiel Algerien. Im Umgang mit den Menschen wurde mir dann aber deutlicher, wie stark bewertet wurde: nach dem Grad der Gläubigkeit und nach der Position in der Gesellschaft und natürlich auch immer noch nach dem Geschlecht. Ich persönlich konnte die Tatsache, Frau und zudem noch Christin (also Ungläubige) zu sein, ein wenig durch meine Position an der Universität und die Tatsache, verheiratet zu sein ausgleichen. Ich bekam mit der Zeit einen Zugang zu den Tunesiern, den Touristen niemals bekommen. Hausangestellte und Studenten wie auch die Tunesier, die mein Leben in Tunesien kannten, maßen mich in besonderer Weise an meiner gesellschaftlichen Stellung, denn Hierarchiedenken ist nicht nur in Tunesien, sondern in allen islamischen Ländern eine tägliche Übung. Verbunden damit ist der Anspruch des Gehorsams, nicht nur gegenüber Gott und gegenüber dem Staat, sondern auch gegenüber dem Arbeitgeber, dem Lehrer beziehungsweise der Lehrerin und den Eltern.

Ursprünglich aus der christlichen Annahme der Gleichheit des Menschen vor Gott stammend, entwickelte sich die Gleichheitsidee besonders seit der europäischen Aufklärung zur Forderung einer „Gleichheit vor dem Gesetz", die in der Französischen Revolution zum politischen Grundsatz wurde, um mehr soziale Gerechtigkeit zu erreichen. In Deutschland ist dieses Prinzip im so genannten „allgemeinen Gleichheitssatz" geregelt, der sich in Artikel 3 des Grundgesetzes findet. Auf der Ebene der Europäischen Gemeinschaften ist der Gleichheitssatz in den Art. 12, Absatz 1, 33, Absatz 2, Satz 1 und 141 des EG-Vertrags verankert. Das Gleichheitsprinzip ist ein universelles demokratisches Grundprinzip, das bei Wahlen und Abstimmungen allen Bürgern das gleiche Wahlrecht und die gleiche Gewichtung ihrer Stimme zuerkennt.

Die Entwicklung des Gleichheitsgedankens im Abendland wurde bereits im Zusammenhang mit der Herleitung des Begriffs der menschlichen Würde gestreift. Der Gedanke der Gleichheit leitet sich vom Naturrecht her, das Freiheit, Gleichheit sowie das Recht auf Unversehrtheit und Eigentum umfasst. Obwohl es unterschiedliche Positionen zu der Frage gibt, ob das Naturrecht göttlichen Ursprungs sei oder sich aus der Natur des Menschen selbst ableite, herrscht Einigkeit darüber, dass das Naturrecht aus der reinen Vernunft erwächst.

In der Geschichte kam es zu einer starken Vermischung von Christentum und antikem Naturrecht. Auch das jüdische Denken kannte eine ähnliche Freiheits- und Gleichheitsidee durch die Setzung, dass das israelitische Volk noch vor der weltlichen Herrschaft zunächst Gott verpflichtet sei. Die Gebundenheit an die zehn Gebote gab eine gewisse Freiheit vor irdischen Herrschern. Und in der Verehrung von Jahwe wurden alle Menschen Brüder und Schwestern und damit gleich. Das frühe Christentum betonte neben der gemeinsamen Gottesebenbildlichkeit die gemeinsame Gotteskindschaft:

> *„Denn ihr alle seid Söhne Gottes durch den Glauben an Christus Jesus. Denn ihr alle, die ihr auf Christus getauft worden seid, habt Christus angezogen. Da ist nicht Jude noch Freier, da ist nicht Mann und Weib; denn ihr alle seid e i n e r in Christus Jesus. Wenn ihr aber Christus angehört, seid ihr ja Abrahams Nachkommenschaft, Erben gemäß der Verheißung." (Galaterbrief 3, 26-29)*

Insbesondere das paulinische Christentum war aber schon ein Produkt der Hellenisierung des Judentums. Dies zeigt sich unter anderem daran, dass der Gottesgehorsam weniger als im Judentum von der Einhaltung der Riten als vielmehr durch eine ethische Lebenshaltung (wie in der Lehre der Stoa) Ausdruck findet. Auch die christliche Grundidee des menschlich geborenen Gottessohnes verdankt sich einer Synthese biblischer Verheißung mit der griechischen Mythologie. Entsprechend früh fand auch die Rezeption der stoischen Naturrechtslehre durch christliche Denker statt. So setzte zum Beispiel Philo von Alexandrien den griechischen Begriff der *physis* mit dem göttlichen Gesetz gleich und Theophilus v. Antiochien den Begriff *logos* mit dem Schöpfungswort Gottes. Die christliche Theologie war also von Anfang an von philosophischen Begriffen durchdrungen, was im Hochmittelalter eine folgenreiche Synthese der aristotelischen Philosophie mit der christlichen Theologie erlaubte.

Im Vorfeld der Französischen Revolution entwickelte John Locke im 17. Jahrhundert seine Idee von einem Gesellschaftsvertrag als Grundlage des Staates. Demnach sollten die Menschen ihre Rechte an eine Gemeinschaft delegieren, die zu ihrer Vertretung eine Regierung wählt. Diese Volksvertretung sollte für die Einhaltung der naturrechtlichen Prinzipien verbindlich eintreten. Dabei stellte er den Schutz des Einzelnen vor dem Staat in den Vordergrund. Als Mittel zu diesem Zweck definierte er die Demokratie und die Gewaltenteilung. Diese Idee wurde später von dem Franzosen Charles Montesquieu und dem Amerikaner Thomas Jefferson aufgegriffen und nahm auf die Verfassungen ihrer Länder Einfluss. Wenn beispielsweise Anfang des 19. Jahrhunderts amerikanischen Revolutionäre wie selbstverständlich davon sprachen, dass alle Menschen gleich seien, war dies zu einem großen Teil Lockes Einfluss zuzuschreiben. Das machte Lockes politische Theorie zum Pfeiler einer jeden Auseinandersetzung mit dem Thema Gleichheit als moderne politische Konzeption. Lockes Theorie von der Gleichheit der Menschen unterlag allerdings ebenfalls religiösen Einflüssen und er legte ihr den Gedanken der Gottesebenbildlichkeit zu Grunde.[1] Der amerikanische Philosoph und politische Theoretiker John Rawls (1921-2002) bezog sich auf die Werke von Locke, Rousseau, Kant und des Utilitaristen John Stuart Mill, um eine politische Theorie zu entwickeln, die sich auf das allgemeine Konsensprinzip stützt. Demnach konnte Gleichheit nur dadurch eine selbstverständliche Idee werden, weil sie hinsichtlich der Erfahrungen sehr vieler Menschen Sinn machte. Die Erfahrungen waren aber in erster Linie vom Gegenteil geprägt, nämlich von der wirtschaftlichen und rechtlichen Ungleichheit. Das Naturrecht „Gleichheit", das einem positivistischen Rechtssystem zwar übergeordnet ist, aber dennoch davon abhängig, in positives Recht umgewandelt zu werden, bleibt vor dem Hintergrund von Globalisierung und zunehmender Verkapitalisierung auch ein Stück Utopie. Eine Utopie, zu der insbesondere Ernst Bloch den Mut fand, der vor dem geschichtlichen Hintergrund der Begriffsgeschichte auf die Risse aufmerksam macht, die das Prinzip Gleichheit zu einer Idee machte, an deren Realisierung es von Anbeginn mangelte:

> „Wie partial aber diese Gleichheit war, wie sehr sie als lediglich gebildeter oder lediglich geistlicher Consensus florierte, erhellt (sich) daraus, dass sie der Sklaverei nicht im Weg stand, ja dass hohe Funktionäre der Ekklesia, selbst Kirchenväter, dieser härtesten Nicht-Gleichheit das Wort redeten."[2]

Trotz dieser Einsicht und vor dem Hintergrund eines radikalen Optimismus' ist die Gleichheit Bestandteil von Blochs „konkreter Utopie". Er beschränkt ihre Definition nicht auf die Einheitlichkeit eines Durchschnitts oder im Sinne des Marxismus auf die Gleichheit in einer „klassenlos gelungenen Gesellschaft", sondern auf eine Gleichheit innerhalb einer gerechten Gesellschaft, die noch zukünftig ist.

---

1   Vgl. hierzu die Veröffentlichung von Waldron, der in seinem Buch die religiösen Grundlagen von Lockes politischer Theorie darlegt: Waldron, Jeremy: God, Locke and Equality. Cambridge University Press, 2002
2   Bloch, Ernst: Naturrecht und menschliche Würde. Frankfurt a. M.: Suhrkamp Verlag, 1961, S. 189

> „Die Fülle der Gleichheit ist Kameradschaft und (...) Brüderlichkeit, die dritte
> Farbe der Trikolore. Noch mehr als Gleichheit braucht Brüderlichkeit einen
> Hintergrund, um nicht als Pendant zur Gleichmacherei, nämlich als uferlose
> Verbrüderung missverstanden zu werden. Brüderlichkeit ist der Affekt der Ver-
> bundenheit zum gleichen Ziel (...)"[1]

Tatsache ist aber, dass es in der aktuellen westlichen Diskussion in Frage steht,
ob eine nicht-religiöse Grundlage das Gleichheitsprinzip überzeugend tragen
kann.

Für die arabische Welt sichert nur die Arabische Charta den Bürgern der
Länder, die diese Charta ratifiziert haben, einschränkungslos alle Rechte und
Freiheiten der Charta zu und zwar *„ohne Diskriminierung hinsichtlich der Ras-*
se, der Hautfarbe, des Geschlechts, der Sprache, der Religion, der politischen
Anschauung, der nationalen oder sozialen Herkunft, des Vermögens, der Geburt
oder des sonstigen Status sowie ohne Unterschied zwischen Mann und Frau"
(Art. 2 der Arabischen Charta). In der Kairoer Erklärung heißt es in Artikel 1:
„Alle Menschen sind gleich an Würde, Pflichten und Verantwortung; und das
ohne Ansehen von Rasse, Hautfarbe, Sprache, Geschlecht, Religion, politischer
Einstellung, sozialem Status oder anderen Gründen." Auf diese weitreichende
Gleichheitsgarantie folgt jedoch der Hinweis: *„Der wahrhafte Glaube ist die*
Garantie für das Erlangen solcher Würde auf dem Pfad zur menschlichen Voll-
kommenheit". Dieser Satz suggeriert, dass nur dem gläubigen Muslim diese
Gleichheitsrechte wirklich zugestanden werden. Und in der Tat wird von muslimischer Seite häufig die Auffassung vertreten, die Menschen seien nur poten-
tiell gleich, aktuell aber nach Graden der Tugend und Rechtgläubigkeit ver-
schieden.[2] Hierzu passt, dass die Arabische Charta in europäische Sprache übersetzt nicht genau denselben Inhalt wie im Originaltext wiedergibt. Sie liegt in
drei Sprachen vor (Arabisch, Französisch, Englisch), wobei die arabische Fassung von den Fassungen in europäischen Sprachen zum Teil abweicht, was am
unterschiedlichen Wortgebrauch liegt. Die Gleichheit vor dem Gesetz stellt in
der Übersetzung beispielsweise insofern ein Problem dar, als es für „Gesetz"
zwei arabische Vokabeln gibt: shari'a und kānūn, wobei shari'a das koranisch
begründete Religionsgesetz meint,

> „nach dem zwar zwischen Schwarzen und Weißen kein Unterschied, wohl aber
> zwischen Muslimen und Nichtmuslimen und in etwa zwischen Mann und Frau
> ein solcher gemacht wird."[3]

---

1   Ebenda, S. 192
2   Vgl. Bielefeld, Heiner: Auseinandersetzung um die Menschenrechte. Zum vierten
     deutsch-iranischen Menschenrechtsseminar. November 1994 in Teheran. In: ORIENT.
     Zeitschrift des Deutschen Orient-Instituts 36 (1995), S. 19-27, hier S. 20
3   Antes, Peter: Islam als politischer Faktor, S. 82

Da die Würde des Menschen im Koran nicht eindeutig begründet wird, ist es auch unklar, ob sich aus der in den islamischen Menschenrechten zugesicherten Würde des Menschen auch seine Gleichheit ableiten lässt. Im deutsch-iranischen Menschenrechtsdialog, der zwischen 1988 und 1994 in Hamburg und Teheran stattfand, wurde genau dieser Punkt zum Problem.

> „Mit Blick auf die Würde des Menschen heißt es, dass alle Menschen Kinder Adams seien und die Menschheit somit eine große Familie bilde. Allen Menschen komme eine besondere Würde zu, die sie über die sonstige Schöpfung erhebe. (...) War hier schon ein wichtiger Schritt getan, so wurden gleichwohl Vorbehalte geäußert, die einem uneingeschränkten Respekt der Würde noch entgegenstanden: Denn trotz der ursprünglichen Einheit der Menschen seien rechtliche Unterschiede legitim und notwendig – die Würde des Menschen sei nur potentiell bei allen Menschen gleich. Sie könne in unterschiedlichen Graden verwirklicht werden oder auch ganz verloren gehen. Deshalb sollten Muslime und Nicht-Muslime einen verschiedenen Rechtsstatus haben. Letztlich also waren auch für Vertreter dieses Standpunktes Menschenrechte als universale Gleichheitsrechte undenkbar."[1]

Einen Fortschritt in dieser Diskussion schien der Gedanke einer Ich-Du-Beziehung zu Gott zu bringen, wie er ja auch in der islamischen Mystik formuliert ist. Gott wolle freiwillige Hingabe vom Menschen und keinen sklavischen Gehorsam.[2]

Merkwürdigerweise übernimmt der Koran die alttestamentlichen Vorstellungen der menschlichen Gottesebenbildlichkeit nicht. Allerdings wird als Endziel der islamischen Glaubensgemeinschaft eine *Umma* genannt, die jenseits aller materiellen Interessen die Mitglieder der Gemeinschaft ohne Rang- und Wertunterschiede miteinander und mit Gott verbindet. Nur im Grad der Frömmigkeit unterscheiden sich die Menschen noch. Die direkte Folge einer solchen Gleichheit ist eine dementsprechende Gerechtigkeit, die als Ziel der prophetischen Sendung im Koran angegeben wird. Mit dieser Idee der *Umma* stoßen wir quasi auf eine konkrete islamische Utopie, um Ernst Bloch mal ein wenig zu verfremden.

> *„(Laßt euch gesagt sein, daß alles, was geschieht, von Gott vorherbestimmt ist) damit ihr euch wegen dessen, was euch (an Glücksgütern) entgangen ist, nicht (unnötig) Kummer macht und (damit ihr) euch über das, was er euch gegeben hat, nicht (zu sehr) freut (indem ihr es als euren wohlverdienten und unveräußerlichen Besitz betrachtet)! Gott liebt keinen, der eingebildet und prahlerisch ist. "* (Sr 57, 23).

---

1 Steinbach, Udo: Menschenbild und Menschenrechte in Europa und in der islamischen Welt, S. 47
2 Vgl. ebenda, S. 47 f.

Der Koran stellt anders als der moderne Westen nicht die Rechte des Individuums heraus, sondern vielmehr das Recht Gottes und das Recht der Gemeinschaft. Entsprechend stark gewichtet wird der Begriff der Brüderlichkeit, dagegen zählt der Gedanke der Individualität immer noch kaum. Wie wir bereits gesehen haben, hat auch das Christentum die Individualität des Menschen nicht immer hoch geschätzt. Die moderne mindere Bewertung des einzelnen Menschen gegenüber der muslimischen Gemeinschaft wurzelt immer noch in der Gesellschaft zur Zeit der Offenbarung im Mekka des frühen siebten Jahrhunderts, die dem Individuum wenig Raum ließ. Diese Tradition besteht im Gegensatz zum Christentum im Islam ungebrochen. Die *Umma* nimmt auch heute noch eine so zentrale Bedeutung ein, dass ihre Rechte als Rechte Gottes bezeichnet werden. Eine Gleichheit vor dem Gesetz und ein Gleichheitssatz als demokratisches Grundprinzip werden explizit nicht formuliert. Positiv an dieser Gewichtung ist jedoch die starke Präsenz der Solidarität innerhalb der *Umma*.

Betrachten wir im Anschluss noch Aussagen des Korans und der *Sunna* zur Stellung der Frau sowie zu ihrer Rolle als Mutter und Ehefrau. Entgegen der muslimischen Tradition, die Frau im Alltag und im Gesetz dem Mann nicht gleich zu stellen, gibt es Koransuren und Hadīthe, aus denen moderne Koranwissenschaftler das Gegenteil, nämlich die völlige Gleichstellung der Frau mit dem Mann, ableiten. Ein aus als gesichert geltender Überlieferungskette stammender Hadīth besagt: *'Die Frauen sind Zwillingsgeschwister der Männer'*. Auch der Koran stellt in einer Fülle von Suren Mann und Frau gleich, allerdings nur in Anbetracht ihres gemeinsamen Glaubens: *„Und die gläubigen Männer und Frauen sind untereinander Freunde (und bilden eine Gruppe für sich). "* (Sr 9, 71*).* In einer anderen Sure heißt es:

> *„Was muslimische Männer und Frauen sind, Männer und Frauen, die gläubig, die (Gott) demütig ergeben, die wahrhaftig, die geduldig, die bescheiden sind, die Almosen geben, die fasten, die darauf achten, dass ihre Scham bedeckt ist (...) für sie (alle) hat Gott Vergebung und gewaltigen Lohn bereit. "* (Sr 33, 35).

Auch berichtet die koranische Schöpfungsgeschichte nicht davon, dass zuerst der Mann entstand, sondern Mann und Frau sind gemeinsam die Urahnen späterer Menschheit: *„Ihr Menschen! Wir haben euch geschaffen (indem wir euch von einem männlichen und einem weiblichen Wesen (abstammen ließen) (...)"* (Sr 49, 13).

Noch ein anderer Unterschied fällt auf. In Genesis 3 wird Eva durch die Schlange verführt, von der verbotenen Frucht im Garten Eden zu kosten und nachdem sie der Verführung der Schlange erlegen ist, die ihr Erkenntnis verspricht, gibt sie auch Adam von der Frucht. Im Koran dagegen werden Adam und Eva gemeinsam durch die Stimme des Satans verführt.

„Aber da flüsterte der Satan ihm (böse Gedanken) ein. Er sagte: >Adam! Soll ich dich zum Baum der Unsterblichkeit (w. Ewigkeit) und einer Herrschaft (oder: und zu einer Herrschaft?), die nicht hinfällig wird, weisen?< // Und sie a-ßen (beide) davon. Da wurde ihnen ihre Scham (w. Schlechtigkeit) kund, und sie begannen, Blätter (von den Bäumen) des Paradieses über sich zusammenzuheften. Adam war gegen seinen Herrn widerspenstig. Und so irrte er (vom rechten Weg) ab. " (Sr 20, 120-121)

Auffallend an dieser Textstelle ist aber nicht nur, dass Eva keine Schuld trifft, sondern auch, dass Adam allein verantwortlich gemacht wird, woraus man allerdings auf der anderen Seite auch eine Ungleichheit hinsichtlich der gesellschaftlichen Verantwortlichkeit ableiten kann.

So wie im Galaterbrief Mann und Frau in ihrer Unterschiedlichkeit durch den Glauben an Jesus Christus in eine menschliche Gleichheit gehoben werden, so lassen sich also auch Koransuren finden, die die ansonsten postulierte Unterschiedlichkeit von Mann und Frau im Glauben an Allah aufheben.

Des Weiteren wäre noch auf eine grundsätzliche Gemeinsamkeit im Gleichheitsgedanken und seiner begriffsgeschichtlichen Herleitung aufmerksam zu machen, die im Verlaufe dieses Essays noch weiterverfolgt werden wird. So wie sich im christlichen Abendland im Vorfeld der Aufklärung die Idee der Gleichheit vor allem dadurch entwickelte und erhielt, dass das Urchristentum griechischen Einflüssen unterlag, so gilt dies ebenso für den Islam. Es wird noch zu zeigen sein, inwiefern sich in der islamischen Theologie und Philosophie über die Rezeption der aristotelischen Philosophie ebenfalls diese naturrechtlichen Ideen finden. Sie konnten sich aber mit den religiösen Grundlagen des Islam nicht vermischen, weil diese Tradition weit vor Beginn der europäischen Aufklärung durchbrochen wurde. Erschwerend kommt außerdem hinzu, dass die Idee der Gleichheit, wie sie bereits das Judentum überliefert, vom Islam kaum rezipiert wurde. Die Weiterentwicklung des Gleichheitsgedankens innerhalb von Staatstheorien im Sinne Lockes und als Wegbereiter einer aufgeklärten Moderne war daher in der islamischen Welt nicht möglich.

1.2.1 Gleichheit der Geschlechter
Die Allgemeine Erklärung der Menschenrechte von 1948 nimmt auf die Gleichstellung der Frau mit dem Mann nicht explizit Bezug, da sie sich notwendig aus der Gleichheit aller Menschen ableitet. Sie berührt in Artikel 16 lediglich die Heiratsfrage.

Heiratsfähige Männer und Frauen haben ohne Beschränkung durch Rasse, Staatsbürgerschaft oder Religion das Recht, eine Ehe zu schließen und eine Familie zu gründen. Sie haben bei der Eheschließung, während der Ehe und bei deren Auflösung gleiche Rechte. [Art. 16 (1) der UN-Charta]

Die Ehe darf nur auf Grund der freien und vollen Willenseinigung der zukünftigen Ehegatten geschlossen werden. [Art. 16 (2) der UN-Charta]

Die Kairoer Erklärung nimmt dagegen vor dem Hintergrund der problematischen Stellung der Frau in der islamischen Welt ausdrücklich Stellung. In Artikel 6 heißt es: *„a. Die Frau ist dem Mann an Würde gleich, sie hat Rechte und auch Pflichten; sie ist rechtsfähig und finanziell unabhängig, und sie hat das Recht, ihren Namen und ihre Abstammung beizubehalten. b. Der Ehemann ist für den Unterhalt und das Wohl der Familie verantwortlich. "*

Mit der Kairoer Erklärung liegt bereits eine weitreichende Gleichstellung der Frau mit dem Mann vor, die der Allgemeinen Erklärung der Menschenrechte entspricht. Würde sie in allen islamischen Ländern verwirklicht, verspräche dies eine erhebliche Verbesserung des Ist-Zustandes. Bezogen auf die praktische Umsetzung von Rechten der Frau in der islamischen Gesellschaft, differiert die reale Situation der Frau in der islamischen Welt sehr stark - *so nimmt die tunesische Frau weitaus mehr am öffentlichen Leben teil und ist durch Gesetze geschützt als beispielsweise die pakistanische Frau.* Jedoch zeigt auch der Nachsatz in b., der den Mann zum alleinigen Ernährer der Familie macht, dass auch im theoretischen Zugeständnis noch Einschränkungen gelten. Die wirtschaftliche Verantwortung liegt nach der Kairoer Erklärung weiterhin allein beim Mann und dies scheint die zugesicherte Garantie der finanziellen Unabhängigkeit der Frau Lügen zu strafen.

Diese Einschränkung ist auch im Koran verankert. Wenn der Koran auch Mann und Frau im Glauben als gleichberechtigt darstellt, so wird die irdische Unterschiedlichkeit der beiden Geschlechter dennoch betont. Wir haben hier eine ähnliche Inkonsequenz vorliegen, wie sie uns auch schon in der grundsätzlichen Gleichheitsdiskussion der Menschen entgegen getreten ist.

Es gibt auch Suren, die die Höherstellung des Mannes über die Frau sehr deutlich aussprechen. Eine der wichtigsten ist Sure 4, 34:

„Die Männer stehen über den Frauen, weil Gott sie (von Natur vor diesen) ausgezeichnet hat und wegen der Ausgaben, die sie von ihrem Vermögen (als Morgengabe für die Frauen?) gemacht haben (...). "

Auch diese Sure betont die Verantwortlichkeit des Mannes für die Frau. Der Koran geht davon aus, dass die Frau schwächer als der Mann und durch Geburt, Stillen und Menstruation gehandicapt ist und besonderen Schutz benötigt. Dass diese Schutzauffassung auch Gefangenschaft für die Frau bedeuten kann, ist sicher zur Zeit Mohammeds zumindest von den Männern nicht kritisch hinterfragt worden und daran bestand wohl auch kein Interesse. Noch heute wird dieser Tatbestand von den meisten muslimischen Männern ungern reflektiert. Dadurch, dass die Frau unter den Schutz des Mannes gestellt wird, gelten automatisch auch unterschiedliche gesellschaftliche Rechte. Am massivsten zeigt sich das wohl im unterschiedlichen Erbrecht.[1]

Die moderne westliche Auffassung lehnt es dagegen ab, die biologischen Unterschiede in den Vordergrund zu stellen und die biologische Beschaffenheit der Frau zum Maßstab für weibliche Verhaltensnormen zu machen.

Das Abendland hat hier allerdings auch weniger fortschrittliche Traditionslinien aufzuweisen, die sich bis zu der heutigen Weigerung der katholischen Kirche fortsetzen, Frauen für das Priesteramt zuzulassen. Die frauenfeindliche Tradition der abendländischen Geistesgeschichte sowie der christlichen Kirche ist allgemein bekannt und steigerte sich in solche Perversionen wie die Hexenverbrennungen. Es kann deshalb auch nur auf einen aktuellen, modernen Unterschied aufmerksam gemacht werden. Der Islam steht keineswegs allein mit einer Tradition, die die Frau stark benachteiligt.

1.2.1.1 Partnerwahl, Kinderehen und Zwangsehen

In der Freiheit der Ehegattenwahl gibt es gegenüber der UN-Charta eine Einschränkung. Artikel 5 der Kairoer Erklärung betont, es dürften für die Ehegattenwahl *„keinerlei Einschränkungen aufgrund von Rasse, Hautfarbe oder Nationalität"* gemacht werden, klammert die Frage der Religionszugehörigkeit aber aus. Art. 16, Abs. 2 der UN-Charta zielt auf die Freiwilligkeit der Eheschließung und wird auch von vielen arabischen Staaten respektiert. Es gibt jedoch auch noch eine große Anzahl von Kinder- und Zwangsehen, die immer noch mit einer Tradition, die bis auf den Propheten zurückführe, gerechtfertigt wird, besonders in der Türkei. Der Koran sagt zu diesem Thema direkt nichts, auch die *Sunna* liefert keine Rechtfertigung für die Zwangsehe. Die Überlieferung jedoch bezieht zumindest im Ansatz Stellung. In der Hadīthsammlung al-Bukhārīs berichtet eine Frau namens Chansa, dass sie zum Propheten ging und sich beklagte, ihr Vater habe sie gezwungen, jemanden zu heiraten, als sie *thaijib* war (das heißt verwitwet oder geschieden). Der Prophet sprach sie aus dieser Ehe frei. Die Kinderehe, die ja eine besonders grausame Form der Zwangsehe darstellt, scheint aber durch die Überlieferung legitimiert zu sein. Diese Legitimation gibt in Ländern wie Afghanistan oder Pakistan immer noch Anlass dazu, Mädchen, die noch nicht einmal die Pubertät erreicht haben, in die Hände älterer Männer

---

1   *„Gott verordnet euch hinsichtlich eurer Kinder: Auf eines männlichen Geschlechts kommt (bei der Erbteilung) gleichviel wie auf zwei weiblichen Geschlechts."* (Sr 4, 11). Der Koranwissenschaftler Nasr Hamid Abu Zaid versteht diese Regelung im Koran jedoch vor dem soziokulturellen Hintergrund des Offenbarungszeitpunktes. Der Erbteil der Frau war in der Stammesgesellschaft vor Mohammed keineswegs immer zugesichert. Der Prophet habe mit seiner Regelung erreichen wollen, dass die Frau überhaupt ein Erbrecht hatte. Von dieser generellen Sinnrichtung des Korans ausgehend, fordert Abu Zaid für die heutige Zeit gleiches Erbrecht für Mann und Frau. (Zaid, Nasr Hamid Abu: Islam und Politik. Kritik des religiösen Diskurses. Frankfurt a. M.: dipa, 1996, S. 179 f.)

zu geben. Nach der Hadīthsammlung von al-Bukhārī, die als sicheres Überliefe-
rungsstück gilt, erzählt Aischa, dass der Prophet sie heiratete, als sie sechs Jahre
alt war und die Ehe vollzog, als sie neun Jahre alt war. (Al-Bukhārī. Sahih.
Band 7, Buch 62, Nr. 64). Diese Überlieferung gilt im sunnitischen Islam als
uneingeschränkt zutreffend. Zurzeit von Mohammed war das Heiratsalter durch
den Beginn der Pubertät markiert, ob dies bereits bei der neunjährigen Aischa
der Fall war, bleibt fraglich. Es gibt aber auch historische Quellen, die die
Schlussfolgerung erlauben, dass Aischa bei ihrer Heirat zwischen 14 und 21
Jahre alt war. So berichtet Tabarī in seiner Abhandlung über islamische Geschichte, dass Aischas Vater Abu Bakr vier Kinder hatte, die alle in der vorislamischen Zeit geboren worden waren (At-Tabarī, *Tarīkh al-umam wa al-
mulûk*, Bd. 4, S. 50, Annalen). Das hieße, Aischa kann zum Zeitpunkt ihrer Heirat nicht unter 14 Jahre alt gewesen sein. In einem anderen Hadīth nach al-
Bukhārī berichtet Aischa: *„Ich war ein junges Mädchen (dhāriya) als Sura al-
Qamar offenbart wurde."* Die hier gemeinte Sure 54 wurde aber acht Jahre vor
der Hidschra offenbart, also 614 n. Chr. und wenn Aischa tatsächlich mit neun
Jahren geheiratet hätte, wäre sie zum Offenbarungszeitpunkt der Sure 54 ein
Säugling gewesen. Der Begriff *dhāriya* wird im Arabischen gewöhnlich für
sechs bis 13 Jahre alte Mädchen verwendet, was auf ein Alter von 14-21 Jahren
hindeuten würde, als sie heiratete. Auch an der Schlacht von Badr, die im Jahre
624 n. Chr. begann, an der Aischa teilgenommen haben soll, durften erst Jugendliche teilnehmen, die das 15. Lebensjahr vollendet hatten. Möglicherweise
hatte Aischa eine Sondererlaubnis des Propheten, was aber recht unwahrschein-
lich ist, da seine Handlungen in der *Umma* Vorbildcharakter hatten und man ist
kaum geneigt anzunehmen, dass der Prophet eine Zehnjährige mit in die
Schlacht genommen hat. Es ließen sich noch mehr historische Belege dafür anführen, dass die zweite Ehefrau Mohammeds keinesfalls neun Jahre zum Zeitpunkt ihrer Hochzeit, sondern mindestens fünf Jahre älter, wahrscheinlicher sogar 19 beziehungsweise 20 Jahre alt gewesen ist.

1.2.1.2 Gewalt in der Ehe

Von dem Gedanken her, dass der Mann für die Frau Verantwortung trage und
sie zu schützen habe, ist wohl auch die umstrittene Sure 4, 34 zu verstehen, die
es dem Mann zu erlauben scheint, seine Frau zu schlagen.

> *„Die Männer stehen über den Frauen, weil Gott sie (von Natur vor diesen)
> ausgezeichnet hat [...]. Und wenn ihr fürchtet, daß (irgendwelche) Frauen sich
> auflehnen, dann vermahnt sie, meidet sie im Ehebett und schlagt sie! Wenn sie
> euch (daraufhin wieder) gehorchen, dann unternehmt (weiter) nichts gegen sie!
> Gott ist erhaben und groß."* (Sr 4, 34).

Die Übersetzung von Paret kann hier aber angefochten werden. Im Wörterbuch
findet man mehrere Seiten über die Bedeutung des arabischen Wortes *daraba*,

das Paret hier mit „schlagen" übersetzt hat. Es kommt noch an anderen Stellen im Koran vor und bedeutet auch: Gleichnis prägen, Kleider anziehen, reisen, das Gebet verrichten und nahe legen, das Verhalten zu ändern. Es könnte also auch heißen: *„ und legt ihnen nahe, ihr Verhalten zu ändern. "* Gehen wir aber auch davon aus, der Prophet habe wirklich das körperliche Schlagen gemeint, als letztes Mittel der Auseinandersetzung, so steht zumindest die *Sunna* dagegen, die an keiner Stelle davon berichtet, dass Mohammed seine Frauen schlug. Die Auflehnung der Frau (arab. *nuschuz*), von der die Sure 4, 34 spricht, wäre auch noch näher zu betrachten. Die arabische Vokabel bezeichnet keine Lappalie, sondern eine schlimmere Art von Vergehen, zum Beispiel, wenn die Frau ihren Mann in der Öffentlichkeit bloßstellt oder ihn sexuell erpresst. Die *Sunna* überliefert einen Ausspruch Mohammeds, der sich gegen Gewalt gegenüber den weiblichen Gläubigen richtet: *„Schlagt niemals Gottes Dienerinnen. "* Ob dieser Ausspruch sich aber allgemeingültig auf die Behandlung der Frau in der islamischen Ehe bezieht, bleibt fraglich. Gerade am Beispiel solcher Textstellen im Koran wird aber deutlich, dass das unausgelegte wörtliche Verständnis des Korans zu enormen gesellschaftlichen und sozialen Problemen führen kann. So merkt auch die türkische Wissenschaftlerin Muazzez Ilmiye Çig in einem Interview mit der Wochenzeitschrift „Der Spiegel" in der Ausgabe vom 11.02.2008 an: „Sie finden im Koran keinen Hinweis, der nicht mehrdeutig wäre." Diese Worte aus dem Mund einer aufgeklärten muslimischen Wissenschaftlerin verdeutlichen, wie unverzeihlich es ist, körperliche Gewalt gegen Frauen auszuüben mit dem lakonischen Hinweis auf den Koran.

1.2.1.3 Polygamie

Der Westen führt die in manchen arabischen Ländern immer noch tolerierte Mehrehe als Beispiel für die Unterdrückung der Muslima an, wobei hier angemerkt sei, dass auch in nichtmuslimischen westafrikanischen Ländern die Polygamie noch heute praktiziert wird, sie ist also kein typisch islamisches Merkmal, wird allerdings über den Koran legitimiert. Aber auch das Alte Testament lässt in Ausnahmefällen wie Krankheit der Frau eine Mehrehe des Mannes zu. Die Polygamie charakterisiert Stammesgesellschaften, denn ein Mann kann mit einer Frau allein nur begrenzt viele Kinder haben. Entgegen christlichen Verständnisses ist die Ehe nach islamischer Auffassung kein heiliger Bund, sondern ein Vertrag zur Versorgung und Regelung der Sexualität und Nachkommenschaft. Die Polygamie gab auch verwitweten Frauen und jungen verwaisten Mädchen die Möglichkeit, wieder einen Mann zu finden, besonders zur Zeit des Propheten, als die Schlachten am Badr (März 624 n. Chr.) und am Uhud (März 625 n. Chr.) die Anzahl der Männer drastisch reduzierte. Versteht man die ganze umstrittene Sure *Al Nisa* (Sr 4) mittels eines reformerischen Ansatzes vor dem historischen Hintergrund ihrer Entstehung, so ist sie mit ziemlicher Sicherheit in

Zusammenhang mit der Schlacht am Uhud zu verstehen, in der Mohammed eine starke Niederlage hinnehmen musste.

„Und wenn ihr fürchtet, in Sachen der (eurer Obhut anvertrauten weiblichen) Waisen nicht recht zu tun, dann heiratet, was euch an Frauen gut ansteht(?)(oder: beliebt?), (ein jeder) zwei, drei oder vier. Wenn ihr aber fürchtet, (so viele) nicht gerecht zu (be)handeln, dann (nur) eine, oder was ihr (an Sklavinnen) besitzt! So könnt ihr am ehesten vermeiden, unrecht zu tun." (Sr 4, 3).

Die Gleichbehandlung, die Mohammed in der Mehrehe für unabdingbar hält, bezieht sich vor allem auf die materielle Versorgung der Frauen und deren Kinder. In Anbetracht der Tatsache, dass vor dieser Offenbarung viele Männer acht oder zehn Ehefrauen hatten, ist diese Sure nicht so sehr als Rechtfertigung der Polygamie, sondern eher als ihre Eingrenzung zu verstehen. Der Prophet lässt keine Zweifel daran, was die bessere Wahl ist, er rät eher zur Monogamie statt zu einer ungerechten Polygamie. An anderer Stelle betont er die Unmöglichkeit, jede Frau gleich stark zu lieben.

„Und ihr werdet die Frauen (die ihr zu gleicher Zeit als Ehefrauen habt) nicht (wirklich) gerecht behandeln können, ihr mögt noch so sehr darauf aus sein. (...)" (Sr 4, 129).

Auch dieses Wort scheint die Polygamie eher kritisch zu beleuchten. Dabei soll jedoch nicht unterschlagen werden, dass der Prophet für sich selbst eine besondere Offenbarung empfing, die ihm erlaubte, die Anzahl seiner eigenen legalen Ehefrauen auf 13 zu erhöhen. Den größten Teil seiner besten Mannesjahre, vom 20. bis zum 40. Lebensjahr, lebte Mohammed jedoch monogam, nämlich mit der um 15 Jahre älteren, angesehenen, selbstständigen Handelsfrau Chadidscha, die übrigens um ihn angehalten hatte. Erst nach ihrem Tode lebte er dann polygam. Bis zum Jahr 625 n. Chr. beschränkte er sich noch auf vier Ehefrauen, sicher waren bei seinen Heiraten auch politische Überlegungen im Spiel. Die Frauen des Propheten nahmen eine religiöse Sonderstellung ein, sie wurden quasi zu „Müttern der Gläubigen" erklärt: *„Der Prophet steht den Gläubigen näher, als sie selber (untereinander), und seine Gattinnen sind (gleichsam) ihre Mütter. (...)"* (Sr 33, 6). Als zusätzliche Sonderregelung war ihnen nach dem Tod des Propheten eine weitere Heirat untersagt.

Ein Beispiel für klassischen idjtihād, also für eine reflektierte Auslegung muslimischen Rechts, liefert der Maghreb-Staat Tunesien. Laut tunesischer Interpretation ist eine gerechte Behandlung mehrerer Frauen, so wie der Koran es fordert, unter den neuzeitlichen Bedingungen nicht mehr möglich. Die Polygamie wurde deshalb gesetzlich verboten. Auch darf der Mann sich nicht außergerichtlich scheiden lassen. Allerdings folgt Tunesien auf der anderen Seite der

Schari'a, die verbietet, dass eine muslimische Frau, einen nichtmuslimischen Mann heiratet, schränkt also hier die Rechte der Frau gegenüber denen des Mannes, der sehr wohl eine nichtmuslimische Frau heiraten darf, wieder ein. Auch dieses besondere Zugeständnis an den Mann weicht erheblich vom Koran ab. Denn dort heißt es nicht nur, dass gläubige Frauen nicht an heidnische Männer in die Ehe gegeben werden sollen, sondern auch sehr eindeutig: „Und heiratet nicht heidnische Frauen, solange sie nicht gläubig werden! (...)" (Sr 2, 221). Diese Abweichung mag aus männlichem Eigennutz entstanden sein, denn für viele tunesische Männer birgt das Heiraten einer europäischen Frau enorme wirtschaftliche Vorteile, von denen oft die ganze Familie des Mannes profitiert. Das Verbot für die Frauen geschieht unter der häufig angeführten islamischen Begründung, die Frau unterliege dem Einfluss des Mannes und sei dadurch stärker gefährdet, sich vom Islam zu entfremden, wird also auch wieder aus der angenommenen Fürsorgepflicht des Mannes für die Frau abgeleitet.

Interessant dürfte sein, dass die tunesische Reform durchaus unter persönlichen Opfern zu Stande gekommen ist. Der Rechtsgelehrte at-Tahir Haddad (1899-1935) promovierte mit einer Dissertation zur Stellung der Frauen im islamischen Recht und in der Gesellschaft. Für diese Arbeit wurde er öffentlich verflucht und beschimpft, was schließlich zu seinem frühen Tod führte. Dennoch wurden Haddads Ideen Inspiration für eine sozial ausgerichtete tunesische Zeitung, die 1957 erschien und schließlich eine Verbesserung der rechtlichen und sozialen Stellung der tunesischen Frau erreichte.

1.2.1.4 Verschleierung, Sexualität und Lust

Der Koran und in besonders verstärkter Form die islamische Tradition empfindet die Sexualität der Frau als etwas Bedrohliches. Dies zeigt das Verhüllungsgebot, das vor allem dazu da ist, die Schönheit der arabischen Frau nicht auf den Mann einwirken zu lassen und ihr damit auch ihre Macht, die sie über den Mann hat, zu nehmen. Während der Mann, insofern er polygam lebt, über sexuelle Abwechslung verfügt, muss die Frau warten, bis sie an der Reihe ist. Verschleierung und Polygamie dienen also dazu, die sexuelle Macht der Frau zu reduzieren und die weibliche Energie stattdessen in die Bahnen der Mutterschaft zu lenken. Die Ehefrau hat jedoch ein Recht auf Zuwendung durch ihren Ehemann.

Auch zum Schutz der Ehe ist der Koran um eine Kontrolle der Sexualität bemüht und in diesem Zusammenhang werden nicht nur die Frauen zur Keuschheit gemahnt, sondern auch die Männer.

„Sag den gläubigen Männern, sie sollen (statt jemanden anzustarren, lieber) ihre Augen niederschlagen, und sie sollen darauf achten, daß ihre Scham bedeckt ist (w. sie sollen ihre Scham bewahren). So halten sie sich am ehesten sittlich (und rein) (w. das ist lauterer für sie). Gott ist wohl darüber unterrichtet, was sie tun.//Und sag den gläubigen Frauen, sie sollen (statt jemanden anzustarren, lieber) ihre Augen niederschlagen, und sie sollen dar-

auf achten, daß ihre Scham bedeckt ist (w. sie sollen ihre Scham bewahren), den Schmuck, den sie (am Körper) tragen, nicht offen zeigen, soweit er nicht (normalerweise) sichtbar ist, ihren Schal sich über (vom Halsausschnitt nach vorne heruntergehenden) Schlitz (des Kleides) ziehen (...)". (Sr 24, 30//31).

Außerehelicher Geschlechtsverkehr ist beiden Seiten verboten und die zusätzlichen Regeln für die Frau gelten, um den Mann nicht in Versuchung zu führen, denn *„der Mensch ist von Natur schwach"* (Sr 4, 28). Der Koran kennt einige Bekleidungsvorschriften für Männer und Frauen. Sie nehmen allerdings keine zentrale Stellung im Koran ein. Dass sie quasi zum Markenzeichen der muslimischen Frau wurden, ist wohl eher späteren Korankommentatoren zu verdanken. Der Koran schreibt allen gläubigen Frauen vor, in der Öffentlichkeit ihr Übergewand, gewöhnlich aus weißer Leinwand, das bis zu den Füßen reicht, über den Kopf zu ziehen.

> *„Prophet! Sag deinen Gattinnen und Töchtern und den Frauen der Gläubigen, sie sollen (wenn sie austreten) sich etwas von ihrem Gewand (über den Kopf) herunterziehen. So ist es am ehesten gewährleistet, daß sie (als ehrbare Frauen) erkannt und daraufhin nicht belästigt werden. Gott aber ist barmherzig und bereit zu vergeben."* (Sr 33, 59).

Deutlich wird hier jedoch, dass die Argumentation aus der männlichen Perspektive erfolgt. Die Frau soll sich bedecken, um den Mann nicht in Versuchung zu führen. Dass die mangelnde Fähigkeit des Mannes sich zu beherrschen, die ja in sich auch noch fragwürdig ist, für die Frau eine Einschränkung ihrer Bewegungsfreiheit bedeutet, wird vom Koran als selbstverständlich hingenommen, ist es aber keineswegs. Man bedenke, was die Verhüllung für eine Frau psychologisch bedeutet. Viele gläubige Frauen meinen, sich unter dem Schleier sicherer zu fühlen, tatsächlich aber fördert der Schleier eine zutiefst defensive Haltung, nämlich die des Rückzugs aus der Öffentlichkeit.

Die Verschleierung der Frau ist jedoch keine Erfindung des Propheten, obwohl es zu seiner Zeit nicht üblich war, dass Frauen sich verhüllten. Es gab sie schon lange vor ihm. Auf einen bislang unbekannten Aspekt der Geschichte des Kopftuches verweist die türkische Wissenschaftlerin Muazzez Ilmiye Çig, die auf alten Keilschriften der Sumerer Hinweise auf die Tradition gefunden hat, es Priesterinnen zur religiösen Pflicht aufzuerlegen, sexuelle Rituale mit jungen Männern zu begehen. Sie fand heraus, dass diese vorislamischen Tempelhuren dabei als Erkennungszeichen ihr Gesicht verschleierten. Çigs Stellungnahme hier ist eindeutig:

> „Ob sich ein solches Kleidungsstück, ein Sexsymbol, heute als moralische Visitenkarte eignet, müssen andere entscheiden. (...) Der Islam ist im Grunde eine

sehr unauffällige und individuelle Religion, die sehr gut ohne demonstrative Kleidungsvorschriften auskommen kann."[1]

Der Schleier hatte anscheinend im Laufe der Geschichte vielfältige soziale Funktionen, die oft im Widerspruch zueinander stehen. So drang bereits um 2000 v. Chr. der Schleier auf die Arabische Halbinsel vor und war dort ein Kleidungsstück der Aristokratie. Er diente neben der Bedeckung von Reizen auch als Schutz vor Staub und Hitze und war ausschließlich den Frauen der Oberschicht vorbehalten, also ein Privileg. Der Schleier wurde auch von wohlhabenden Jüdinnen und Christinnen getragen. In einem assyrischen Gesetzestext aus dem 13. Jahrhundert v. Chr. wird "ehrbaren" und "vornehmen" Frauen das Tragen des Schleiers als Pflicht und Privileg zwingend vorgeschrieben, damit sie in der Öffentlichkeit von Sklavinnen und Prostituierten unterschieden werden können. Diese Vorschrift und Sitte gab es auch im klassischen Griechenland, im alten Rom, Byzanz und im Reich der Sassaniden. Für muslimische Ohren klingen diese Vorschrift und die Begründungen sehr vertraut. Jedoch auch in der christlichen Tradition sind das Tragen eines Kopftuchs und die Verschleierung der Frau bekannt. In südlich-europäischen Ländern wird auch heute noch, besonders von älteren Frauen, ein Kopftuch getragen. Der Apostel Paulus beharrte auf die Verschleierung der Frauen im Gemeindegottesdienst. Und selbst die patriarchalische Begründung, dass die Frau dem Mann unterlegen sei, finden wir hier. Die Bibelstelle ist sogar eindeutiger und frauenfeindlicher als die vergleichbare Koransure 33, 59. So heißt es im ersten Korintherbrief:

„Denn ein Mann soll das Haupt nicht verhüllen, da er Abbild und Abglanz Gottes ist; die Frau aber ist Abglanz des Mannes. Der Mann stammt ja nicht von der Frau, sondern die Frau vom Mann. Denn der Mann wurde nicht um der Frau willen erschaffen, sondern die Frau um des Mannes willen. Deshalb soll die Frau eine Macht (gemeint ist der Schleier, MW) auf dem Haupte haben um der Engel willen." (1. Kor. 11, 7-10).[2]

Hier wird deutlich, dass die Verschleierung der Frau eng an die patriarchalische Tradition gebunden ist und eine Abwertung der Frau gegenüber dem Mann bedeutet. Wirklich problematisch wird die Verschleierung aber erst in dem Moment, wo sie gesetzlich vorgeschrieben wird. Ist die Verhüllung verpflichtend, bedeutet sie für die Frauen nicht mehr Schutz oder sogar Privileg, wie man den Frauen der Aristokratie weismachen wollte, sondern Zwang und Einschränkung. Wie wir gesehen haben, war die Kleidung der muslimischen Frau im Laufe der Geschichte und je nach Region unterschiedlich und die vorislamische Bedeu-

---

1   „Das Tuch ist ein Sexsymbol", in: Der Spiegel, Nr. 7, 11.02.2008, S. 116
2   *Anmerkung*: Paulus spielt hier darauf an, dass Eva aus der Rippe Adams geschaffen sei. Diese Legende finden wir im Koran zwar nicht, allerdings in einem viel zitierten Hadīth.

tung des Schleiers stand sogar im Widerspruch zur geltenden muslimischen Praxis. Dennoch zeigt auch das Beispiel der Tempelhuren patriarchalisches Denken, ob der Schleier nun den Reiz der Frau erhöhen oder ihn verdecken soll. Schon immer war die Verschleierung ein städtisches Phänomen. Beduinenfrauen und Landfrauen haben normalerweise keinen Gesichtsschleier gekannt, weil er viel zu unpraktisch war. Auch die vollständige Trennung der Geschlechter ist in diesen Gesellschaftsschichten nicht durchzusetzen.

Obligatorisch für alle gläubigen Frauen des Islam wurde die Verschleierung im Kalifat erst im neunten Jahrhundert. In Nordafrika wurde der Schleier sogar erst im 15. Jahrhundert zur Pflicht, dabei wurde er von den andalusischen Mauren eingeführt, deren Frauen ihn als Zeichen des Anstands trugen. Nur in einigen islamischen Ländern wie Saudi-Arabien oder in Afghanistan ist das Tragen des Schleiers heute gesetzlich vorgeschrieben. *In der Türkei und in Tunesien ist die volle Verschleierung sogar gesetzlich verboten. Interessant ist die Reaktion der Tunesierinnen und Türkinnen auf dieses Verbot. Viele von ihnen empfinden es als Befreiung, sich nicht verschleiern zu müssen, aber die Anzahl der Frauen wächst, die sich aus Protest gegen westlichen Imperialismus wieder verschleiern.* Während in den 50er und 60er Jahren viele Muslima den Schleier ablegten, nimmt die Verschleierung seit den 70er Jahren wieder zu. Diese Überhöhung des Schleiers zum Symbol für den Rückzug auf die eigene islamische Identität ist ein relativ modernes Phänomen, dem durch das Eindringen westlicher Mächte in den islamischen Raum Vorschub geleistet wurde. Mit der ursprünglichen Bedeutung des Schleiers hat dies nichts mehr zu tun.

Man kann dem Islam nicht eigentlich Sexualfeindlichkeit vorwerfen, da er Sexualität in der Ehe, auch unabhängig von der Fortpflanzung, als etwas grundsätzlich Positives ansieht. Er bewertet jedoch die Sexualität von Frauen und Männern unterschiedlich. Aus dem koranischen Gebot, dass sich Mann und Frau bedecken sollen, blieb in erster Linie die Ganzkörperverschleierung der Frau übrig. Verglichen mit dem Christentum scheint der Islam im Punkt „gelebte Lust in der Ehe" dennoch schon immer fortschrittlicher gewesen zu sein als die christliche Kirche. Bis zum heutigen Tag verdammt die katholische Kirche Empfängnisverhütung aus zwei Gründen: weil der Mensch kein Recht habe, sich in die gottgegebene Fortpflanzungsfunktion einzumischen und weil aus kirchlicher Sicht Geschlechtsverkehr zum reinen Vergnügen eine Sünde ist. Der Islam beweist ein gewisses Maß an Fortschrittlichkeit, indem er beide Gründe nicht gelten lässt. Zwar gibt es viele Stellen im Koran, die es als das Edelste und Gottgefälligste ansehen, viele Kinder groß zu ziehen, jedoch lässt der Islam auch Verhütungsmittel zu. Vom Propheten Mohammed ist überliefert, dass er den *coitus interruptus* zur Vermeidung von Schwangerschaft gebilligt habe. Heute sind auch hormonelle Verhütungsmittel erlaubt, jedoch nicht die Spirale, die als Instrument früher Abtreibungspraxis beurteilt wird.

Zum Thema Abtreibung nimmt der Koran nicht direkt Stellung. Sure 17, 31 verbietet lediglich, Kinder aus wirtschaftlichen Gründen, aus Angst vor Verarmung zu töten. Für die Anwendung dieses Koranverses auf die Abtreibungspraxis waren aber schon die frühislamischen Rechtsgelehrten vor die entscheidende Frage gestellt, wann das menschliche Leben beginne. In fast allen Rechtsgutachten stößt man in der Beantwortung dieser Frage auf die antike Vorstellung von der Beseelung des Menschen. Der Koran selbst gibt keine Auskunft über diesen Zeitpunkt. In einem Hadīth heißt es jedoch:

> „Wahrlich, die Schöpfung eines jeden von euch wird im Leibe seiner Mutter in vierzig Tagen [als Samentropfen (nuṭfa)] zusammengebracht; danach ist er ebenso lang ein Blutklumpen ['alaqa]; danach ist er ebenso lang ein kleiner Fleischklumpen [muḍġa]. [...] Dann haucht Er ihm die Seele ein".

Durch diese uneindeutige Formulierung kommt es, dass muslimische Angaben über den Beginn der Beseelung divergieren und sich auf den vierzigsten Tag festlegen beziehungsweise erst auf den 120. Tag (drei Mal 40 Tage). Im Allgemeinen betrachten Muslime die Abtreibung als moralisch verwerflich, jedoch nicht als Mord. Während heute in Algerien, Ägypten, Iran, Pakistan und der Türkei Abtreibungen ganz verboten sind (mit Ausnahme der Fälle, in denen das Leben der Mutter durch Schwangerschaft oder Geburt gefährdet ist), *ist ledigen wie verheirateten Frauen in Tunesien die Abtreibung grundsätzlich in den ersten drei Monaten der Schwangerschaft gestattet.*

1.2.1.5 Scheidungsrecht
Grundsätzlich forderte der Prophet die männlichen Gläubigen dazu auf, sich auch bei Meinungsverschiedenheiten gütlich mit ihren Frauen zu einigen und Scheidung möglichst zu vermeiden. Die *Sunna* überliefert das Prophetenwort: *„Die vollkommensten im Glauben sind von den Gläubigen die Besten an Charakter und Benehmen, und die Besten von euch sind die, die ihre Frauen am besten (behandeln)."* (Abu Huraira; Tirmidhi). Der Hadīth meint, dass ein durch gegenseitige Achtung geprägtes Zusammenleben von Mann und Frau Ausdruck des richtigen Glaubens sei.

Im Alten Testament steht das Recht auf Scheidung nur dem Mann zu. Erst durch gesetzliche Reformen um das Jahr 1000 n. Chr. erlangte die Frau das Recht, sich aus eigener Initiative scheiden zu lassen. Im Neuen Testament wird die Scheidung radikal abgelehnt. Jesus widersprach den Vorrechten der Männer und lehnte die Scheidung ganz ab: *„Was nun Gott zusammengefügt hat, soll der Mensch nicht scheiden."* (Matthäus 19, 6). Dieses radikale Scheidungsverbot erwies sich jedoch nicht als praktizierbar. Bereits in den Evangelien und in den Apostelbriefen sind Ausnahmen genannt, etwa im Fall von Ehebruch oder bei Religionsverschiedenheit. Die katholische Kirche vertritt seit dem Mittelalter die

Lehre vom heiligen Sakrament der Ehe. Das Kirchenrecht, der Codex Iuris Canonici, anerkennt weder Wiederverheiratung noch Scheidung. Martin Luther opponierte gegen die Einstufung der Ehe als heiliges Sakrament, für ihn war sie eine weltliche Angelegenheit. Scheitert eine Ehe unwiederbringlich, bedarf sie der seelsorgerlichen Aufarbeitung. Unter dieser Voraussetzung ist in der evangelischen Kirche aber eine neue Ehe möglich. Der Islam hält eine Vermeidung der Ehescheidung zwar für ideal, ermöglichte sie aber schon immer. Schon der Philosoph Avicenna, der sich ansonsten auch einige Sexismen leistete, vertrat bereits eine psychologisch kluge und sozial verträgliche Einschätzung der Scheidung. In seiner Ethik heißt es:

> „Dennoch muß eine Möglichkeit bestehen bleiben, daß eine Ehe getrennt werde. Diese Möglichkeit darf nicht durchaus ausgeschlossen sein; denn die eigentlichen Ursachen, die zu einer Trennung hinleiten, setzen im allgemeinen vielfältige Differenzen und Schäden voraus. Diese stammen teils aus der Natur selbst; denn viele Naturen können nicht in friedlicher Weise zusammenleben. (...).Häufig führen die ungünstigen Eheverhältnisse zu Mißständen; denn manchmal unterstützen sich die beiden in Ehe lebenden Teile nicht gegenseitig in der Erziehung der Kinder. Wenn sie jedoch eine andere Ehe eingehen, so werden sie ein gemeinsames und harmonisches Leben führen. Daher ist es ferner notwendig, daß die Möglichkeit der von beiden Seiten freiwillig erfolgenden Ehescheidung freigelassen wird."[1]

Das islamische Recht kennt verschiedene Formen der Scheidung. Die bekannteste und umstrittenste Form ist die einseitige Verstoßung (*talâq*) durch den Mann, die ohne nähere Angabe von Gründen erfolgen kann und die traditionellste Form der Ehescheidung darstellt. Wird die entsprechende Formel "ich verstoße dich" ein oder zweimal ausgesprochen, kann die Verstoßung vom Ehemann unter bestimmten Bedingungen zurückgenommen werden, eine dreimalige Wiederholung ist jedoch endgültig und verbietet die unmittelbare Wiederverheiratung des Paares. Um Missbrauch einzudämmen, ist es üblich, dass der Ehemann bei der Eheschließung nur einen Teil des Brautpreises auszahlt: Nach der Verstoßung ist unverzüglich der ausstehende Betrag fällig. Ansonsten hat sie kein weiteres Recht auf Unterhalt. Das Recht der Verstoßung hat die Ehefrau nicht. Sie kann sich aber von ihrem Mann in gegenseitigem Einvernehmen trennen (*khulaa*), wobei beide Ehepartner auf gegenseitige Ansprüche verzichten, speziell die Frau auf den ausstehenden Teil ihres Brautpreises. Die Verstoßung ist mittlerweile auch in arabischen Ländern umstritten, obwohl alle vier sunnitischen Rechtsschulen und die schiitische Rechtsschule sie ermöglichen. Die Scheidung wird in einem Ausspruch des Propheten als "das von Gott am meisten Gehasste unter den erlaubten Dingen" bezeichnet, und weitere Überlieferungen warnen vor allem die Männer vor einem leichtfertigen Entschluss zur

---

1   Islamic Philosophy. Volume 41. Die Metaphysik Avicennas, S. 675

Scheidung. Männer, die ihre Frauen verstoßen, handeln also nicht im Sinne ihres Glaubens. Um Willkür vorzubeugen, sind außergerichtliche Scheidungen in den meisten muslimischen Ländern nicht mehr möglich. Verordnungen mildern hier die Möglichkeit der Verstoßung ab und machen eine oder mehrere gerichtliche Versöhnungsversuche zur Auflage. Der Koran selbst sagt nichts von Verstoßung, sondern empfiehlt in 4, 35 die Einschaltung von Schiedsrichtern, und zwar nicht nur aus der Familie des Mannes, sondern auch aus der Familie der Frau. Danach ist eine dreimonatige Wartefrist einzuhalten, während der die Frau Unterhalt von ihrem Mann bezieht. Geschiedene Frauen haben Anspruch auf Unterhalt durch männliche Verwandte, werden also auf ihre eigene Familie zurückverwiesen. Als befreiend können auch solche Gesetzgebungen wie in Ägypten oder Iran empfunden werden, die älteren allein stehenden Frauen eine gesetzliche Rente gewähren. Der geschiedene Mann bleibt für den Unterhalt der gemeinsamen Kinder verantwortlich und Vormund der Kinder. Eine moderne Gesetzgebung sieht heute in vielen Ländern vor, dass im Interesse des Kindes entschieden wird, beziehungsweise ältere Kinder wählen können, ob sie bei der Mutter oder beim Vater leben wollen. Auch dafür gibt es Beispiele aus der Rechtspraxis des Propheten Muhammad. Die gesetzlichen Möglichkeiten sind also vorhanden, dass Müttern das Sorgerecht und Witwen unter bestimmten Voraussetzungen auch die Vormundschaft ihrer Kinder übertragen wird. Problematisch bleibt aber für viele Frauen die Durchsetzung - oft gegen die Verwandtschaft des Mannes.

Jedoch wurde die Verstoßung nur in der Türkei und in Tunesien de facto abgeschafft. In Tunesien kann eine Scheidung überhaupt nur vor Gericht stattfinden – auch auf Betreiben der Frau hin, ohne dabei, wie in den anderen islamischen Ländern, auf Unterhalt verzichten zu müssen. Während meines Aufenthaltes in Tunesien erlebte ich diesen seltenen Fall, dass eine Tunesierin die Initiative ergriff, in meinem dortigen Freundeskreis. Interessant war die Reaktion des Ehemannes, der sich verschmäht fühlte und sehr gekränkt reagierte, mit dem Verweis darauf, dass eine Frau sich ja wohl nicht von ihrem Mann scheiden zu lassen habe. Was mir dagegen positiv auffiel, war die Tatsache, dass der Muslim nicht so wie die Mehrzahl der europäischen Männer reagierte, die sich eben auch oft aus verletzten Gefühlen heraus gleichzeitig von ihren Kindern aus dieser Ehe distanzieren. Vielmehr bestand der muslimische Exmann darauf, weiterhin aktiv für seine Kinder zu sorgen und sie zu erziehen, und zwar in Rücksprache und gegenseitigem Einvernehmen mit der Mutter der Kinder. Sicherlich auch ein Resultat aus der Tradition, dass der Mann zwar nicht unbedingt die Kinder zu sich nehmen muss, aber ihr Vormund bleibt. Dies bedeutet zwar eine weitere Angewiesenheit der Frau auf ihren Exmann in seiner Funktion als Vater, aber gleichzeitig auch ihre Entlastung, sofern der Mann seine Aufgabe verantwortlich ausführt.

Eine islamische Eheschließung ist in erster Linie ein Vertragsabschluss, mit der Festlegung der Abendgabe wird schon ganz konkret die Möglichkeit der Scheidung eingerechnet. Bei der Eheschließung wird kein beidseitiges Treueversprechen gegeben und auch nicht die Zusicherung, in guten wie in bösen Tagen zueinander zu stehen. Im Gegenteil, böse Tage, die vielleicht von Krankheit, Impotenz, Gefängnisstrafe oder Kinderlosigkeit geprägt sind, bieten einen legitimen Scheidungsgrund. Fortschrittlich erscheint die Tatsache, dass es im Islam schon immer für die Frau möglich war, die Ehescheidung zu fordern, zum Beispiel, wenn ihr Mann impotent ist oder für ihren Unterhalt nicht aufkommt. Der Koran beschäftigt sich aber vorrangig mit dem Fall, dass ein Mann seine Frau entlässt.

1.2.1.6 Starke Frauen um Mohammed

Nimmt man das Leben des Propheten zum Vorbild für den islamischen Umgang mit Frauen, so ließe sich nach der *idjtihād*-Methode hieraus nicht nur die Erlaubnis zur Polygamie ableiten, sondern ebenso gut der männliche Mut zu einer älteren, wirtschaftlich überlegenen Frau. Es ließe sich nicht nur die Polygamie, sondern ebenso das Gegenteil, nämlich die praktizierte Treue zu nur einer Frau aus der Biographie Mohammeds begründen, wie auch die männliche Bemühung gerecht, liebevoll und großzügig zu sein. Nimmt man die Frauen Mohammeds zum Maßstab, könnte man daraus auch das Zugeständnis ableiten, dass eine Frau über starke intellektuelle Fähigkeiten, die sie auch entfalten sollte, verfügen kann und darf. Auch der Koran spricht Mann und Frau das Recht auf Bildung zu. Nur eine der Frauen, die der Prophet heiratete, war Jungfrau. Damit ist auch die Forderung, dass eine Frau jungfräulich in die Ehe gehen soll, nicht unbedingt aus der Biographie des Propheten zu begründen, sondern vielmehr aus der Tradition. Die jungfräuliche Aischa war zwar die Lieblingsfrau des Propheten, jedoch nicht wegen ihrer vorehelichen Unberührtheit, sondern vielmehr ihrer Schlagfertigkeit und Bildung halber. Sie nahm auch an Schlachten teil, durchaus nicht unüblich zur damaligen Zeit, lässt man einmal die Altersfrage der Aischa weg; Frauen beteiligten sich sowohl am Kampf als auch an der Versorgung der Verwundeten. Die Prophetenfrau Zainab, ehemalige Frau von Mohammeds Adoptivsohns Zaid, konnte dem Propheten offen widersprechen. Sie galt als besondere Autorität in Rechtsfragen. Besonders zu nennen wäre außerdem Mohammeds Ehefrau Umm Salama (arab.: „der zur Frau gewordene Verstand"), mit der Mohammed die Diskussion liebte, welche Umm Salama dazu nutzte, beständig die Stellung der Frau in der sich herausformenden neuen islamischen Gesellschaftsordnung zu hinterfragen. Die Interventionen, die sie nach dem Tode des Propheten zu Regierungszeiten der ersten zwei Kalifen vornahm, dienten bezeichnenderweise dem Schutz der Rechte der Frauen. Sie nutzte den hohen Status, den sie als eine der "Mütter der Gläubigen" genoss, um den sich schon damals abzeichnenden Tendenzen entgegenzuwirken, Frauen am Zugang zu den Moscheen und an der Pilgerfahrt zu hindern. Zu Lebzeiten des Propheten nahmen Frauen noch aktiv am politischen Leben teil.[1] Aber auch noch in der Frühzeit des Islam wurden die Rechte der Frau mit weitaus mehr Sorgfalt geschützt, als dies heute in den meisten islamischen Ländern der Fall ist. Der sunnitische Rechtsgelehrte Abu Hanifa ordnete zum Beispiel im achten Jahrhundert n. Chr. an, in jeder Stadt eine Muslima als Richterin einzusetzen, und sie offiziell mit der Aufgabe zu betrauen, über die Achtung der Rechte der Frauen zu wachen. Insgesamt betrachtet gibt das Leben Mohammeds nicht Anlass dazu anzunehmen, er habe seine Frauen aus dem öffentlichen Leben heraushalten wollen.

1.2.1.7 Übersicht zur Situation der modernen muslimischen Frau

Wie besonders am Beispiel der viel diskutierten Sure 4, 34 oder auch an Sure 4, 11 deutlich geworden sein dürfte, ist der Koran an vielen Stellen auslegungsbedürftig. Zum einen gibt der arabische Wortlaut häufig verschiedene Verstehensmöglichkeiten her. Außerdem dürfen einzelne Suren nicht in ihrer Aussage für jede Lebenssituation verallgemeinert werden. Es ist notwendig, den Koran in seinem zeitlichen Kontext zu sehen und vor einem modernen Hintergrund mit seinen veränderten Erfordernissen neu zu hinterfragen. Dabei sollte immer Mohammeds Grundintention berücksichtigt werden und die bestand darin, Benachteiligte der Gesellschaft wie Witwen, Waisen, Kranke und besonders Schutzbedürftige wie Frauen und Kinder mit Rechten auszustatten und zu schützen. Seine Intention bestand nicht darin, sie zu unterdrücken und brutal oder gewissenlos zu behandeln.

Im islamischen Frauenbild vermischen sich verschiedene Grundannahmen miteinander und bilden mit dieser Vermischung die besondere Problematik: Die erste Grundannahme geht davon aus, dass die Frau vor Gott und im Glauben dem Mann gleichgestellt ist, die zweite Grundannahme aber davon, dass die Frau andere gesellschaftliche Aufgaben hat als der Mann, die solcherart sind, dass sie die Frau in Abhängigkeit vom Mann geraten lassen. Mit dieser fest geschriebenen Rollenverteilung wird dem Mann Verantwortung für die Familie und die Sicherung ihres Lebensunterhalts gegeben, damit ist er aber auch quasi der Vorgesetzte seiner Ehefrau, für die er zu sorgen hat. Die zweite Grundannahme wird mit der Notwendigkeit des Schutzes der Familie begründet, die an erster Stelle der Prioritätenliste der islamischen Gesellschaft steht. Aus dieser Vorrangigkeit wird nun die Erlaubnis zur Züchtigung der Frau abgeleitet und die Forderung, dass die Frau ihre weiblichen Reize vor der Öffentlichkeit verstecken soll, wobei der Koran aber sehr deutlich sowohl der Frau als auch dem Mann außerehelichen Geschlechtsverkehr verbietet. Auf diese Weise ergibt sich

---

1   Vgl. hierzu die Quellenforschung von Mernissi, Fatema: Der politische Harem. Mohammed und die Frauen. Frankfurt a. M.: Dagyeli, 1989

ein Frauenbild, das auf der einen Seite die Frau dem Mann vor Gott gleichstellt, aber auf der anderen Seite der Frau deutlich weniger gesellschaftliche Rechte einräumt und sie schlimmstenfalls in totaler Abhängigkeit von ihrem Ehemann hält, sofern sie nicht trotz des Handicaps, das diese Rollenverteilung darstellt, über ein eigenes Einkommen verfügt, zum Beispiel durch Erbe oder auch durch eine zusätzliche Arbeit.

In Tunesien gerät die Begründung für die Beschränkung weiblichen Wirkens auf den Familienkreis immer stärker ins Wanken. Die Veränderungen rühren von zwei Bedingungen her: Zum einen ist es den Frauen erlaubt zu studieren und einen Beruf auszuüben, zum anderen kämpft das Land mit starken wirtschaftlichen Problemen, was die gesellschaftliche Stellung der Männer allgemein schwächt. Die hohe Arbeitslosigkeit und schlechte Bezahlung und zugleich der höhere Lebensstandard, der aus der Berührung mit europäischen Produkten stammt, sorgen dafür, dass tunesische Männer nicht mehr die Funktion des Alleinverdieners und Ernährers der Familie übernehmen können. Durch die allgemeine Armut in den afrikanischen Ländern gilt dies sicherlich auch noch für andere muslimische Länder, die Frage ist nur, ob die Männer auch bereit sind, dieses zuzugeben und den Frauen offiziell mehr gesellschaftliche Verantwortung zuzugestehen. Dieser Schritt setzt eine zeitkritische Auslegung des Korans voraus und den Mut, die über Generationen fest geschriebenen Rechte beziehungsweise fehlenden Rechte der Frau neu zu überdenken. In meinem Unterricht an der Sprachenuniversität in Tunis im Fach „ expression orale", also im Fach der Übung des mündlichen Ausdrucks in deutscher Sprache, ließ ich die Rollenbilder von Mann und Frau diskutieren. Erfreulich war dabei, dass die Frage, ob Frauen arbeiten dürften, sich für die jungen Männer anscheinend nicht mehr stellte. Diese Frage bejahten sie ohne Zögern, da sie in einem Gesellschaftssystem leben, das der Frau von vornherein mehr Rechte als in den meisten muslimischen Ländern zugesteht. Dagegen zeichnete sich ein vorrangig europäisches Problem ab. Nach anfänglichem Zögern äußerten die jungen Studentinnen ihren Unmut über die Doppelbelastung der tunesischen Frau. Sie wollten Kinder haben und arbeiten, aber sie erwarteten, ähnlich wie die europäischen Frauen, die partnerschaftliche Mitarbeit der Männer. Die jungen Männer in meinen Kursen sagten dagegen sehr stur und selbstbewusst, sie wollten, dass ihre Frauen zum Lebensunterhalt dazu verdienten, aber an der Hausarbeit beteiligen wollten sie sich nicht. Woraufhin meine Studentinnen dann immer bitter lachten und resigniert den Kopf schüttelten. Diese Haltung der Studenten zeigt, dass der Staat den Frauen zwar die Erlaubnis gegeben hat zu studieren und zu arbeiten, sie in den Köpfen der Männer aber immer noch auf ihre Rolle als Ehefrau, Mutter und Hausfrau reduziert werden.

Diese Diskussion kam mir an sich nicht unbekannt vor, mit dem Unterschied, dass die männliche Weigerung, sich an der Hausarbeit zu beteiligen mit mehr Selbstbewusstsein und Dreistigkeit vorgetragen wurde, als ich das von westlichen Männern bisher gehört hatte. In westlichen Ländern findet sich zum Teil eine ähnliche Vorstellung von der Funktion des Mannes als Familienernährer, die erst mit dem Beginn der Emanzipationsbewegung in den 70er Jahren angefochten wurde. Genau diese von den Frauen ausgehende Bewegung ist in vielen islamischen Ländern (zum Beispiel Ägypten) schon versucht worden, aber nie so erfolgreich wie im Westen gewesen und oft auch bereits im Keime erstickt worden. Die beiden oben beschriebenen Grundannahmen der islamischen Gesellschaft zur Stellung der Frau finden sich aber ebenso in der abendländischen Tradition, wie deutlich geworden sein dürfte. Sie sind daher gar nicht explizit muslimisch. Die aktuelle Situation der muslimischen Frau muss daher auch nicht so sehr aus dem Koran abgeleitet verstanden werden, der verglichen mit den biblischen Grundlagen und der abendländischen „aufgeklärten" Diskussion, inwieweit denn der Frau ebenfalls Vernunft zukomme, keinesfalls so rückständig ist, wie ihm gerne von westlicher Seite nachgesagt wird. Sie muss vielmehr begriffen werden als resultierend aus den aktuellen politischen Verhältnissen in den arabischen Ländern, die politische und soziale Emanzipation nicht zulassen. *So ist es in Tunesien den Frauen verboten, Selbsthilfegruppen zu gründen, wie auch alle anderen Vereinsgründungen unterbunden werden. Nicht-Regierungsorganisationen sind nicht erwünscht. Das heißt, das Zugeständnis an die Frauen studieren zu dürfen hat keinen allgemein gesellschaftlichen Wandel zu Folge, da demokratische Strukturen fehlen.* Aussagen darüber, dass Frauen eine andere gesellschaftliche Aufgabe zukomme als dem Mann, finden wir also auch im Westen. Die Aussagen über die Unterschiedlichkeit der Frau zum Mann sind in der islamischen Gesellschaft allerdings noch fester zementiert. Sie liefern praktisch immer wieder Gründe für die Unterdrückung der Frau im muslimischen Alltag. Der muslimische Autor Abdelwahab Meddeb sieht jedoch schon bei Averroës die Gleichberechtigung von Mann und Frau vorgedacht, der Koranaussagen, die die Gleichheit von Mann und Frau im Glauben betonen, mit der Ansicht des Aristoteles verband, dass Frauen und Männer gleich seien. Der Perser formulierte einen Gedanken, der diese Idee der Gleichheit bereits mit politischen und ökonomischen Reflexionen verband. Der Unterhalt der Frau stelle für den Mann eine schwere Bürde dar und sei nicht selten einer der wesentlichen Gründe für die Verarmung in den Städten. Der persische Philosoph habe bereits im zwölften Jahrhundert die Befreiung der Frau im Zusammenhang mit ihrer Teilnahme an der Produktion gesehen und damit auch an einer bewussten politischen und sozialen Mitgestaltung der *Polis* beziehungsweise *Umma*.[1] Hier zeigt sich ein ähnlicher Traditionsstrang wie in der Vermischung des Christentums

---

1 Vgl. Meddeb, Abdelwahab: Die Krankheit des Islam. Paris: Edition du Seuil, 2002, S. 44 f.

mit hellenistischem Gedankengut, nur dass lediglich noch spärliche Reste von ihm erhalten sind.

1.3 Islamische Religionsfreiheit und Toleranz

Jeder Mensch hat Anspruch auf Gedanken-, Gewissens- und Religionsfreiheit; dieses Recht umfasst die Freiheit, seine Religion oder seine Überzeugung zu wechseln sowie die Freiheit, seine Religion oder seine Überzeugung allein oder in Gemeinschaft mit anderen, in der Öffentlichkeit oder privat durch Lehre, Ausübung, Gottesdienst und Vollziehung von Riten zu bekunden. (Artikel 18 der UN-Charta)

Von den arabischen Menschenrechtsinstrumenten sichert lediglich die Arabische Charta der Menschenrechte, die mangels genügender Ratifikationen noch nicht in Kraft treten konnte, in Artikel 26 die uneingeschränkte Religionsfreiheit zu, relativiert sie in Artikel 27 allerdings wieder: *„Die Ausübung der Religions-, Gedanken- und Meinungsfreiheit darf nur den gesetzlich vorgesehenen Einschränkungen unterworfen werden. "* Die neuere Fassung von 2004 lässt diese Einschränkung allerdings nicht mehr unkommentiert zu.[1] In der Kairoer Erklärung heißt es dagegen in Artikel 10: *„Der Islam ist die Religion der reinen Wesensart. Es ist verboten, irgendeinen Druck auf einen Menschen auszuüben oder seine Armut oder Unwissenheit auszunutzen, um ihn zu einer anderen Religion oder zum Atheismus zu bekehren. "* Indirekt wird hier vor einem Abfall vom Islam gewarnt.

Artikel 18 der UN-Charta stellt die Muslime vor eine besondere Herausforderung. Er setzt religiöse Toleranz voraus, wobei Toleranz wiederum ein rein westlicher Begriff ist. Wir verstehen darunter, „dass das Leben der Gesellschaft so organisiert ist, dass religiöser Pluralismus als legitime Form des menschlichen Zusammenlebens anerkannt wird"[2]. Der Islamwissenschaftler Richard Gramlich verweist darauf, dass es schwierig ist, im Islam einen entsprechenden Begriff zu unserem Toleranz-Begriff zu finden.

---

1 »La liberté de manifester sa religion ou ses convictions ou de pratiquer individuellement ou collectivement les rites de sa religion ne peut faire l'objet que des seules restrictions prévues par la loi et qui sont nécessaires dans une société tolérante, respectueuse des libertés et des droits de l'homme pour la protection de la sûreté publique, de l'ordre public, de la santé publique ou de la moralité publique ou des libertés et droits fondamentaux d'autrui.» (Article 30 b)

2 Crollius, Arij, A. Roest: Einführung zum Symposium „Die Toleranz im Islam", in: Kerber, Walter (Hrsg.): Wie tolerant ist der Islam?, S. 73

„Wie drückt man Toleranz im Persischen oder Arabischen aus? Der Begriff in dieser Form existiert dort nicht; er wurde bei uns geschaffen. Allenfalls *tasā-muh* (=Duldsamkeit, Nachsichtigkeit, Entgegenkommen) gibt das so einigermaßen wieder."[1]

Bevor im Folgenden konkrete Aussagen zur Frage nach Religionsfreiheit im Islam getroffen werden sollen, ist an dieser Stelle ein Exkurs vonnöten, der auf obiges Definitionsproblem eingeht. Dieses erklärt sich aus der Tatsache einer fehlenden beziehungsweise durchbrochenen Naturrechtsdiskussion im Islam, zu der der Begriff der „Freiheit" zentral gehört. In der griechisch-römischen Antike war Freiheit kein Gut für alle Menschen, sondern ein Vorrecht der Gebildeten. Für Aristoteles ist ein Mensch mit Handlungsfreiheit eine Person, die nicht durch äußere Umstände daran gehindert wird, zu tun, was sie tun will. Dabei sah er den Willensakt durchaus von einer Kette von Ursachen bestimmt. Ein sehr weit gehendes Verständnis von Freiheit entwickelte lediglich die Stoa, jedoch weniger politisch als auf das Individuelle gerichtet. Im Judentum hingegen findet sich ein frühestes, auch politisches Verständnis von Freiheit. Zum einen war es die freie Entscheidung der Kinder Israels, den Bund Gottes anzunehmen. Zum anderen erfuhren die Juden innere und äußere Freiheit durch die Existenz der zehn Gebote. Im Dekalog sahen die Juden eine gewisse Freiheit von weltlicher Herrschaft (Pharaonentum des Staates). Im Passahfest, mit dem die Juden alljährlich ihre Befreiung aus ägyptischer Gefangenschaft feiern, symbolisiert sich auch die grundsätzliche jüdische Anerkennung der Freiheit als ein politisches Grundrecht. Im Christentum beschreibt der Begriff der Freiheit vor allem vor dem Hintergrund eschatologischer Naherwartung eine religiöse Qualität. In Erwartung der Parusie Jesu Christi erschien dem Urchristentum jede politische Veränderung sinnlos. Im stoisch-hellenistischen Raum ging es darum, innerlich frei von den Zwängen der Welt zu werden. Dieses stoische Freiheitsverständnis findet sich beim Apostel Paulus wieder (Römerbrief). Freiheit ist Freiheit von Sünde und Tod. Christliche Freiheit ist aber auch Freiheit vom Gesetz, da der Christ unter der Gnade Gottes steht. Menschliche Freiheit ist daher im Neuen Testament immer zuerst eine Gabe, die von Gott geschenkt wird und nicht in der Verfügbarkeit des Menschen selbst liegt. Eine politische Qualität bekommt der Freiheitsbegriff eigentlich erst wieder mit Baruch de Spinozas „theologisch-politischen Traktat" von 1670, das er noch unter einem Pseudonym veröffentlichen musste, und das kaum nach Erscheinen verboten wurde. Es geht ihm darin um die Verteidigung der Denkfreiheit. In diesem Traktat übt er fundamentale Bibel- und Religionskritik wie auch Staatskritik. Spinoza schuf mit seiner Aufdeckung von Widersprüchen in der Bibel und seiner Einsicht, die Bibel in ihren historischen Kontext stellen zu müssen, erste Ansätze für die historisch-kritische Bibelexegese, die von den Aufklärern, insbesondere durch Hermann Samuel

---

1   Rottendorf-Symposium, in: Kerber, Walter (Hrsg.): Wie tolerant ist der Islam?, S. 79

Reimarus' Leben-Jesu-Forschung, weiterentwickelt wurde. Spinozas Staatslehre ging davon aus, dass Rationalität die wesentliche Voraussetzung für Toleranz sei, sah aber auch die Grenzen der Vernunftfähigkeit des Menschen und die Notwendigkeit, im Staat Regeln zu setzen. Gleichzeitig wies er dem Staat die Aufgabe zu, die Übergriffe der Kirche im Zaume zu halten und machte sich damit viele Feinde, „denn der Zweck des Staates ist in Wahrheit die Freiheit."[1] Er befürwortete die Demokratie und hatte optimistisches Vertrauen in die Vernünftigkeit von Mehrheitsentscheidungen. Die Gedanken- und Redefreiheit sah er bereits als notwendige Voraussetzung eines funktionierenden Staates. In der Aufklärung erfährt der Freiheitsbegriff dann eine feste Bindung an die menschliche Vernunft. Kraft der Vernunft kann der Mensch sich über seine Triebe und Leidenschaften erheben und ist in der Lage, das Gute zu erkennen und sein Handeln danach auszurichten. Er soll sich aus der Unmündigkeit befreien und Autonomie über sein Denken und Handeln erlangen. Politisch bedeutet dies auch die Befreiung aus einer vormodernen Gesellschaftsstruktur. Dies zielt vor allem ab auf eine Trennung von Kirche und Staat, auf die endlich verbindliche Einführung menschlicher Grundrechte wie Meinungs- und Pressefreiheit und Religionsfreiheit und eine Kontrolle der Staatsgewalt durch Gewaltenteilung sowie auf die Einführung einer Demokratie, die dem Einzelnen ein gewisses Maß an politischer Verantwortung und Handlungsfreiheit einräumt. Gerade die Französische Revolution hat aber auch die Widersprüchlichkeit des Freiheitsgedankens gezeigt. Die Vernunft gerät mit sich selbst in Widerspruch, wenn sie nach Freiheit strebt.

> „Der revolutionäre Kampf um die Freiheit aber kann nicht umhin, Zwang und Gewalt auszuüben, und nicht selten endete dieser Kampf mit der Errichtung eines neuen, vielfach radikalisierten Zwangssystems."[2]

Im Islam wurde diese Freiheitsdiskussion so nie geführt. Während der Zeit seiner Entstehung im siebten Jahrhundert hat der Islam die Traditionslinie des Judentums, im religiösen Gesetz Freiheit von irdischer Herrschaft zu erkennen, wohl deshalb nicht aufgenommen, weil sich Religion und Staatsführung im Islam von Anfang an vermischten. Die Muslime haben nicht die leidvolle Erfahrung der Juden machen müssen, unter fremder Herrschaft zu leben, sondern konnten ihre Religion nach den Erfolgen ihres Propheten in Mekka von Anfang an ungestört leben. Der Dekalog fand zwar in seiner bestehenden Form auch keinen Eingang in den Koran, dennoch kennt der Koran die zehn Gebote, deutet sie aber in manchen Punkten auf seine Weise, dies gilt insbesondere für die Vor-

---

1   Zitiert nach: Weischedel, Wilhelm: Die philosophische Hintertreppe. Die großen Philosophen in Alltag und Denken. München: dtv, 29. Aufl. 1999, S. 136
2   Handbuch philosophischer Grundbegriffe. Hrsg. von H. Krings, H. M. Baumgärtner, Chr. Wild. Bd. 1, München: Kösel Verlag, 1973, S. 494

stellungen von Ehe und Familie.[1] Da im Neuen Testament der Dekalog neu ge-
deutet wird, fehlt hier eine gemeinsame Grundlage, vor allem die christliche
Feindesliebe findet im Koran keine Entsprechung. Koran und Evangelium unterscheiden sich in ihrer Eschatologie. Beide sind zwar apokalyptisch geprägt, aber
während die Christen die Wiederkunft Christi erwarten, strecken sich die Muslime nach dem Paradies. Ein großer Unterschied besteht auch darin, dass das
Neue Testament schon um den Anbruch der Gottesherrschaft weiß und die
Menschheit schon jetzt verwandeln will. Spinozas Einsicht, dass die Freiheit
weder den Staat noch Glauben und Religion beeinträchtigt, sondern die Anerkennung der Freiheit diese erst ermögliche, wurde von der islamischen Welt
niemals nachvollzogen. Die kirchliche und staatliche Kritik und Ablehnung, mit
der ja auch Spinoza noch massiv im 17. Jahrhundert in Europa rechnen musste,
wäre Spinoza in der islamischen Welt in eben derselben Weise widerfahren. Die
Entwicklung der letzten vierhundert Jahre, die im Westen schließlich zur allgemeinen Anerkennung des Grund- und Menschenrechtes der Religionsfreiheit
geführt hat, hat die islamische Welt dann aber nicht mitgemacht.

Ausgehend von dieser grundsätzlich anderen Traditionsgeschichte des
Begriffes der Freiheit ist es nun verständlich, dass Toleranz und Religionsfreiheit im arabischen Raum niemals die langfristige Bedeutung erlangen konnten,
die ihnen im Westen zukommen. Religionsfreiheit ist für den Islam zunächst
einmal dem eigenen Glauben diametral entgegen gerichtet. Dennoch werden wir
sehen, dass der Islam in der praktischen Duldung fremder Religionen mehr Toleranz praktiziert hat als das christliche Abendland. Zwischen Religionsfreiheit
und Toleranz ist dabei deutlich zu unterscheiden, da dem Islam ein theoretisches
Bewusstsein von Freiheit als säkulares menschliches Naturrecht fehlt. Die Notwendigkeit der Unterscheidung werde ich am Ende dieses Kapitels noch einmal
ausführen.

Hinsichtlich der Frage, ob der Islam denn tolerant sei, drängt sich zunächst einmal das in unserer Zeit vorherrschende Islam-Merkmal der Judenfeindlichkeit
auf. Dieses kann hier sicherlich kein alleiniger Maßstab für Toleranz oder Intoleranz sein, da der Antisemitismus der Muslime vor allem politische Ursachen
hat. Erschreckend ist dieses Phänomen aber dennoch. Der theoretischen Reflexion möchte ich daher eine persönliche Erfahrung mit diesem Antisemitismus
voran stellen:

*Im Rahmen meines Literaturseminars besprach ich das Judentum vor dem Hin-
tergrund des Nationalsozialismus und der Notwendigkeit der Aufarbeitung des
Holocausts, was mit Hilfe des Lesens und der Interpretation der so genannten*

---

1   Vgl. Gnilka, Joachim: Bibel und Koran. Was sie verbindet, was sie trennt. Freiburg: Her-
     der, 2004, S. 179

deutschen „Trümmerliteratur" nach 1945 von Autoren wie Heinrich Böll oder Wolfgang Borchert geschah. Dieser Unterricht fiel mir aus zweierlei Gründen sehr schwer. Zum einen musste ich als Deutsche zu tunesischen Studenten vom Holocaust sprechen, was etwas ganz anderes ist, als wenn man dies vor deutschen Schülern oder Studenten tut. Ich kam in eine Situation, dass ich mich für die deutsche Geschichte sehr schämte. Zum anderen gab ich diesen Unterricht parallel zu einem angekündigten Tunis-Besuch des israelischen Präsidenten Scharon, der im Rahmen der Weltinformationstage stattfand. Im Seminar rissen sich die Studenten zwar zusammen, protestierten aber auf der Straße offen gegen den geplanten Besuch aus Israel. Antisemitismus gehörte immer dann zum studentischen Programm, wenn es mal wieder darum ging, sich mit Palästina zu solidarisieren. Ich hatte einen jungen tunesischen Kollegen, der ebenfalls deutsche Literatur unterrichtete, der verzweifelt versuchte, mit entsprechend krassem Bildmaterial über den Holocaust gegen diesen offen demonstrierten Antisemitismus der Studenten zu Felde zu ziehen. Ich hatte nicht den Eindruck, dass für diese antisemitische Stimmung, die sich an allen Universitäten Tunesiens zeigte, Aussagen aus dem Koran verantwortlich waren, sondern vielmehr die Unzufriedenheit der Studenten mit ihrer eigenen Situation im Staat Tunesien. Demonstrationen, die sich gegen die tunesische Regierung selbst richten, sind ja verboten.

Der Koran erkennt die Offenbarungsbücher der Tora und des Evangeliums zwar grundsätzlich an, denn er geht von einer himmlischen Urschrift aus, die den Völkern in mehreren Offenbarungsstufen mitgeteilt wurde, betrachtet das Offenbarungsbuch des Korans aber als das letztgültige. Er beurteilt daher Widersprüche zwischen Judentum, Christentum und Islam, zum Beispiel in Bezug auf das Christentum die Annahme der Gottessohnschaft von Jesus Christus, als Fälschungen vorangegangener Offenbarungen. Der Prophet warf den Christen vor, Gott einen Sohn beizugesellen, ähnlich wie die heidnische Vorstellung Allah Töchter zusprach. *„Es steht Gott nicht an, sich irgendein Kind zuzulegen. Gepriesen sei er! (Darüber ist er erhaben.)(...)"* (Sr 19, 35). Mohammeds Polemik richtete sich immer wieder gegen „Ungläubige", mit diesem Begriff meinte Mohammed aber keineswegs diejenigen, die den Glauben an Gott überhaupt ablehnten als vielmehr jene, die sich nicht zu der Einzigartigkeit Allahs bekennen wollten. Dennoch war das Verhältnis zu Juden und Christen nicht nur durch Ablehnung gekennzeichnet. Wenn es heißt, der Islam biete den Menschen die letzte Offenbarung, so ist dabei immer auch gemeint, dass der Islam sich ursprünglich gar nicht bewusst von Judentum und Christentum absetzen wollte.[1]

Dadurch, dass der Koran sich auf diese Weise der religiösen Grundlagen von Judentum und Christentum bemächtigt und außerdem den Polytheismus ra-

---

1   Vgl. die Ausführungen unter *Zur Quellenlage des Islam* in diesem Essay.

dikal ablehnt, ergibt sich im Islam von vornherein eine schwierige Ausgangsposition für die Akzeptanz anderer Religionen. Ein positiver Gehalt dieser Auffassung existiert jedoch auch und liegt im Bewusstsein über die gemeinsamen Inhalte, die alle drei Offenbarungsreligionen miteinander verbinden. Auch von dem Urschrift-Argument her lässt sich also nicht bruchfrei ableiten, der Islam sei intolerant.

Fragen wir nach dem Grad von Toleranz gegenüber anderen nichtislamischen Religionen vor dem Hintergrund islamischer Geschichte, ergibt sich ebenso ein in sich differentes Bild, das auch genügend Material bereitstellt, um positive Antworten zu liefern. Zur Zeit Mohammeds gab es eine Vielzahl von Stämmen, in denen unterschiedliche Gesetze galten. Der Koran bezieht sich auf diese Pluralität und legt nahe, in kein Konkurrenzdenken zu verfallen. So ist die in der arabischen Welt ursprüngliche Vielfalt durch die Existenz einer Vielzahl von Stämmen Ausgangspunkt einer tolerierenden Grundhaltung:

„Ihr Menschen! Wir haben euch geschaffen (indem wir euch) von einem männlichen und einem weiblichen Wesen (abstammen ließen), und wir haben euch zu Verbänden und Stämmen gemacht, damit ihr euch (aufgrund der genealogischen Verhältnisse) untereinander kennt. (Bildet euch aber auf eure vornehme Abstammung nicht zu viel ein!) Als der Vornehmste gilt bei Gott derjenige von euch, der am frömmsten ist. Gott weiß Bescheid und ist (über alles) wohl unterrichtet." (Sr 49, 13)

Die Vielfältigkeit bestimmte dann auch von Anfang an die islamische Welt. Die Islamwissenschaftlerin Gudrun Krämer von der Freien Universität Berlin zeigt in ihrer neu erschienenen „Geschichte des Islam", dass die arabische Welt zur Zeit des neunten Jahrhunderts von Galizien bis zum Persischen Golf extrem vielfältig war und sich schon ab Mitte des achten Jahrhunderts Tendenzen zur Regionalisierung und Autonomisierung unterschiedlicher arabischer Volksstämme abzeichneten.

„Die schrittweise Regionalisierung im Sinne wachsender politischer, ökonomischer und kultureller Eigenständigkeit bedeutete aus der Sicht der Zentralregierung schon wegen der entfallenen Steuern und Tribute einen offenkundigen Verlust. Für die jeweiligen Regionen, deren Bevölkerung, Wirtschaft und Kultur aber war das keineswegs zwingend der Fall, besonders nicht für die *Kultur:* Verschiedentlich fielen Regionalisierung, Autonomisierung und Massenkonversion zum Islam zusammen und damit Islamisierung und politische Emanzipation. Die Vervielfältigung der Zentren und der kulturellen Ausdrucksformen – darunter namentlich der iranischen und türkischen – wirkte bereichernd auf Wissenschaft, Kunst und Kultur." [1]

---

1   Krämer, Gudrun: Geschichte des Islam, S. 104

Im neunten Jahrhundert nahmen die Muslime Sizilien, Kreta und Malta ein und behaupteten auf den Inseln und auf dem süditalienischen Festland ihre Herrschaft bis ins elfte Jahrhundert hinein. Im Osten verstärkten die muslimischen Truppen ihren Druck auf das Byzantinische Reich. Dabei entstand auch ein positiver Effekt, denn Krieg und Handel, Eroberung und Bündnisse schlossen einander nicht aus. Es fand ein über die Grenzen hinweg wirksamer, überkonfessioneller Kulturaustausch mit Europa statt, wobei bemerkenswert ist, dass dieser Kulturaustausch vornehmlich von der islamischen Welt in die europäische stattfand. Unter arabischer Herrschaft erlebte Sizilien beispielsweise drei Jahrhunderte der wirtschaftlichen und kulturellen Blüte, wofür auch ein ausgeklügeltes Bewässerungssystem die Grundlage schuf. Die Muslime lernten aber von den vielfältigen Traditionen der eroberten Völker und machten sich Elemente der persischen, türkischen, mongolischen, indischen, malaysischen und indonesischen Kultur zu Eigen.

Der Islam wurde also regional unter jeweils unterschiedlichen kulturellen Vorzeichen gelebt und damit war innerhalb der arabisch-islamischen Welt die Duldung kultureller Unterschiede eine zwingend zu lebende geistige Haltung. Sie sicherte innerhalb der Vielfalt die Einheit der arabischen Welt.

Als viel zitiertes Beispiel für islamische Toleranz gegenüber anderen Religionen wird immer wieder die Herrschaft der Umayyaden in al-Andalus, dem muslimischen Spanien, zitiert. Man sollte dabei jedoch nicht unkritisch von einem „Goldenen Zeitalter" sprechen. Die Historikerin Gudrun Krämer gibt zu bedenken, es werde oft übersehen, dass diese muslimisch-jüdisch-christliche Symbiose „mehr Risse und Spannungen aufweist, als die verklärende Rückschau es wahrhaben will."[1] Die Mittel für Kriegsführung und Hofhaltung brachten vor allem die Nichtmuslime durch eine Steuer (*dschizya*) auf, die ihnen Schutz gewährte und innerhalb der islamischen Gesellschaft Rechte zubilligte. Diese Steuer war aber so hoch, dass sie zum Teil zur Konversion führte. Abd ar-Rahman II, der von 822-852 regierte, förderte aber auch die religiösen Wissenschaften ebenso wie die schönen Künste. Unter Abd ar-Rahman III, dessen Regierungszeit von 912 bis 961 dauerte, erlebte das umayyadische Spanien[2] eine glänzende Epoche und inneren Frieden. Erst im elften Jahrhundert fand diese relativ tolerante Phase islamischer Geschichte ein Ende.

> „Vom elften Jahrhundert an untergruben aufeinander folgende Regime in Spanien die Toleranz mit ihrer Tyrannei. Aber selbst da ließen sich die kulturellen Annäherungen nicht sofort ausrotten. Anhänger aller drei abrahamischen Glau-

---

1   Krämer, Gudrun: Geschichte des Islam, S. 144

2   *Anmerkung:* Nach der Vertreibung der Umayyaden aus dem Orient gründeten sie das Emirat von Córdoba, da einem Umayyadenprinzen die Flucht in den Maghreb gelang, der von dort nach ins spanische Andalusien geriet, wo er 756 n. Chr. als Abd ar-Rahman I das Emirat von Córdoba errichten konnte, das bis zum Jahr 1031 n. Chr. Bestand hatte.

bensrichtungen rannten um ihr Leben, siedelten um und fuhren fort, einander zu heiraten, verschmolzen alles miteinander, von den Sprachen über die Märchen bis zur Philosophie"[1].

In der Frage nach gelebter Toleranz sollte man auch zwischen arabischer und südostasiatischer Welt unterscheiden, zwischen beiden Welten beschreibt auch die muslimische Autorin Irshad Manji in ihrem umstrittenen Buch „Der Aufbruch" eine starke Differenz im toleranten Verhalten:

> „Bei einer internationalen Versammlung von Muslimen, die 2002 in Kuala Lumpur stattfand, ließ Mohammed Mahatir verlauten, dass die islamische Führerschaft nicht mehr den Arabern überlassen werden kann, weil sie alles in allem nicht wissen, wie man mit Nichtmuslimen spricht. Asiatische Muslime können das hingegen. Südostasiaten mussten den Islam immer an einem Umschlagplatz praktizieren, der multiethnisch (Chinesen, Inder, Malayen) ist und an dem viele Glaubensrichtungen (Buddhisten, Christen, Hindus, Muslime) vertreten sind. Dasselbe gilt für Zentralasien."[2]

Vergleicht man diese tolerante Praxis mit den Aussagen des Korans, so erkennt man schnell, dass die gelebte, also praktische Toleranz in der islamischen Geschichte weitaus größer war und auch immer noch ist, als der religiöse Text es eigentlich erlaubt. Im Koran gibt es Anweisungen zu weitaus härterem Vorgehen gegenüber Polytheisten als dies in der Praxis geschieht:

> *„Und wenn nun die heiligen Monate abgelaufen sind, dann tötet die Heiden, wo (immer) ihr sie findet, greift sie, umzingelt sie und lauert ihnen überall auf! Wenn sie sich aber bekehren, das Gebet verrichten und die Almosensteuer geben, dann laßt sie ihres Weges ziehen! Gott ist barmherzig und bereit zu vergeben. "* (Sr 9, 5)

Diese Sure stellt eine so harte Anweisung dar, dass ihr in der Vergangenheit in Asien kaum Folge geleistet wurde. Doch die islamischen Rechtsgelehrten erkannten durchaus, dass hier *idjtihād* dringend nötig war. Da die Muslime nach dem Tode Mohammeds in ihren Eroberungszügen auch auf andere Religionsvertreter trafen als die von Mohammed als „Leute des Buches" anerkannten Juden und Christen, wurde hier eine neue Rechtsfindung nötig. So wurden beispielsweise Hindus und persische Zoroastrier unter Schutz gestellt. Anstatt sie zwanghaft zu islamisieren oder gar umzubringen, durften sie in einem islamischen Staat ihre Religion weiterhin praktizieren. Der in den Niederlanden lebende Koranwissenschaftler Abu Zaid leistet moderne *idjtihād* Arbeit, indem er versucht, die Essenz der oben zitierten Sure herauszufiltern, nämlich das Ver-

---

1   Manji, Irshad: Der Aufbruch. Plädoyer für einen aufgeklärten Islam, S. 59
2   Ebenda, S. 175

langen nach Gerechtigkeit. Er spricht außerdem von einer „historisch bedingten" Sure, die nur aus ihrem historischen Kontext heraus zu verstehen sei. Er wendet also eine reformerische Methode der Koranauslegung an.

> „Wir erkennen damit, dass wir niemals die >historisch bedingte< Sure der zeitlosen vorziehen dürfen. Ist einmal festgestellt, dass die Gerechtigkeit an sich das Primäre ist, so verstehen wir folglich auch, dass der Befehl, zu töten – Polytheisten und andere – die >historisch bedingte< Bedeutung ist. Ein Beweis dafür ist die Tatsache, dass die Muslime bei ihren Eroberungen anderer Länder niemals Massentötungen von Polytheisten veranlasst haben. Nicht einmal der Prophet hat zu seiner Zeit seine Gegner getötet, als er Mekka eingenommen hat."[1]

Die Beziehung zwischen Juden und Christen zu den Muslimen hat trotzdem von Anfang an reichlich Zündstoff geliefert. Die arabische „Version" der Offenbarungsinhalte ihrer Religion hat besonders den Juden von Anfang an nicht gefallen. Der Prophet erntete ihren Spott, weil ihnen die Wiedergabe alttestamentlicher Stoffe im Koran im Vergleich zur biblischen Fassung oft lückenhaft und fehlerhaft erschien. Mohammed musste einsehen, dass friedliche Bekehrungsversuche nicht fruchteten. Kriegerische Konfrontationen waren die Folge. Den Juden, die aus Medina vertrieben und umgebracht wurden, geschah dies allerdings nicht wegen ihres Glaubens, sondern weil sie innerhalb des Gemeinwesens in Medina in sich geschlossene Gruppen bildeten, die für Mohammeds Herrschaft, vor allem bei einer Konfrontation mit auswärtigen Gegnern, eine Bedrohung bildeten und gefährlich werden konnten. Juden und Christen wurden von Mohammed als „Leute der Schrift" zusammengefasst, womit die biblischen Schriften gemeint waren. Sie sollten so lange bekämpft werden, bis sie zu einem friedlichen Zusammenleben in einem islamisch regierten Staat bereit waren. Sodann war man noch zu Lebzeiten des Propheten bereit, mit ihnen einen Schutzvertrag (*dhimma*) einzugehen, nach dem Juden und Christen die bereits erwähnte hohe Steuer zu bezahlen hatten. Diese Steuer scheint nur für die wehrpflichtigen Männer gegolten zu haben, quasi als Ausgleich dafür, dass sie im islamischen Staat keinen Wehrdienst zu leisten hatten. Ihren Glauben konnten sie aber behalten und auch angesehene Berufe ausüben, sofern sie nur bereit waren, sich den Gesetzen des islamischen Staates unterzuordnen. Es war ihnen sogar möglich, in höhere Staatsämter (Wesir) aufzusteigen, obwohl dies keineswegs gerne gesehen wurde. Dieser Schutzvertrag führte in der Geschichte dazu, dass die Bekehrungsversuche der Muslime eher halbherziger Natur waren, denn die Steuern der Juden und Christen waren ihnen wirtschaftlich willkommen. Juden und Christen hatten jedoch auch einige Restriktionen hinzunehmen, bestimmte

---

1 Nasr Hamid Abu Zaid: Wege zu einer neuen islamischen Methodik in der Hermeneutik. (http://www.ibn-rushd.org/Deutsch/Rede-AbuZaid-D.htm)

Verhaltensvorschriften, die sie über ihr Auftreten in der Öffentlichkeit belehrten („Ihr sollt euch durch eure Sättel und Reittiere unterscheiden") und in ihren alltäglichen Rechten gegenüber den Muslimen einschränkten („Ihr sollt nicht die Mitte der Straße einnehmen..."). Diese Restriktionen wurden aus dem >Pakt von Umar< abgeleitet, der wenige Jahre nach dem Tod des Propheten wirksam wurde. Die Nichtmuslime wurden im islamischen Staat letztlich als Bürger zweiter Klasse behandelt. Der muslimische Universitätsprofessor Adel Theodor Khoury merkt hierzu kritisch an:

> „Es stellt sich also die Frage, ob es heute tragbar ist, einen Staat nach diesem Modell wiederzuerrichten. Erforderlich ist eher eine Struktur, die den Gemeinschaften und allen Bürgern ermöglicht, loyal im gemeinsamen Land zu leben und den unabweisbaren Anspruch zu erheben, in diesem ihrem Land als gleichberechtigte Bürger zu gelten und die gleichen Grundrechte und Grundpflichten zuerkannt zu bekommen."[1]

Trotz dieser Einschränkungen ist aber festzustellen, dass der Islam gegenüber Judentum und Christentum praktische Toleranz übte und diese meist größer war als im christlichen Abendland bis zur Aufklärung. Das islamische Gesetz war das erste Rechtssystem überhaupt, das Rechte gewisser Gruppen von Nicht-Muslimen gesetzlich festgelegt hat. Zentral geht es dem Islam um die Anerkennung des Schöpfers durchs Geschöpf. Diese Anerkennung sehen die Muslime bei Juden und Christen gegeben.

Zum Beweis der Toleranz des Islam wird gern folgende Sure zitiert[2]: *„In der Religion gibt es keinen Zwang (d.h. man kann niemand zum (rechten) Glauben zwingen). (...) "* (Sr 2, 256). Bei Paret findet sich zu der gängigen Übersetzung jedoch eine kritische Anmerkung: Der Passus bedeute eben nicht, dass man niemand zum Glauben zwingen dürfe, sondern er beziehe sich eher auf die Aussichtslosigkeit eines solchen Unterfangens, nachdem Mohammed erfolglos versucht habe, die Juden und Christen zum Islam zu bekehren. Paret sieht diese Sure relativiert in Bezug auf ihren historischen Hintergrund. Hieraus ergäbe sich die Deutung,

> „dass der Bekehrungseifer des Propheten infolge der menschlichen Verstocktheit weitgehend zur Erfolglosigkeit verurteilt ist. (...) Da der einzelne nicht zur wahren Einsicht gezwungen werden kann, muss er schon von sich aus den Weg dazu finden".[3]

---

1   Khoury, Adel Theodor: Was ist los in der islamischen Welt? Konflikte verstehen. Freiburg im Breisgau: Herder, 1991, S. 98
2   *Anmerkung*: So interpretiert zum Beispiel Khoury diese Sure als Beweis für Toleranz und Religionsfreiheit. (Vgl. Khoury, Adel Th.: Was ist los in der islamischen Welt?, S. 92)
3   Paret, Rudi: Der Koran. Kommentar und Konkordanz, S. 54 f.

Es steht hier also in Frage, ob diese Sure als Ausdruck von Toleranz zu bewerten ist oder eher doch als Ausdruck von Resignation, wie Paret interpretiert. Es werden jedoch von den Islamwissenschaftlern noch andere Suren angeführt, die davor warnen, einen Ungläubigen mit Gewalt zum Islam zu bekehren. Sure 10, 99 erinnert beispielsweise an die Allmacht Allahs und daran, dass der Mensch eine gewisse Zurückhaltung üben soll:

> *„Und wenn dein Herr wollte, würden die, die auf der Erde sind, alle zusammen gläubig werden. (...) Willst du nun die Menschen (dazu) zwingen, daß sie glauben?"* (Sr 10, 99)[1]

Sehr deutlich formuliert Sure 109, 1-6 das friedliche Nebeneinander unterschiedlicher Religionen, angesprochen sind hier vor allem die Polytheisten[2].

> *„Im Namen des barmherzigen und gnädigen Gottes.//*
> *Sag: Ihr Ungläubigen!// Ich verehre nicht, was ihr verehrt (w. Ich diene nicht dem, dem ihr dient; dem entsprechend in den folgenden Versen),// und ihr verehrt nicht, was ich verehre.// Und ich verehre nicht, was ihr (bisher immer) verehrt habt,// und ihr verehrt nicht, was ich verehre.// Ihr habt eure Religion, und ich die meine."*

Neben diesen Koranstellen, die anscheinend dazu ermahnen, verschiedene Bekenntnisse nebeneinander existieren zu lassen, enthält der Koran reichlich Polemik gegen Juden und Christen, so dass ein Muslim hier genügend Stoff findet, um die eigene Religion über die jüdische und christliche zu stellen. Aber davon überzeugt, in Besitz der einzig richtigen Religion zu sein, sind auch Juden und Christen und auch an christlichen Missionierungsversuchen (blutigen und unblutigen) hat es schließlich in der Geschichte nicht gefehlt. Der Islam treibt seinen Autoritätsanspruch eher innerhalb der eigenen Glaubensgemeinschaft auf die Spitze, indem er es den Muslimen bei Todesstrafe untersagt, sich von ihrem Glauben abzuwenden. Er bringt also für einen vom Islam abfallenden Gläubigen weitaus weniger Toleranz auf als für Christen und Juden, die sich niemals zum Islam haben bekehren lassen. Doch auch gegen diese grausame Strafe im Islam lässt sich *idjtihād* anwenden. Im Koran steht nämlich nichts über die Todesstrafe bei Apostasie. Lediglich alle traditionellen islamischen Schulen sagen, dass ein Abtrünniger hingerichtet werden muss, wenn er nicht innerhalb einer bestimmten Frist bereut. Reformerisch interessierte islamische Juristen diskutieren, ob diese traditionelle Ansicht eigentlich richtig ist oder ob sie nicht vielleicht sogar zum Koran im Widerspruch stehe. Der bosnische Muslim Smail Ba-

---

1   *Anmerkung:* Diese Sure ist auch vor dem Hintergrund der Prädestinationslehre zu sehen. Der Glaube beziehungsweise Unglaube des Menschen wird als von Gott geschaffen und gewollt angesehen. Die Willensfreiheit des Menschen ist damit eingeschränkt.

2   Paret, Rudi: Der Koran. Kommentar und Konkordanz, S. 528

lić macht darauf aufmerksam, dass die Geschichte des Mittelmeerraums uns „von wiederholten Religionsübertritten berühmter (muslimischer) Persönlichkeiten ohne strafrechtliche Folgen"[1] berichte.

In der Geschichte gingen in der arabisch-islamischen Welt kulturelle Aufgeschlossenheit oder Verschlossenheit immer auch einher mit den jeweiligen politischen Bedingungen, eine Tatsache, die sich auch im obigen Beispiel des Antisemitismus tunesischer Studenten zeigt. Eine imperialistische westliche Politik förderte seit den Zeiten der Kolonialherrschaft neben der Öffnung auch einen vehementen Rückzug auf den Islam und die eigene Kultur. Umgekehrt gewinnen zurzeit vor dem Hintergrund eines zunehmenden Fundamentalismus innerhalb der arabisch-islamischen Welt als Antwort auf die aktuelle Politik der Amerikaner auch reformerische Bewegungen, die einen islamischen Gegenpol zum Fundamentalismus bilden wollen, an Boden. In der Diskussion um Toleranz oder Intoleranz muslimischer Kultur und Religion sollte man trotzdem ein Faktum nicht aus den Augen verlieren: der Islam lehnt grundsätzlich die Einstellung ab, jeder könne glauben, was er wolle und jeder Glaube sei gleich viel Wert. Diese pluralistische Einstellung teilt der Islam normalerweise nicht und seiner Toleranz sind daher natürliche Grenzen gesetzt. Zur gleichen Auffassung kommt auch der Islamwissenschaftler Anton Heinen im Rottendorf-Symposion für die heutige Toleranzdiskussion: „Toleranz im Islam ist etwas ganz anderes als Toleranz im Christentum oder womöglich auch Toleranz im Judentum."[2] Trotzdem lassen sich zwischen islamischer und christlicher Toleranz noch Parallelen finden. Auch der christliche Toleranzbegriff ist konfessionell gebunden, geht also immer davon aus, dass es Wahrheit und Irrtum gibt. Der „Irrtum" wird zwar toleriert, im Grunde aber nicht gut geheißen.[3] Islam und Christentum tolerieren die jeweils andere Religion also nicht um ihrer selbst willen. Das Menschenrecht der Religionsfreiheit reicht hingegen weit über die eigentlich religiöse Toleranz hinaus, es ist ein säkulares Recht. Es geht von einer Gleichberechtigung der Religionen aus. Heiner Bielefeld warnt mit Recht davor, den Toleranzbegriff mit Religionsfreiheit gleichzusetzen.

> „Anders als in solchen konfessionsstaatlichen Toleranzkonzeptionen wird im Rahmen der Religionsfreiheit die Differenz von religiöser Wahrheit und Irrtum als Kriterium staatlichen Handelns bewusst *ausgeklammert*. Sie darf für die Bestimmung des rechtlichen Status eines Menschen in der Gesellschaft fortan keine Rolle mehr spielen."[4]

---

1   Balić, Smail: Islam für Europa, S. 8
2   Rottendorf Symposion, in: Kerber, Walter (Hrsg.): Wie tolerant ist der Islam?, S. 85
3   Vgl. hierzu auch: Heiner Bielefeld: Muslime im säkularen Rechtsstaat. Integrationschancen durch Religionsfreiheit. Bielefeld: transcript, 2003, S. 24-31
4   Ebenda, S. 26

Die Religionsfreiheit setzt daher die Trennung von Religion und Staat voraus und bereitet besonders dort dem Islam Schwierigkeiten, wo er theokratischen Strukturen folgt. Selbst in der Türkei, die sich laizistisch nennt, gibt es ein Amt für Religiöse Angelegenheiten, deren Mitarbeiter Staatsbeamte sind. Die 200 christlichen Pfarrer in der Türkei stellen fest, dass es in der Türkei zwar Glaubensfreiheit, aber keine Religionsfreiheit gibt und sie selbst keine Nachfolger ausbilden dürfen. Seit Anfang der 70er Jahre sind alle geistlichen Seminare und kirchlichen Hochschulen in der Türkei geschlossen.

Dagegen war islamische Toleranz über weite historische Strecken hinweg der christlichen praktisch überlegen. Dennoch wird unter Reform bewussten Muslimen der Unterscheidung zwischen Toleranz und Religionsfreiheit mittlerweile Rechnung getragen. Der tunesische Gelehrte Mohammed Talbi plädiert ganz eindeutig für die Religionsfreiheit. Er versucht aufzuzeigen, dass Religionsfreiheit sich mit dem Islam grundsätzlich nicht widerspreche. Religionsfreiheit ist für Talbi „ein Akt grundlegender Achtung vor der Souveränität Gottes und vor dem Geheimnis seiner Absicht mit dem Menschen."[1] Der tunesische Islam-Experte wird hier wohl nicht allzu viel Unterstützung aus den eigenen Reihen zu erwarten haben. Religionsfreiheit würde nämlich auch voraussetzen, dass der Islam andere Religionen wirklich als gleichberechtigt ansieht, was letztlich bedeuten würde, dass er darauf verzichtet, sich als letztgültige Religion zu betrachten. Die Ablehnung einer solchen Veränderung muslimischen Selbstverständnisses liegt wohl für die meisten Muslime auf der Hand. Man würde dieses Kapitel allerdings unvollständig lassen, erwähnte man nicht die islamische Mystik, auf die auch die bekannte Islamwissenschaftlerin Annemarie Schimmel gerade in Zusammenhang mit der Frage nach muslimischer Toleranz verweist.

> „Es waren immer wieder die Mystiker, die darauf hingewiesen haben, dass Gott ja einer ist, dass die Menschenkinder Kinder einer Mutter sind, dass sie wie die Glieder eines Leibes sind."[2]

Mystiker haben ihr Augenmerk mehr auf die gemeinsame Liebe der Menschen zu Gott gerichtet als auf die Unterschiede innerhalb der Religionen und sind dafür auch im Verlaufe islamischer Geschichte häufig verfolgt worden. Es gibt allerdings auch moderne Bemühungen unter den Muslimen, das Andenken an diese so genannten Sufis wieder zu beleben und sogar literarisch zu gestalten, gerade im Wissen um jene Aussagen im Islam, die intolerant erscheinen.

---

1 Mohammed Talbi: Religionsfreiheit – Recht des Menschen oder Berufung des Menschen?, in: Schwartländer, Johannes (Hrsg.): Freiheit der Religion. Christentum und Islam unter dem Anspruch der Menschenrechte. Mainz: Grünewald, 1993, S. 242-260

2 Schimmel, Annemarie: Toleranz und Intoleranz im Islam, in: Tilman Seidensticker, Annemarie Schimmel, Ulrich Zwiener (Hrsg.): Demokratie, Menschenrechte in den arabischen Ländern. Der Weg Saad Eddin Ibrahims. Jena und Erlangen: Collegium Europaeum Jenense Palm & Enke, 2002, S. 24-31, hier S. 30

1.4 Gedanken- und Meinungsfreiheit

Jeder Mensch hat das Recht auf freie Meinung und Meinungsäußerung; dieses Recht umfasst die Freiheit, sich Informationen und Ideen mit allen Verständigungsmitteln ohne Rücksicht auf Grenzen zu beschaffen, zu empfangen und zu verbreiten. (Artikel 19 der UN-Charta)

Wie bereits erwähnt, sichert die Arabische Charta der Menschenrechte in Artikel 26 Religions-, Gedanken- und Meinungsfreiheit zu. In Artikel 27 wird dieses Recht jedoch relativiert, die Religions-, Gedanken- und Meinungsfreiheit dürfe nur den gesetzlich vorgesehenen Einschränkungen unterworfen werden. Damit ist es jedem Staat der Arabischen Liga selbst überlassen, welche Einschränkungen der in Artikel 26 zugesicherten Grundrechte er selbst vornehmen will und diese Einschränkungen sind durch die Charta automatisch legitimiert. Sieht man es drastisch, so könnte man zu dem Schluss kommen, dass Artikel 27 den Artikel 26 außer Kraft zu setzen vermag. Die Revision dieser Formulierung in der Fassung der Charta von 2004 zeigt allerdings Einsicht. Die Kairoer Erklärung akzeptiert jedoch immer noch von vornherein die Redefreiheit nur insoweit, wie sie nicht in Blasphemie ausarte; sie wird außerdem in Abhängigkeit zur Schari'a gestellt.

Am Karikaturenstreit vom Februar 2006 und noch krasser an der schon länger zurückliegenden Rushdie-Affäre kann beispielhaft verdeutlicht werden, dass der Islam, einschließlich der Euro-Islam, sich schwer tun, das zu akzeptieren, was in Europa Presse- und Meinungsfreiheit bedeuten. Allerdings steht bei beiden Anlässen auch die Beleidigung des Propheten Mohammed im Vordergrund. Für Muslime gilt die Abbildung des Propheten und seiner Familie als Tabu, an die Stelle der Personendarstellung ist die Kalligrafie getreten, und der Prophet Mohammed gilt bei den Muslimen als ideales menschliches Vorbild. Es geht hier also nicht nur um Meinungsfreiheit, sondern auch um Ehrverletzung, zumindest aus der Sicht der Muslime.

Der dänischen Zeitung „Jyllands-Posten", die die Karikatur als erste Zeitung veröffentlichte, darf wohl intendierte Provokation der gläubigen Muslime nachgesagt werden. Die Karikaturisten arbeiteten mit der rechts-konservativen Regierungspartei in Dänemark zusammen, die ihre Wahlen mit einem harten Kurs gegen Ausländer und Muslime gewann. Im Übrigen ist auch der Bundesrepublik die Ablehnung einer solchen Ehrverletzung keineswegs fremd. Laut § 166 des StGB kann jemand zum Straftäter werden, wenn er sich der „Beschimpfung von Bekenntnissen, Religionsgesellschaften und Weltanschauungsvereinigungen" schuldig macht und damit den öffentlichen Frieden stört. Der öffentliche Frieden dürfte aber wohl nur dann gestört werden, wenn es sich um die Beleidigung einer größeren Gruppe handelt. Hinsichtlich der Beleidigung der Muslime dürfte dieser Strafbestand wohl erfüllt sein. Dieser Gotteslästerungsparagraph ist jedoch auch in Deutschland nicht unumstritten, auch ihm wird eine Einschränkung der Meinungsfreiheit vorgeworfen. Im Falle von Angriffen gegen die christliche Kirche bevorzugen es die meisten europäischen Staaten eher, statt zu dem Mittel des Strafrechts zu greifen, lieber die offene Diskussion zur Förderung der geistigen Auseinandersetzung zu suchen.

In den arabischen Ländern, in denen Muslime mit besonders starker Wut auf die Karikatur reagierten, gibt es keine Meinungsfreiheit und keine pluralistische Gesellschaft.

Die Reaktion der arabischen Länder verdeutlicht, wie weit die dort Regierenden davon entfernt sind, sich die Meinungsfreiheit im Westen und die Natur des säkularen Rechtsstaates überhaupt nur vorzustellen. Siebzehn in Tunesien versammelte arabische Innenminister forderten im Februar 2006 die dänische Regierung auf, die Verantwortlichen für die Mohammed-Karikaturen hart zu bestrafen. Meistens sind Vorfälle und politische Entscheidungen, die dazu berechtigen, gegen den Westen, gegen Amerika oder Israel zu protestieren, außerdem eine willkommene Gelegenheit, dem unterdrückten Volk zu erlauben, „Dampf" abzulassen, der sich in Wirklichkeit gegen die eigene Situation im diktatorischen Land richtet. So gab es auch für den bereits angesprochenen latenten Antisemitismus der tunesischen Studenten noch eine andere Motivationsfeder. In ihrer Studiensituation mussten sie in den Prüfungen oft genug Willkür erfahren. Auf dem tunesischen Arbeitsmarkt herrscht zudem Perspektivlosigkeit. Den Regierungen dieser Länder sind solche Demonstrationen und Ausschreitungen auch deshalb Recht, weil sie von den Problemen im eigenen Land ablenken. So wurde auch der Karikaturenstreit politisch instrumentalisiert und der gewaltsame Protest sogar politisch gelenkt. Die iranische Regierung sah beispielsweise in den Protesten eine hervorragende Möglichkeit, vom gerade bestehenden Atomkonflikt abzulenken.

In der Rushdie-Affäre, die im Herbst 1988 von England ausgehend, die muslimische Welt erschütterte, reagierten Muslime auf die Behauptung des Schriftstellers Salman Rushdie, der Koran sei Mohammed nicht durch den Erzengel Gabriel offenbart worden, stattdessen wird Gabriel durch den Namen Mahound ersetzt, was auch „falscher Prophet" bedeutet. Er wird als skrupelloser und lächerlicher Prophet dargestellt, vielleicht auch eine Darstellung des Satans. Rushdie nennt den Koran „die satanischen Verse". Ayatollah Khomeini verhängte bereits im Februar 1989 die Todesstrafe über Rushdie und Muslime in Teheran setzten ein Kopfgeld von mehreren Millionen Dollar auf Rushdie aus. Sie verstanden den Roman „Die satanischen Verse" nicht als literarisches Werk, das Parodie einsetzt, sondern als Verrat. Während der Westen Verrat am Staat oder an einer Monarchie kennt, gibt es im theokratischen Staat nicht die Unterscheidung zwischen Verrat am Staat oder an der Religion. Da das aufgeklärte

Europa das theokratische System ausdrücklich ablehnt (eine Ausnahme macht der katholische Vatikanstaat), kann er die heftige Reaktion der muslimischen Welt nicht verstehen, geschweige denn gutheißen. Auch diese Affäre zeigt in drastischer Weise, dass Meinungsfreiheit radikal für den Muslim dort aufhört, wo die Meinungen über den Islam von denen der herrschenden Orthodoxie abweichen. Diese Tatsache hat im Laufe islamischer Geschichte den *idjtihād* erheblich erschwert.

Ein etwas anderes Beispiel dafür, dass religiös motivierte Tabuisierung zu einer drastischen Reduktion künstlerischer Freiheit führen kann, bietet der Vorfall an der Deutschen Oper in Berlin im September 2006. Hier gab es schon eine Beschränkung, bevor überhaupt Proteste von Muslimen laut werden konnten. Das Opernhaus nahm die Inszenierung der Mozart-Oper „Idomeneo" nur deshalb aus dem Programm, weil neben den Köpfen von Jesus, Buddha und Poseidon auch der des Propheten Mohammed fiel. Aus Angst vor radikalen Reaktionen muslimischer Extremisten wurde die Aufführung vorschnell zurückgezogen. Diese vorbeugende Maßnahme verweist auf eine Bedrohung der Meinungsfreiheit in Europa. Mit Recht warnte daraufhin der bayerische Innenminister Günther Beckstein in der „Frankfurter Rundschau", dass der Schutz von Religionsgemeinschaften nicht „zu einer übertriebenen Selbstbeschränkung der Meinungsäußerung und Kunstfreiheit"[1] führen dürfe. Bundeskanzlerin Angela Merkel vertrat den Standpunkt, dass die Rücksichtnahme auf den für den Europäer eng umrissenen Ehrbegriff der Muslime nur dann Sinn mache, wenn sie freiwillig, aber nicht aus Angst erfolge. Zulässig nennt sie die Selbstbeschränkung nur dann, „wenn sie aus Verantwortung im Rahmen eines echten, vollkommen gewaltlosen Dialogs der Kulturen erfolgt."[2] „Idomeneo" wurde dann auch zwei Monate später, im Dezember 2006, wieder auf das Programm der „Deutschen Oper" in Berlin gesetzt und vor nicht ganz ausverkauftem Hause gespielt. Im Falle des Karikaturenstreits hätte die oben geschilderte Selbstbeschränkung dagegen durchaus Sinn gemacht. Der Verzicht auf eine gewollte Provokation, die nur der eigenen Machtpolitik der rechtskonservativen dänischen Partei dienen sollte, wäre eher eine verantwortungsvolle Tat seitens des Westens gegenüber der Muslime gewesen.

Man sieht also, dass das Menschenrecht „Presse- und Meinungsfreiheit" oft politisch instrumentalisiert wird und es Fingerspitzengefühl und Verantwortungsbewusstsein gegenüber anderen Weltanschauungen bedarf, um dieses Recht richtig und im Sinne der Friedens- und Dialogförderung zu handhaben.

Der Politologe Bassam Tibi, Mitbegründer der „Arabischen Organisation der Menschenrechte", der mit deutscher Staatsbürgerschaft lange in Deutschland gelebt und gelehrt hat und aus einer alten syrischen Familie stammt, sieht in der

---

1　Merkel kritisiert Opern-Absetzung aus Angst vor Terror, in: Frankfurter Rundschau vom 27.09.2006
2　Ebenda.

verbindlichen Anerkennung der Universalität der Menschenrechte nach Vorbild der UN-Charta erst die Voraussetzung dafür gegeben, dass eine Kulturenvielfalt, auch mit Beibehaltung der Unterschiede, friedlich koexistieren kann.[1] Gleichzeitig weiß er auch, wie schwer sich seine Glaubensgenossen mit freien Deutungen und Auslegungen der schriftlichen und tradierten Grundlagen ihrer Religion tun. Provokativ fragt er seine Glaubensgenossen:

> „Sind heutige Muslime bereit – so frage ich als einer von ihnen -, ihre traditionelle Zweiteilung der Welt in Gut und Böse, in >Gläubige< und >Ungläubige< (…) durch die Zulassung des von religiösen Inhalten freien Begriffes der Menschheit, unbeschadet der religiösen Zugehörigkeit, aufzugeben?"[2]

Meinungsfreiheit und Religionsfreiheit gehören zusammen. Viele Muslime beweisen, dass sie durchaus dazu in der Lage und auch willens sind, andere Religionszugehörigkeiten gelten zu lassen. Das zeigt schon die lange Geschichte der Eroberungskriege der Muslime, in deren Folge häufig darauf verzichtet wurde, Andersgläubige zu bekehren. Mutwillige Provokation und Beleidigung führen jedoch häufig zu einer emotional motivierten Verteufelung des Gegners, nicht nur bei den Muslimen, sondern auch die amerikanische Politik liefert hierfür eine Vielzahl von Beispielen. In diesen Fällen sollte sich auch der Westen fragen, ob sich manch eine Provokation oder absichtliche Ehrverletzung nicht vermeiden ließe.

Noch immer wird in den islamischen Ländern die Meinungsfreiheit nur in Abhängigkeit zur Schari'a zugelassen. Das westliche Ideal der Meinungsfreiheit wird von den arabischen Ländern nicht angestrebt. Ein Islam, der Glaube nicht als etwas freiwillig zu Praktizierendes anerkennt, kann und will auch keine bedingungslose Gedanken- und Meinungsfreiheit zulassen.

1.5 Der Stellenwert von Wissenschaft und Bildung in der arabisch-islamischen Welt

Das Recht auf Ausbildung ist in allen arabisch-islamischen Menschenrechtserklärungen enthalten. Während die UN-Charta jedoch Bildung präzisiert, indem sie *„die volle Entfaltung der menschlichen Persönlichkeit und die Stärkung der Achtung der Menschenrechte und Grundfreiheiten"* zum Ziel haben soll **[Artikel 26 (2)]**, wird die Bildung und Ausbildung in den arabisch-islamischen Menschenrechtserklärungen hinsichtlich ihrer Qualität und Zielsetzung nicht näher definiert. Was ihre allgemeinen Zielsetzungen anbetrifft, begnügt sie sich damit, sich auf eine Reduzierung des Analphabetentums und die Sicherung der

---

1   Vgl. Tibi, Bassam: Im Schatten Allahs. München: Piper, 1994, S. 246
2   Ebenda, S. 247

Grundschulbildung zu richten. Die individuelle Persönlichkeitsentfaltung ist in islamischen Gesellschaften insgesamt viel weniger im Blick als in westlichen Gesellschaften, was damit zu erklären ist, dass, wie bereits erwähnt, den islamischen Gesellschaften das Wohl der Gemeinschaft wichtiger ist als die persönliche Entfaltung des Einzelnen und sich der Einzelne mit der *Umma* zu solidarisieren hat. *Das Gespräch mit meinen Studenten zeigte allerdings, dass dieses Konzept nicht mehr aufgeht. Die Studenten sind wütend darüber, dass sie vom Staat nicht besser gefördert werden und sie schauen wissenshungrig nach Europa.* Ein islamischer Staat, der weder Kritik an der Staatsführung noch an der Religionstheorie und -praxis erlaubt, muss automatisch drastische qualitative Einschränkungen im Bereich der Bildung und Forschung in Kauf nehmen. Hier liegt die Verantwortung zunächst einmal bei staatsinternen Entscheidungen, die darauf ausgerichtet sind, bestimmte Inhalte aus den Lehrplänen auszuklammern.

Auch sind den Frauen in vielen arabischen Ländern bestimmte Wissensgebiete verwehrt. Es gibt Hadīthe, die ihnen vorschreiben, zu Hause zu bleiben und die Teilnahme am öffentlichen Leben verwehren. Andererseits empfiehlt die islamische Überlieferung auch den Frauen die Aneignung von Wissen und Bildung. So lässt auch die traditionelle Al-Azhar Universität in Kairo, eine Bastion männlicher Bildungsprivilegien, bereits seit 1961 Studentinnen zu.

An der I.S.L.Tunis gibt es bis zu 80 Prozent weibliche Studenten. Diesen hohen Prozentsatz kann man allerdings auch negativ auslegen, denn ein Sprachendiplom ermöglicht in Tunesien eine Tätigkeit an staatlichen Schulen oder in der Tourismusbranche, beides Bereiche, die in Tunesien von hoher Arbeitslosigkeit gekennzeichnet sind. Für beide Geschlechter gilt jedoch, dass die Lehre ganz allgemein unter den staatlichen Restriktionen leidet. Die staatliche Kontrolle der Lehrpläne ist sehr stark spürbar. Während meiner Lehrtätigkeit in Tunesien ging die Kontrolle so weit, dass regelmäßig Spitzel vor meinem Fenster standen oder auch als getarnte Studenten in meinem Unterricht saßen. Diese allgemeine Zensur wirkt sich für alle Studenten als fehlende Beherrschung hermeneutischer Methoden aus, was eine mangelnde Bereitschaft für Literaturrezeption zufolge hat sowie für selbstständiges, kritisches Denken. Auch das Geschichtsbewusstsein wird nicht geschult. Diese destruktive Kontrolle hat allerdings nichts mit dem Islam zu tun, sondern mit der Bemühung der Regierenden, jugendliche Versuche politischer Emanzipation möglichst im Keim zu ersticken.

Auch Smail Balić stellt fest:

> „Es fehlt in orientalischen Ländern an analytischen soziologischen Studien. Die Darstellungen der bedrückenden Probleme gehen selten in die Tiefe, die deskriptive Methode überwiegt."[1]

---

1   Smail Balić: Islam für Europa, S. 57

Auch aus religiösen Gründen wird die freie Forschung nicht wirklich vertreten, obwohl es im Koran Suren gibt, aus denen heraus man diese legitimieren könnte.[1] Der orthodoxe Islam achtet darauf, „geschützte Zonen" religiöser Aussagen aus den Bereichen intellektueller Diskussionen und akademischer Forschung auszuklammern. Seit den 70er Jahren wird jedoch in der islamischen Welt zum Verhältnis von Glaube und Wissenschaft eine Debatte geführt. Dabei lassen sich wie auch in der Debatte zwischen christlicher Kirche und Wissenschaft zwei islamische Positionen finden, die eine, die den Konflikt betont und die andere, die eine Vereinbarkeit zwischen Religion und Wissenschaft für möglich hält. Konfliktfrei ist aber das Verhältnis zwischen Kirche und Wissenschaft auch nicht. Dies ließe sich an modernen ethischen Konflikten verdeutlichen, vor die uns heute die Naturwissenschaft stellt, zum Beispiel an Hand der Genmanipulation und anhand der moralischen Fragen, vor die uns die Reproduktionsmedizin stellt. Am elementarsten ist hier die Diskussion um die Evolutionstheorie. Der Papst der römisch-katholischen Kirche Benedikt XVI. formulierte jüngst noch einmal das katholische Zugeständnis an die Naturwissenschaften, beharrte aber auf den göttlichen Impuls der Evolution:

> „Das christliche Bild der Welt ist, dass die Welt in einem sehr komplizierten Evolutionsprozess entstanden ist, dass sie aber im tiefsten eben doch aus dem Logos entstanden ist. Sie trägt insofern Vernunft in sich."[2]

Der Evolutionstheorie ablehnend gegenüber stehen nur noch evangelikale oder fundamentalistische Bewegungen des Christentums, die auf ein wörtliches Verständnis der Schöpfungsgeschichte beharren. Die römisch-katholische, die anglikanische und protestantische Kirche interpretieren die Bibel dagegen nicht wörtlich, sondern nach historisch-kritischer Methode. Da der sunnitische Islam es jedoch ablehnt, den Koran historisch-kritisch zu interpretieren und sich lieber auf seine „geschützte Zone" zurückzieht, bleibt ihm die Möglichkeit einer Einigung mit der Wissenschaft eben auch weitestgehend verwehrt. Die Position, die im Islam die Evolutionstheorie verneint, versteht dann auch die Schöpfungsgeschichte wörtlich. So lehnt Abdul Mabud die Evolution der Pflanzen mit der Begründung ab, im Koran gebe es keinen Hinweis auf die Evolution des Pflanzenreichs und interpretiert zum Beispiel Sure 6, 99 im Sinne der Konstanz der Arten.[3] Die islamische Position, die die Vereinbarkeit zwischen Islam und Naturwissenschaften für möglich hält, wird hinsichtlich der Evolutionslehre von Muslimen vertreten, die behaupten, der Koran stehe in Übereinkunft mit den wissenschaftlichen Aussagen zur Evolution und die dabei vorrangig Sure 71,14

---

1   Vgl. hierzu Kap. 2. 2
2   Zitiert nach *Die Welt*, 9. 9. 2006
3   Mabud, Shaik Abdul: Theory of Evolution – An Assessment from the Islamic Point of View. Cambridge 1993

zitieren, in der es von Allah heißt: „*wo er euch doch (zuvor) in verschiedenen Phasen geschaffen (...) hat.*" Diese „Phasen" werden auf die Evolutionsstufen bezogen. Insgesamt betonen jedoch auch diese Positionen, die die Evolutionslehre akzeptieren, die Überlegenheit des Korans gegenüber der naturwissenschaftlichen Erkenntnis. Die Auseinandersetzung mit den Naturwissenschaften wird also in der islamischen Welt weniger ernsthaft und weniger intensiv geführt als in der westlichen Welt.

Für den Unterricht standen den Dozenten an meiner Sprachenuniversität zum Zeitpunkt meiner Unterrichtstätigkeit dort, also in den Jahren 2004-2006, kaum Bücher zur Verfügung, da die Studenten wirtschaftlich nicht dazu in der Lage waren, sich Bücher zu kaufen und es keinen tunesischen Verlag gab, der für sie Materialien herausbrachte. Auch ansonsten war wissenschaftliche Literatur, die in Tunesien gedruckt wurde, kaum vorhanden.

Der Germanistikprofessor Mounir Fendri von der Manouba Universität in Tunis, der 2006 den Jakob- und Wilhelm-Grimm-Preis des Deutschen Akademischen Austauschdienstes erhielt, schrieb während meines Aufenthaltes ein bemerkenswertes Buch, das in deutsche Literaturgeschichte auf Arabisch einführt. Dieses Buch wäre für meine Studenten sehr hilfreich gewesen. Er schrieb es aber nicht für die Studenten, es ist für sie auch unerschwinglich teuer, sondern er ließ Exemplare hiervon an der Deutschen Botschaft auslegen.

Dieses kleine Beispiel zeigt bereits, dass die Tunesier über keine eigene Lehr- und Forschungskultur verfügen und sich stattdessen ins Ausland orientieren. Einige besser situierte Studenten ließen sich Langenscheidt-Wörterbücher aus Deutschland mitbringen. Gearbeitet habe ich mit Schulbüchern aus Deutschland oder Frankreich und mit meinem eigenen Bücherbestand, den ich zum Teil aus Deutschland mitgebracht hatte. Diese Situation machte es notwendig, für jedes Seminar quasi ein eigenes Lehrwerk zu schreiben, das Texte und Lehrmaterialien zu den Vorlesungen enthielt und das ein an der Universität gelegener Kopierladen für die Studenten gegen ein geringes Entgelt vervielfältigte. In diesem Kopierladen wurden alle Lehrmaterialien der Dozenten angefertigt, er diente sozusagen als „Lehrmittelverlag". Die von mir erstellten Lehrmaterialien waren im Übrigen nicht nur bei den Studenten beliebt, sondern auch bei den Deutschdozenten, die auf diese Weise selbst etwas lernten. Viele von ihnen hatten nicht das Glück gehabt, in Deutschland studieren zu können und waren auf tunesische Ausbildungsstätten angewiesen gewesen.

Die Bücher, die den dritten oder vierten Semestern zur Verfügung standen, stellte das Goethe Institut Tunis bereit, das von der deutschen Botschaft gestützt wurde und während meines Aufenthaltes eine Abteilung in der Universität einrichtete. Diese Bücher konnten aber nur eingesehen, nicht entliehen werden. Für die Ausleihe stand eine kleine hauseigene Bibliothek, die jedoch schlecht ausgestattet war, zur Verfügung. Auch die Bücher in der Bibliothek an der Manouba Universität konnten nur kopiert werden. Indem es seine Universitätsabteilung mit einigen Arbeitscomputern ausstattete, versuchte das Goethe Institut einen weiteren Schritt der Modernisierung der Arbeitsvoraussetzungen der Studenten zu erreichen.

Auf oben beschriebene Weise wird oft von den islamischen Staaten selbst eine Erziehung der Schüler und Studenten zur Mündigkeit verhindert. Die arabischen Länder bremsen sich so selbst aus und leiden dadurch desto mehr unter einem Vergleich mit der westlichen Welt, dem sie durch die voranschreitende Globalisierung nicht mehr ausweichen können. Die Konflikte sind somit vorprogrammiert. Die fehlende Bildungskultur ist besonders in solchen islamischen Ländern signifikant, in denen große Armut herrscht oder/und die von einer starken Diktatur beherrscht werden. Diese beiden Faktoren machen aber bereits deutlich, dass nicht nur die Geschichte des Islam mit der Schließung des Tores des *idjtihād* zu dieser Mangelsituation beigetragen hat, sondern die Hauptverantwortung bei weltwirtschaftlichen und politischen Faktoren liegt, durch die Armut und Diktatur erst produziert werden.

1.6 Fazit

Das unterschiedliche Verständnis der Menschenrechte, das ich am Beginn dieses Kapitels über die islamischen Grundlagen der Menschenrechte feststellte und das mir besonders in meiner Funktion als tunesische Dozentin sehr deutlich wurde, hat zum einen Ursachen in kulturellen Voraussetzungen islamischer Gesellschaften, zum anderen in der Beschaffenheit religiöser Grundlagen. Das Bedürfnis nach einer eigenen Formulierung der Menschenrechte, die sich von der UN-Charta unterscheidet und die eigenen religiösen sowie kulturellen Grundlagen berücksichtigt, liegt natürlich auch an der geschichtlichen Erfahrung der Unterdrückung durch den Westen und dem aktuellen Konflikt mit der US-amerikanischen Politik. Dieses Bedürfnis, sich von der westlichen Welt auch in Zukunft zu unterscheiden, geht einher mit dem zunehmenden Verlangen nach Re-Arabisierung. Fundamentalistische Strömungen und Globalisierungsprozesse, die von muslimischer Seite oft als Marginalisierung empfunden werden, verstärken diese Bedürfnisse zudem noch. Dies erklärt zum Teil, dass die Gebundenheit der Menschenrechte an die Schari'a verlangt wird. Allerdings fehlen der islamischen Welt auch andere nichtreligiöse Grundlagen, zum Beispiel wurde nie ein säkularisiertes Naturrecht entwickelt. Die islamische Schwerpunktsetzung auf wirtschaftliche Gerechtigkeit erklärt sich sowohl aus kulturellen als auch aus religiösen Grundlagen.

In der Begründung der Menschenwürde gibt es zwischen islamischer und westlicher Welt signifikante Gemeinsamkeiten und Unterschiede. Die Gemeinsamkeiten lassen sich immer dann finden, wenn man auf die christliche Kirchengeschichte schaut, ein wichtiger Unterschied zum Westen besteht im bereits erwähnten fehlenden säkularisierten Naturrecht. Arabische Islamwissenschaftler finden zum Teil eine gleiche Basis für die Begründung menschlicher Würde wie der Westen in der Fundamentierung durch alttestamentliches Gedankengut. Einheitliche islamische Bemühungen hierum fehlen jedoch. Über den Auftrag des Menschen in der Welt, über seine Autonomie und deren Grenzen und über seine Beziehung zur Natur wäre mit den Vertretern des Islam ein Diskurs zu führen. Die aristotelische Tradition der islamischen Welt lässt durchaus eine Vertiefung der Reflexion über das Naturrecht, erwachsen aus der Vernunft, zu.

Auch die westliche Welt ist dieses Diskurses bedürftig. Die Frage nach der Würde des Menschen eröffnet sich für uns ebenfalls neu. Moderne bioethische Fragestellungen konfrontieren das christliche Abendland erneut mit der Frage, unter welchen Bedingungen und von welchem Zeitpunkt an der Mensch überhaupt Würde besitze. Vor dem Hintergrund vieler entwicklungspolitischer Projekte in islamischen Ländern wird auch immer wieder deutlich, dass der Muslim wenig Beziehung zu ökologischen Fragen hat und diese in der arabischen Öffentlichkeit immer noch weitestgehend ausgeblendet werden. Der ökologische Diskurs überschreitet zwar den der Menschenrechte, führt aber letztlich wieder auf diesen zurück, bedenkt man, dass menschliches Recht auf Leben und Sicherheit auch von funktionierenden ökologischen Bedingungen abhängt.

Auch in der Frage der Emanzipation der Frau steht es dem Westen nicht zu, sich über die islamische Welt zu erheben. Die Ursachen für die Ungleichstellung der islamischen Frau liegen wiederum sowohl in kulturellen als auch in religiösen Voraussetzungen, wobei die kulturellen deutlich überwiegen. Betrachtet man die religiösen Grundlagen für diese Ungleichheit, so müssen wir wiederum einsehen, dass dieses Problem keineswegs spezifisch islamisch, sondern ganz genauso christlich ist. Was die religiösen Grundlagen des Islam zum Thema der Stellung der Frau angeht, so wurde deutlich, dass mit Hilfe historisch-kritischer Auslegung viele Suren sich relativieren, die zunächst frauenfeindlich erscheinen und der Islam mit dem weitestgehend vorbildlichen Verhalten des Propheten gegenüber seinen eigenen Frauen ebenso die Voraussetzungen für eine fortschrittliche Frauenpolitik geschaffen hat. Hinsichtlich der Emanzipationsfrage ist die Situation zwischen westlicher und islamischer Welt also keineswegs so verfahren wie oft und gerne, besonders von westlicher Presse, behauptet wird. Ein viel größeres Hindernis mag da die Durchbrechung von ganz verschiedenen kulturellen Traditionen innerhalb der islamischen Welt sein, die frauenfeindliche Gewohnheiten zementieren.

Ein Grundproblem stellt die Zusicherung der Meinungs- und Religionsfreiheit dar, wie sie in der UN-Charta ausgesprochen wird, allerdings ist dies wiederum kein rein islamisches Problem, sondern auch ein wohlbekanntes Problem der christlichen Kirche. Die Grundbedingung eines innerislamischen Diskurses liegt in der Voraussetzung der Meinungsfreiheit und beschreibt damit einen schwer zu durchbrechenden Voraussetzungskreislauf. Dieses Recht unabhängig von der Schari'a zuzugestehen ist schwierig. Es würde bedeuten, dass auch die Rechtsschulen bereit sein müssten, geltende Rechtsprechung mittels *idjtihād* zu reformieren. Die islamische Philosophie kam viel früher zu einer Korankritik als Spinoza zu einer Bibelkritik, wie im nächsten Kapitel zu zeigen sein wird, jedoch ohne eine folgenreiche Freiheitsdiskussion für den modernen Islam. Das muslimische Verständnis der eigenen Religion als die letztgültige macht auch das Verhältnis zu den anderen Religionen schwierig. Hier ist es aber besonders wichtig, zwischen Religion und Tradition zu unterscheiden. Es verhält sich hier anders herum als in der Frauenfrage, die geübte Toleranz ist traditionell größer, als die islamischen Texte es eigentlich erlauben. Was die gelebte Religionsfreiheit angeht, wäre festzuhalten, dass der Islam mehr Toleranz gegenüber fremden Religionen bewiesen hat als das Christentum. Besonders positiv schneidet dabei der Islam, der im südostasiatischen Raum angesiedelt ist, ab. Für die Einschätzung seiner Dialogfähigkeit ist dem Islam dies unbedingt anzuerkennen. Für eine Diskussion und Definition von Meinungs- und Religionsfreiheit wird die Notwendigkeit besonders deutlich, *idjtihād* zu üben, Aussagen der Suren und Hadīthe also auf ihre historischen Entstehensbedingungen zu überprüfen und neu zu interpretieren – ein Prozess allerdings, der seinerseits wiederum Freiheit der Forschung voraussetzt.

Als eine zusätzliche Bedingung für einen gelingenden Diskurs wurde die Bildung hervorgehoben. Es wurde deutlich, dass der Mangel hieran sicherlich kaum dem Koran anzulasten ist und auch die Tradition gibt hier das positive Beispiel des elften bis 13. Jahrhunderts islamischer Geschichte. Der Mangel an Bildung ist vielmehr eine Folge ungerechter wirtschaftlicher und politischer Herrschaftsverhältnisse, die zu beseitigen wiederum ja gerade die islamischen Staaten als zentrale Voraussetzung für die Einlösung von Menschenrechten erkannt haben. Was die Dialogbereitschaft des Westens besonders fundamentieren sollte, ist die Erkenntnis, dass viele Hindernisse, die sich gegen die Akzeptanz und Durchsetzung der Menschenrechte in der islamischen Welt stellen, Hindernisse sind, auf die auch die christlich-abendländische Geistesgeschichte gestoßen ist. Durch das Fehlen eines säkularisierten Naturrechts im islamischen Raum wird man in einem Menschenrechtsdiskurs jedoch auf natürliche Grenzen stoßen und man sollte der islamischen Welt ihr Recht zugestehen, auf eine ihr entsprechende Weise diesen Mangel zu kompensieren.

Haben wir oben Chancen und Grenzen eines Menschenrechtsdiskurses mit der islamischen Welt benannt, so stehen wir zurzeit vor zusätzlichen Schwierigkeiten. Man kann nicht die Augen davor verschließen, dass sich aktuell der Menschenrechtsdiskurs gegenüber islamisch geprägten Staaten in einem Dilemma befindet, wofür besonders die bei islamischen Ländern in Misskredit geratene amerikanische Welt- und Menschenrechtspolitik verantwortlich zeich-

net. Ein abstrakter Diskurs, inwieweit der Islam mit der UN-Menschen-
rechtskonvention vereinbar sei, kann deshalb zurzeit auch nur begrenzt fruchtbar sein und läuft Gefahr, dass sich bestehende Unterschiede noch verfestigen.
Daraus schließt eine Berliner Studie des Deutschen Instituts für Menschenrechte
aus dem Jahre 2003,

> „dass es ein geschlossenes menschenrechtliches Konzept, wie mit >dem Islam<
> umzugehen ist, nicht geben kann, sondern allein eine Menschenrechtspolitik,
> die sich an den sozioökonomischen und politischen Machtverhältnissen und der
> rechtlichen wie der kulturell-religiösen Besonderheit der jeweiligen Länder aus-
> richtet."[1]

Die Studie kommt zu dem Ergebnis, dass Menschenrechte zunächst einmal über
konkretes politisches Engagement gefördert werden sollten, auch wenn die islamische Welt an einem divergierenden Menschenrechtsverständnis festhält. So
könnte man sich die Frage stellen, wie Frauenrechte in islamischen Ländern gestärkt werden können, „ohne dass dies als >Verwestlichung< desavouiert
wird"[2]. Diesem Ansatz sollte vor allem auch die westliche Entwicklungspolitik
folgen, die oft genug als besserwisserisch und überlegen auftritt und damit das
Abwehrverhalten islamisch geprägter Staaten noch verstärkt.

*Die Offenheit, mit der man mir an der I.S.L.Tunis begegnete und mich schließ-
lich auch um didaktische Hilfe bat, hing sicherlich auch mit der Tatsache zusammen, dass ich von keiner deutschen Entwicklungsorganisation geschickt
worden war, sondern als Privatperson kam. Wohl wissend um den inneren Konflikt, in dem der Muslim zurzeit steht, und mit Rücksicht auf den Stolz der arabischen Natur hielt ich mich mit Ratschlägen, die ich in Anbetracht fehlender Di-
daktisierung und misslicher Organisation der universitären Ausbildung reichlich hätte geben können, zurück. Ich übte keine Kontrolle aus, da ich ja von keiner westlichen Organisation kam und damit auch keinen Zwang, sondern kon-
zentrierte mich auf meinen eigenen Unterricht. Am Ende hatte ich Kollegen, die
den privaten Kontakt zu mir suchten und mich um konkrete Verbesserungsvor-
schläge baten.*

---

1   Würth, Anna: Dialog mit dem Islam als Konfliktprävention? Zur Menschenrechtspolitik
     gegenüber islamisch geprägten Staaten. Deutsches Institut für Menschenrechte Berlin.
     September 2003, S. 10
2   Würth, Anna: Dialog mit dem Islam als Konfliktprävention?, S. 11

2 Islamische Tradition der Vernunft

2.1 Menschliche Vernunft und Willensfreiheit

Im abendländischen Verständnis der Vernunft konvergieren bereits seit der Aneignung des Platonismus im Christentum philosophisches und theologisches Erkenntnisinteresse. Die Geschichte dieses Vernunftdiskurses in der Neuzeit hat jedoch die kritische Synthese von Vernunft und Offenbarung gesprengt,

> „und zwar deshalb, weil und sofern die Theorie der Vernunft auch und gerade in ihren verschiedenen Realitätsformen einen umfassenden Verstehens- und Gestaltungsanspruch erhebt, dem sich die Wahrheitsgewissheit des Glaubens nicht fügen kann.“[1]

Hier wäre vor allem Karl Barths Theologie zu nennen als das Bemühen, die spätneuzeitliche Situation einer atheistisch gewordenen Vernunft theologisch zu verarbeiten. Er betont die Besonderheit der Offenbarung und spricht letztlich der Vernunft die Fähigkeit ab, Einsicht in die Grundlagen des Glaubens zu gewinnen. Der Mensch könne ohne Offenbarung nichts von Gott wissen.

Auch in der christlichen Theologie stößt man also an Grenzen für eine Aufnahme des Vernunftbegriffs, wie er aus der europäischen Aufklärung erwächst. Ein Widerstand, der sich ja auch schon in der frühen Kritik der christlichen Kirche an den Menschenrechten gezeigt hat. Im Islam findet man diesen Widerspruch zwischen Vernunft und Offenbarung in besonders ausgeprägter Form. In der Präambel der „Islamischen Deklaration der Menschenrechte" von 1981 wird die Autonomie der Vernunft, hier ist unterschiedslos auch mit „Verstand" übersetzt worden, von vornherein eingeschränkt. Es wird davon ausgegangen, *dass der menschliche Verstand unfähig ist, ohne die Führung und Offenbarung Gottes den bestgeeigneten Weg des Lebens zu beschreiten..."* In der Präambel geht es sowohl um richtiges Handeln als auch um richtige Erkenntnis: *„weshalb (der Mensch) hervorgebracht und geschaffen wurde."* Der menschlichen Vernunft, die wohl nicht im Sinne Kants verstanden wird, sondern eher als Verstandeskraft, wird hier generell die Fähigkeit abgesprochen, überhaupt richtige Lebensentscheidungen treffen zu können. Im Grunde bedeutet dies, dass dem Menschen eben nicht die Fähigkeit zugestanden wird, die Kant als „das Vermögen Prinzipien hervorzubringen" bezeichnete. Mit seiner Verstandeskraft darf der Mensch die koranischen Gebote nicht hinterfragen oder gar ersetzen. Oben zitierte Präambel spricht von ‚göttlicher Führung' der Vernunft. Ein so genannter „bestgeeigneter Lebensweg" bezeichnet ein Leben, das im

---

1   Theologische Realenzyklopädie (TRE), Bd. XXXIV, S. 738

Einklang mit dem Islam steht. Die Führung durch Gott wird inhaltlich sehr eng verstanden, nämlich im Sinne von Gehorsam gegen die Schriften und jeweiligen Traditionen des Islam. Dadurch, dass der Islam in solchen Argumentationen auch noch als Einheit aufgefasst wird, entsteht eine Patt-Situation für einen Muslim, der eine von der Orthodoxie abweichende Meinung vertritt. Ein Diskurs über das Verhältnis von Offenbarung und Vernunft in der islamischen Theologie, wie er durch die islamische Philosophie zum Beispiel von Avicenna geführt wurde, spiegelt sich in dieser Präambel, die die islamische Welt vertreten soll, nicht mehr. Das bedeutet jedoch nicht, dass islamische Theologie auf den Begriff der Vernunft verzichten würde. Auf der Internetseite *http://islam.de* heißt es:

> „Der Islam betrachtet die Vernunft als ein kennzeichnendes Merkmal des Menschen und als eine Gabe Gottes. Sie ist der Grund für die Verantwortlichkeit des Menschen vor Gott und gleichzeitig sein Führer in allen Lebenssituationen. Weil der Islam der Vernunft einen so bedeutenden Platz einräumt, gibt es für mystische Kulte und Dogmen keinen Platz in ihm."

Tatsächlich zeigen sich im muslimischen Glauben zum Teil rationale Strukturen, die jedoch kaum System haben. So wird zum Beispiel das christliche Dogma, Gott habe einen leiblichen Sohn, als unvernünftig zurückgewiesen. Stattdessen beharrt der Islam darauf, dass Mohammed zwar einem menschlichen Idealbild entspreche, aber eben doch nur ein Mensch gewesen sei. Andererseits wird die Lehre von der leiblichen Auferstehung der Toten von Mohammed aus der jüdischen und christlichen Tradition übernommen. Auch das Engelwesen gehört zum spirituellen Gehalt des Islam. Das Spirituelle tritt aber hinter der praktischen Ausrichtung weit zurück. In seinen Gesetz gebenden Suren ist der Islam außerordentlich praktisch orientiert. Er zielt in erster Linie auf ein funktionierendes Sozialsystem, in dem Sittlichkeit eine große Rolle spielt. Dennoch beweist der Islam mit von der herrschenden Orthodoxie abweichenden Schriftauslegungen, die durchaus in vernünftiger Weise begründet werden, große Schwierigkeiten. Daher gibt es eben doch, anders als die Selbstdarstellung im zitierten Internetdokument behauptet, Dogmen im Islam. Ein Dogma ist beispielsweise das vom „unerschaffenen Koran", das trotz starker Anfechtungen bis zum heutigen Tag aufrechterhalten wird. Bemerkenswert ist die Erwähnung der „Verantwortlichkeit des Menschen" in dieser islamischen Quelle, da Verantwortlichkeit auch immer Handlungsfreiheit voraussetzt. Diese Annahme der Handlungsfreiheit des Menschen ist im Islam keineswegs selbstverständlich. Die Quellen des Islam sind hier, im Übrigen genauso wie die des Alten und Neuen Testaments, keineswegs eindeutig. Sie sprechen einerseits von absoluter Prädestination des Menschen durch Gott, andererseits aber auch von seinem freien Willen und seiner klaren Verantwortung.

Im Denken der Muslime steht zunächst einmal *qudrat* im Vordergrund, das heißt, die unbeschränkte und endgültige Allmacht Gottes. Die Auffassung des Propheten von seinem Gott war, dass Allahs Macht keinen logischen oder erklärbaren Grundsätzen folgt und daher Allahs „Handeln" auch für den Menschen nicht nachvollziehbar sein muss. Allah kann nicht an ein Wort gebunden werden, das einmal von ihm ausging. Er ist immer frei zu ändern, was er einmal beschlossen hat. Der Mensch kann nicht mit Allah rechten, wie es zum Beispiel im Alten Testament Hiob mit seinem Gott tut und dabei versucht, das Wesen Gottes zu ergründen:

> *„ (...) will sprechen zu Gott: Verdamme mich nicht, lass mich wissen, warum du wider mich haderst. Ist dir's denn Gewinn, dass du unterdrückst, dass du verwirfst das Werk deiner Hände und zum Rate der Gottlosen leuchtest? Hast du denn Fleisches Augen, oder siehest du etwa, wie Menschen sehen? Sind wie Tage der Menschen deine Tage, sind deine Jahre wie die eines Mannes, dass du forschest nach meiner Schuld und suchest nach meiner Sünde, da du doch weisst, dass ich schuldlos bin und dass niemand errettet aus deiner Hand?"*
> (Hiob 10, 2-7)

Der alttestamentliche Gott bezeichnet diese aufbegehrende Rede Hiobs zwar als Unrecht (vgl. Hiob 42, 7), letztendlich gesteht er aber dem Menschen das Recht zu, sich mit seinen Fragen und Zweifeln an ihn zu wenden. Diese emanzipatorischen Tendenzen fehlen im Islam weitestgehend. Eher betont er die Undankbarkeit und das Unwissen des Menschen:

> *„Wenn wir dem Menschen Gnade erweisen, wendet er sich weg und hält sich abseits (statt sich dankbar zu zeigen)[1]. Wenn aber Unheil über ihn kommt, ist er ganz verzweifelt.// Sag: Ein jeder handelt nach seiner Weise. Und euer Herr weiß sehr wohl, wer eher auf dem rechten Weg ist. //*
> *Man fragt dich nach dem Geist. Sag: Der Geist ist Logos von meinem Herrn. Aber ihr habt nur wenig Wissen erhalten.//Wenn wir wollen, nehmen wir weg, was wir dir (als Offenbarung) eingegeben haben. Dann findest du für dich niemand, der in dieser Angelegenheit (w. deswegen) gegen mich Sachwalter wäre."* (Sr 17, 83-86)

Das islamische Gottesbild betont stärker als das christliche, auch als das jüdische, den Machtaspekt Gottes. Allah zeigt sich in seinem Handeln dem Menschen nicht immer folgerichtig, sondern eher willkürlich: *„ (...) So führt Gott irre, wen er will, und leitet recht, wen er will. (...)."* (Sr 74, 31). Wie ihn die islamische Literatur darstellt, ist Allah ein Wesen, von dem der Mensch so weit entfernt ist, dass er nichts über ihn weiß. Mit seiner göttlichen Macht aber ist die

---

1   *Anmerkung:* Diese pessimistische Beschreibung des Menschen im Koran trifft auf den alttestamentlichen Hiob nicht zu, der zu Zeiten, als es ihm gut ging, ein gottesfürchtiger Mann war.

Prädestination des Menschen verbunden, für die der Mensch noch nicht einmal Rechenschaft fordern darf. Daher begegnet die große Masse der gläubigen Muslime den Schwierigkeiten des Lebens mit einem idealistischen Fatalismus:

> *„Sag: Uns wird nichts treffen, was nicht Gott uns vorherbestimmt (w. verschrieben) hat. Er ist unser Schutzherr. Auf Gott sollen die Gläubigen (immer) vertrauen."* (Sr 9, 51).

Es gibt genügend Koranverse, die Allah selbst als Verursacher für Glauben oder Unglauben des Menschen ansehen:

> *„Und wenn Gott einen rechtleiten will, weitet er ihm die Brust für den Islam. Wenn er aber einen irreführen will, macht er ihm die Brust eng und bedrückt (...)"* (Sr 6, 125).

Den Schicksalsglauben hat dennoch nicht der Islam hervorgebracht, sondern er gehörte bereits in die arabische, vorislamische Umwelt. Der *Kismet*-Glauben der arabischen Stämme pflegte die Vorstellung von einem persönlichen, von Gott verhängten Schicksal. Der Prophet selbst hat sich gegen die fatalistische Hinnahme der Lebensumstände als unabänderlich gegeben immer wieder gewehrt und hat die Botschaft des Islam gegen den Fatalismus der Ungläubigen gesetzt. So beinhaltet der Koran dann auch ebenso Suren, die von der Verantwortlichkeit und Entscheidungsfähigkeit des Menschen sprechen. Der Koran führt für den Unglauben nicht nur Gottes unnachvollziehbare Entscheidungen an, sondern auch die „Widerspenstigkeit" der Menschen, die zu Recht bestraft werde:

> *„Wer aber gegen Gott und seinen Gesandten widerspenstig ist und seine Gebote übertritt, den läßt er in ein Feuer eingehen, damit er (ewig) darin weile. Eine erniedrigende Strafe hat er zu erwarten."* (Sr 4, 14)

In den Aussagen zwischen erster bis dritter mekkanischer Periode und der medinensischen Periode über die Prädestination scheinen sich Mohammeds Ansichten über die Willensfreiheit auch zu verändern. Während der Prophet in der ersten mekkanischen Periode noch an die Menschen in einer Weise appelliert, die ihre Wahlfreiheit voraussetzt, wird die göttliche Prädestination in Bezug auf Gläubigkeit und Ungläubigkeit der Menschen in den nachfolgenden Perioden mehr betont:

> *„(...) Und wenn Gott von jemand will, dass er der Versuchung erliegt, vermagst du gegen Gott nichts für ihn auszurichten. Das sind die, denen Gott nicht das Herz rein machen wollte."* (Sr 5, 41).

Schließlich vertritt Mohammed auch ein Geschichtsverständnis, in dem er göttliche Entscheidungskraft walten sieht.

> „Bedeutende Erfolge wie die Schlacht bei Badr oder die Einnahme von Mekka werden nicht, was dem Empfinden der alten Araber und wohl auch mancher Mitkämpfer des Propheten entsprochen hätte, der Tüchtigkeit der muslimischen Partei zugeschrieben, sondern einzig und allein dem Wirken Gottes."[1]

In vielen Suren, die von Gottes Wirken gegenüber dem Menschen sprechen, heißt es formelhaft: *„Gott tut, was er will.* " Räisänen verweist darauf, dass diese Formel, die die Willkür Allahs zu betonen scheint, nicht immer wortwörtlich zu nehmen sei. In vielen Suren führe Gott nämlich nur diejenigen irre, die schon vorher ungläubig waren.

> *„Gott festigt diejenigen, die glauben, im diesseitigen Leben und im Jenseits durch die feste Aussage. Aber die Frevler führt er irre. Gott tut, was er will. "*
> (Sr 14, 27).

Wenn Gott ausgerechnet die Frevler irreführt, müsse der Schlusssatz eine Formel sein, die vor allem rhetorisch zu verstehen sei.[2] Diese Formel habe wohl in Anbetracht der zunehmenden Misserfolge in Medina eher eine Trostfunktion für den Propheten gehabt. Die medinensischen Suren betonten dazu noch ganz besonders, dass es die Frevler seien, die Gott irreleitet.[3] Menschliche Entscheidung, zu glauben oder nicht zu glauben, geht also mit Gottes Tun einher, beziehungsweise Gottes Walten scheint hier ganz nachvollziehbar eine Folge aus menschlicher Haltung zu sein. Man könne nun daraus schließen, dass es die soziale Erfahrung der Schwierigkeit die Ungläubigen zum Islam zu bekehren war, die Mohammeds Lehre der Prädestination begünstigt hat.[4] Diese soziologischen Überlegungen erklären sicherlich, dass von Mohammed die Willkür Gottes immer wieder betont wird, indem der Prophet sich damit selbst seine eigenen Handlungsgrenzen tröstend vor Augen führte. Eine vollkommene Erklärung für die vom Koran behauptete Prädestination des Menschen durch Gott liefern sie aber nicht. Dazu ist im Islam die Betonung der Macht als herrschendes universales Prinzip zu groß. Der offensichtliche Widerspruch zwischen dieser Vorherbestimmung des Menschen und seiner gleichzeitigen Verantwortlichkeit für sein Handeln wird im Koran auch letztlich nicht aufgelöst. Der Mensch soll sich in

---

1   Paret, Rudi: Mohammed und der Koran, S. 121
2   Vgl. hierzu Räisänen, Heikki: Doppelte Prädestination im Koran und im Neuen Testament?, in: Hohenheimer Protokolle, Bd. 61: Heil in Christentum und Islam. Hrsg.: Schmidt, Hansjörg, Renz, Andreas und Sperber, Jutta. Stuttgart: Akademie der Diözese Rottenburg-Stuttgart, 2004, S. 139-159, hier S. 144
3   Vgl. ebenda, S. 147
4   Vgl. ebenda, S. 149

dieses unlösbare Rätsel fügen, zugleich sich aber auch anstrengen, ein gläubiges Leben zu führen. Zum Teil wird auch beides miteinander verbunden.

> *„ Wer aber ist frevelhafter, als wer mit den Zeichen seines Herrn gemahnt worden ist und sich dann von ihnen abwendet und die früheren Werke seiner Hände vergißt? Wir haben über ihr Herz eine Hülle und in ihre Ohren Schwerhörigkeit gelegt, so daß sie es (d.h. was du ihnen sagst; oder: ihn, d.h. den Koran) nicht verstehen. Auch wenn du sie zur Rechtleitung rufst, werden sie sich niemals rechtleiten lassen. "* (Sr 18, 57)

Das Abwenden vom Glauben wird auf der einen Seite als frevelhaftes Tun angesehen, dem sehr wohl eine eigene Verantwortlichkeit zu Grunde liegt, auf der anderen Seite scheinen Allah und die Engel zur Verstocktheit der Ungläubigen einen Beitrag geleistet zu haben, indem sie ihnen Herz und Ohren verschlossen haben.

Besonders die Tatsache, dass ebenso wie der christliche Glaube auch der islamische ein Jüngstes Gericht kennt, betont den Verantwortungsaspekt, insofern dass der Mensch für seine Taten auf Erden zur Verantwortung gezogen oder belohnt werden wird. Auch der Gedanke an die Gnade Gottes und an Gottes Fähigkeit, dem Menschen zu vergeben, findet sich im Koran:

> *„ (...) Wir hören und gehorchen. (Schenk uns) deine Vergebung, Herr! Bei dir wird es (schließlich alles) enden. // Gott verlangt von niemand mehr, als er (zu leisten) vermag. Jedem kommt (dereinst) zugute, was er (im Erdenleben an guten Taten) begangen hat, und (jedem kommt) auf sein Schuldkonto, was er sich (an bösen Taten) geleistet hat. Herr! Belange uns nicht, wenn wir vergeßlich waren oder uns versehen haben! Herr! Lad uns nicht eine drückende Verpflichtung auf, wie du sie denen aufgeladen hast, die vor uns lebten! Herr! Belaste uns nicht mit etwas, wozu wir keine Kraft haben! Verzeih uns, vergib uns und erbarm dich unser! Du bist unser Schutzherr. Hilf uns gegen das Volk der Ungläubigen! "* (Sr 2, 285-286).

Anders als der Koran überliefern die Hadīthe keine Aussagen zur Willensfreiheit des Menschen, sondern beharren auf die Vorherbestimmung des menschlichen Schicksals und der menschlichen Geschichte. Dabei vertritt man die Auffassung, dass nur Gott allein die Folgen menschlichen Handelns wirklich einschätzen könne und dass der Mensch automatisch richtig handle, wenn er die Gebote der Religion einhält. Es gibt jedoch einen Hadīth, der betont, dass die menschlichen Werke trotz Vorherbestimmung keineswegs gleichgültig sind:

> *„Jener aber, der gibt und gottesfürchtig ist und an das Beste glaubt, dem wollen wir den Weg zum Heil leicht machen. Jener aber, der geizt und gleichgültig ist und das Beste leugnet, dem wollen wir den Weg zur Drangsal leicht machen. "*

Für einen Dialog mit dem Islam ist natürlich nun die Frage von Bedeutung, inwieweit sich denn das Christentum von islamischer Prädestinationslehre unterscheide. Inwieweit erschließt sich das Wirken und Wollen Gottes einerseits im persönlichen Erleben Gottes, andererseits aus der Geschichte des Volkes Israel? Diese Frage wurde bisher nur gestreift und soll hier etwas intensiver besprochen werden, wobei die Weite des Themas es nötig macht, nur die elementaren Zusammenhänge darzustellen. Obwohl die Mehrheit der modernen christlichen Theologen die menschliche Freiheit betont, sind mit dem Gedanken der Prädestination zentrale Namen der Kirchengeschichte verbunden: Augustinus, Zwingli, Calvin und Luther.

Im Alten Testament ist die Entscheidung Gottes bestimmt durch seine Gemeinschaftstreue mit dem Volk Israel, das von ihm erwählt wurde. In diesem Gedanken der Erwählung liegt ein Grundpfeiler der Vorherbestimmung. Dieses Wissen schafft im Judentum jedoch eine Grundhaltung des Vertrauens, so dass auch das Leiden des Volkes Israel als Teil des göttlichen Vorsehungsplans begriffen wird. In der Verkündigung Jesu finden sich zwar prädestinatianische Anklänge, aber keine Prädestinationslehre. Für das Neue Testament ist dagegen Christus das zentrale Werkzeug der göttlichen Prädestination und zwar in doppelter Hinsicht. Zum einen ist sein Leiden im Heilsplan Gottes vorherbestimmt, zum anderen dient dieses Heil denen, die Gott *„ von der Grundlegung der Welt an erwählt"* hat, wie es bei Paulus im Epheserbrief heißt. Noch stärker als im Alten Testament wird im Evangelium die Prädestination als Grund heilvoller Gewissheit für die Glaubenden verstanden, was besonders beim Apostel Paulus deutlich wird. Deshalb wird die Prädestination im Urchristentum noch nicht als Einschränkung menschlicher Freiheit oder Initiative empfunden.[1]

Der Gedanke der göttlichen Vorsehung ist in der Bibel also allgegenwärtig. In diesem Kontext sei auf eine beinahe wortwörtliche Übereinstimmung zwischen Paulus und der koranischen Metapher vom verhüllten Herz der Ungläubigen hingewiesen. Im 2. Korintherbrief heißt es, ein Bild aus dem Alten Testament aufnehmend, Gott habe eine Decke auf das Herz der Ungläubigen gelegt (vgl. 2. Kor. 3, 15). An anderer Stelle bei Paulus wird auch von einer Manipulation des Menschen durch Gott gesprochen, indem Gott den Menschen *„eine wirksame Kraft der Verführung, damit sie der Lüge glauben"* (2. Thessalonicherbrief 2, 11) sendet. Grundsätzlich lassen sich im Christentum zwei Formen der Prädestination festmachen: die einfache und die doppelte Prädestination. Die erste Form, die sich bei Paulus im Römerbrief findet, versteht das Gnadengeschenk als freiwilligen Akt Gottes, das dem dazu erwählten Menschen unabhängig von einem bestimmten Verhalten gemacht wird. Die doppelte Prädestination ist eine Weiterentwicklung dieser Auffassung, die das Augenmerk auf

---

1   Vgl. Reclams Bibellexikon. Hrsg. von Klaus Koch, Eckart Otto, Jürgen Roloff und Hans Schmoldt. Stuttgart: Philipp Reclam jun., 4. Aufl. 1987, Stichwort Prädestination

die Menschen richtet, die eben nicht der göttlichen Gnade teilhaftig werden, eine Sichtweise, die sich auch in denjenigen Koransuren findet, die betonen, Gott bestimme einige Menschen zum Glauben, andere eben nicht. Diese Menschen, die aus der Gnade Gottes fallen, werden als von Gott ewig getrennt angesehen. Der erste Theologe, der diese Auffassung vertrat, war Augustinus im fünften Jahrhundert. Der bekannteste Vertreter der doppelten Prädestination war der Reformator Johannes Calvin. Viele katholische Theologen und auch die anglikanische Kirche widersprachen Augustinus' Auffassung von einer doppelten Prädestination. Ihrer Ansicht nach gibt es keine Vorherbestimmung zum Bösen.

Ein gemeinsames theologisches Problem des Islam mit den christlichen Theologen, die die doppelte Prädestination vertreten, ist die Theodizeefrage, also die Frage danach, wie die Existenz eines allmächtigen Gottes mit der Existenz des Bösen vereinbar sein soll. Von zentraler Problematik für die spätere christliche Reflexion der Willensfreiheit ist die paulinische Lehre von der Erbsünde, die sich aus dem Koran nicht ableiten lässt. Nach dem Koran hat der Ungehorsam Adams, als geschichtliche Person verstanden, nur für ihn selbst Konsequenzen, während nach Verständnis Paulus' der Ungehorsam Adams, ebenfalls als geschichtliche Person verstanden, Konsequenzen für alle Menschen nach sich zog.[1] Der Gedanke der Erbsünde wird von Augustinus im fünften Jahrhundert aufgenommen, der damit in äußerste Ferne zum antiken Denken rückt. Denn für Sokrates ist der Mensch von Natur aus gut und bedarf nur der Besinnung auf seine ursprüngliche Güte. Für Augustinus hingegen ist diese ursprüngliche Beschaffenheit des Menschen durch die Sünde Adams verdorben. Seine Sündhaftigkeit wird dem Menschen fortan zum unentrinnbaren Verhängnis und damit untersteht sein Tun nicht mehr seiner eigenen Verantwortlichkeit und Freiheit. Zwar kann der Mensch sich frei entscheiden für das Gute oder das Böse, jedoch ist seine Handlungsfreiheit aufs Äußerste eingeschränkt. Er kann das Gute zwar wollen, aber er kann es nicht tun. Dazu bedarf es der göttlichen Gnade. Erst durch sie wird der Mensch wieder frei, das Gute nicht nur zu wollen, sondern es auch zu erreichen. Andererseits kann bei vorherbestimmter Unfähigkeit des Menschen, aus eigener Kraft das Gute zu tun, auch von Schuld nicht mehr die Rede sein, denn die Vorherbestimmung zum Bösen und die Idee menschlicher Verantwortung schließen sich zunächst einmal aus. So deutet sich hier bereits ein unauflösbarer Widerspruch an, ein Widerspruch, den auch der Islam in seiner Frage nach dem Bösen kennt. Denn wenn Gott ihn zum Frevel bestimmt, kann der Mensch nicht gleichzeitig für sein böses Tun zur Verantwortung gezogen werden. Augustinus teilte den Gedanken der göttlichen Allmacht, wie er aus dem Islam bekannt ist. Dabei bestreitet Augustinus die menschliche Willensfrei-

---

1   Vgl. Gnilka, Joachim: Bibel und Koran. Was sie verbindet, was sie trennt. Freiburg im Breisgau: Herder, 2004, S. 134

heit nicht vollends, er spricht ihr in Folge der Erbsünde gegenüber Gott aber keine Macht zu.

Zur Zeit des Feudalismus war die herrschende Freiheitskonzeption die des Thomas von Aquin, nach der alles Denken und Handeln der Menschen vorbestimmt und von Gott gewollt ist, doch da Gott frei sei, komme der Vorherbestimmung der Menschen auch Freiheit zu. In der Philosophie der Aufklärung wurden Rousseaus Ansätze des Freiheitsgedankens in der Erklärung der Menschenrechte von 1791 mit den Worten: „Die Freiheit besteht darin, alles tun zu können, was keinem anderen schadet" verewigt. Martin Luther vertrat, im Unterschied zur katholischen Kirche, die Ansicht, dass Freiheit nicht im geistigen Prinzip des Menschen selbst, nämlich in der Willensfreiheit, besteht, sondern in der Begnadigung, der Sündenvergebung durch Gott. Eine Neuformulierung der Prädestination wurde im 20. Jahrhundert von dem Theologen Karl Barth unternommen. Ausgehend von Calvins doppelter Prädestination kommt er zu dem Schluss, dass sich Gottes Wille in Jesus Christus offenbart habe. Wie er sei die ganze Menschheit zu Kreuz und Auferstehung vorherbestimmt und durch ihn seien schließlich nicht nur einige Erwählte, sondern alle Menschen für die Gnade vorherbestimmt. In dieser Form der Prädestinationslehre wird also allen Menschen die Erlösung zugesprochen.

Koran und Bibel kennen beide den Zusammenhang zwischen Glauben und Vorherbestimmung. Die beiden monotheistischen Religionen haben die Überzeugung gemeinsam, dass das Weltgeschehen, nicht nur individuell, sondern auch geschichtlich betrachtet, unter Gottes Kontrolle steht. Doch im Rahmen dieser Gottbezogenheit gibt es immer auch Raum für menschliche Entscheidungen und Verantwortung.

> „Die Verantwortlichkeit wird in beiden Schriften betont, aber zugleich schreiben beide das Heil des Menschen letztlich dem Erbarmen Gottes zu. Dabei tritt im Koran der Gedanke des unparteiischen Gerichts stärker hervor, im Neuen Testament wiederum der Gedanke der unverdienten Gnade."[1]

Sowohl im Islam als auch innerhalb bestimmter historischer Phasen des Christentums finden wir aber das Ideengut der doppelten Prädestination. Die Lehre von der Prädestination im Christentum hat jedoch im Unterschied zum Koran nicht den Sinn, die Allmacht Gottes, sondern die Erlösung der Menschen durch Gott zu betonen. Im Judentum und Christentum hat Gott sich selbst an die Menschen gebunden, er beweist Treue zu seiner Schöpfung. Allah dagegen wird als willkürlich dargestellt, eine Willkür, aus der fatalistische Ergebenheit folgt.

---

1   Räisänen, Heikki: Doppelte Prädestination im Koran und im Neuen Testament?, S. 158

Neuere christliche Theologie hat das Ideengut der doppelten Prädestination hinter sich gelassen. Sie vertritt nun eine Sicht, die alle Menschen in das vorgesehene Heil einbezieht – Voraussetzung für Toleranz und Verantwortung – und hat damit einen Weg eingeschlagen, der in dieser Klarheit von islamischer Theologie noch zu beschreiten wäre. Die Lehre von der Vorherbestimmung wurde in der islamischen Geschichte bereits sehr früh durch die rationalistische Schule der Mutaziliten und die islamische rationalistische Theologie „*Kalam*", kritisch reflektiert, ihre Einsichten wurden aber später von den Sunniten wieder verworfen.

Die politische Brisanz der Prädestinationslehre wurde von Anbeginn islamischer Geschichte deutlich. Sie diente der Rechtfertigung theokratischer Herrschaft und entband die Unterdrücker von ihrer Pflicht, vor sich selbst, dem Volk und Gott Rechenschaft für ihr Handeln abzulegen. So war der Streit um die Lehre von der Vorherbestimmung schon zur Zeit der Umayyadenherrschaft auch ein hochgradig politischer Streit um Macht und Legitimation. Die Umayyaden waren eine Dynastie von Kalifen, die von 660 bis 750 n. Chr. Oberhäupter des sunnitischen Islam waren und als erste Dynastie nicht eng mit dem Propheten verwandt waren. Besonders unter *Mu'awiya,* dem ersten Herrscher der Umayyaden, geschah viel soziales Unrecht. Nicht nur juristisch, sondern auch religiös suchten die Umayyaden ihre Herrschaft zu legitimieren, indem sie sich als direkte Stellvertreter Gottes auf Erden bezeichneten. Mit diesem Anspruch hing die Behauptung zusammen, von Gott für diese Aufgabe vorherbestimmt zu sein. Gegen ihre Lehre der Prädestination entwickelte sich eine starke Opposition. Den Vertretern der Willensfreiheit wurde der Name *Quadariten* gegeben. Ihre Schule ging der der Mutaziliten voraus. Ein Vertreter dieser Opposition war der Asket al-Hasan al-Basrī (642-728), dessen Werk nur in Zitaten weiterlebt und den die Sufis als einen ihrer Stammväter betrachten. Er vertrat die Meinung, dass die Vorherbestimmung nur den Körper des Menschen betreffe, nicht aber seinen Glauben oder Unglauben. Gottes Prädestination seien die Gebote, er prädestiniere die Handlungen der Menschen allein durch sie. Der Sünder sei für seine Taten selbst verantwortlich. Anders als Ġailān ad-Dimašqī, der die Ablehnung der Prädestinationslehre mit der Aufforderung zur Rebellion verband, kritisierte er zwar die Regierung des zweiten Umayyadenkalifen Yazid I, rebellierte aber nicht gegen sie. Das Ideengut der Mutaziliten bezüglich der Prädestination bestimmt heute moderne islamische Reformtheologie, hat aber keine allgemeine Akzeptanz. Nur bedingt setzte im 20. Jahrhundert eine Trendwende zu Gunsten einer kritischen Reflexion der Prädestinationslehre in der arabisch-islamischen Welt ein, die mit dem Bestreben zusammenhängt, den Kolonialismus abzuschütteln, den die Masse fatalistisch hinnahm.

2.1.1 Islamische Philosophie und die *Ilm-al Kalam*

Der Auftrag des Propheten Mohammed an das arabische Volk lautete, den Islam in der Welt zu verbreiten, überzeugt davon, dass diese Religion die beste Form für das menschliche Zusammenleben und für das Verhältnis der Menschen zu Gott bot. Durch diesen Auftrag allein kamen die frühen Anhänger des Islam in den Nahen Osten, nach Asien, Persien und Nordafrika. Dadurch wurden sie automatisch mit anderen Kulturen konfrontiert. Trotz ihrer Überzeugung, mit dem Koran die wichtigste Schrift zu besitzen, waren sie offen für die Künste und Wissenschaften, vor allem für die der griechischen und römischen Kultur. Die Araber kannten alte östliche Philosophien, die Vorsokratiker, die Sophisten, die Sokratiker, den Stoizismus, den Epikureismus, den Skeptizismus und die Alexandrinische Schule. Man stellte sich der großen Aufgabe, alle dichterische Leistung, wissenschaftliche und philosophische Texte in die arabische Sprache zu übertragen. So war die islamische Welt frühe Trägerin und Übermittlerin griechischen Denkens. Dabei konfrontierte man die Ansichten der griechischen Philosophen, vor allem die des Aristoteles, mit dem eigenen islamischen Glauben. Man kannte und benutzte nahezu den ganzen Aristoteles und seine Kommentatoren mit Ausnahme der „Dialoge" und der „Politik".[1] Die meisten Werke des Aristoteles einschließlich antiker Kommentare waren schon ab Mitte des neunten Jahrhunderts in arabischer Sprache verfügbar. Gebunden an den Islam, aber zum Teil auch mit einem gehörigen Abstand zu ihm, entwickelte sich aus einer eigentümlichen Mischung hellenistischen, arabischen und iranischen Gedankenguts so die islamische Philosophie. In ihr fand sich der Sinn für Reflexionsfähigkeit in höchstem Maße ausgebildet. Im islamischen Raum setzte die Wirkung des Aristoteles früh ein und war breiter und tiefer als in der Spätantike und im europäischen Früh- und Hochmittelalter.

Ein vom Islam her nahe liegendes Thema philosophischer Reflexion ist die Frage nach der Schöpfung und Gottes Verhältnis zur Welt. Ob die Welt einen Anfang in der Zeit hat, der mit den Mitteln der Vernunft bewiesen werden könne, war damals schon eine Frage, die die islamische Philosophie stark beschäftigte. Auch die Fragen nach der Freiheit des Willens und der Unsterblichkeit der menschlichen Seele ergaben sich aus der Konfrontation mit aristotelischem Gedankengut. Eine elementare Frage, die zu besonders hitzigen Diskussionen führte und orthodoxe Muslime empfindlich traf, war die Reflexion der Grenzen menschlichen Wissens beziehungsweise die der Vereinbarkeit von auf Autorität fußendem Glauben und auf Vernunfttätigkeit beruhendem Wissen. Um diese Frage lösen zu können, wurden die Logik und die Erkenntnis- und Wissenschaftstheorie entwickelt.

Als früher islamischer Philosoph wäre der um 800 n. Chr. in Kufa geborene Ibn Ishāq al-Kindī, latinisiert Alkindus, zu nennen, der arabischer Abstam-

---

1 Vgl. Das Fischer Lexikon. Philosophie. Stichwort „Islamische Philosophie", S. 132

mung war, während die meisten Philosophen und Gelehrten aus Persien stamm-
ten. Alkindus ließ in Bagdad philosophische Schriften des Aristoteles und des
Neuplatonismus ins Arabische übersetzen und gilt als einer der ersten islamischen Philosophen in der Tradition des Aristoteles, auch wenn er im Unterschied
zu Aristoteles von einer endlichen Welt ausging. Dabei hatten besonders Aristoteles naturphilosophische Schriften Einfluss auf sein eigenes philosophisches
Werk.

Der persische Philosoph Abu Ali al-Hussein Ibn Abdallah Ibn Sina, latei-
nisch kurz Avicenna, der von 979 bis 1037 n. Chr. lebte, war ein Genie seiner
Zeit, der nicht nur in der Medizin zu völlig neuen Erkenntnissen kam, die bis
heute beeindrucken. Auf philosophischem Gebiet versuchte er die Inhalte der
Philosophie des Aristoteles mit der Religion Mohammeds zu verbinden. Seine
Ansicht über den Propheten entsprach dabei dem des gläubigen Muslims:

> „Der von Gott gesandte Prophet ist ein Mensch, der beauftragt ist, die Verhält-
> nisse der Menschen zu ordnen, so wie es die Umstände, das gemeinsame Leben
> und das Glück des Jenseits von ihnen verlangen. Er muß ein Mensch sein, der
> sich von den übrigen Menschen durch seinen göttlichen Charakter unterschei-
> det."[1]

In Fragen der Metaphysik steht Avicenna jedoch auch stark in der aristotelischen Denktradition, wobei er diese allerdings nicht von der platonischen unterschied, und zeigt sich als rationaler, kritischer Denker, der Aussagen des Islam
keineswegs fraglos hinnimmt, woran sich dann auch sunnitische Theologen
stießen. Insgesamt stellte Avicenna die philosophische Aussage höher als die
religiöse Offenbarung. Er verfasste das Lehrbuch „Logik" (1031-1035 n. Chr.),
mit der Logik glaubte er allgemeine und einzelne Erscheinungen erklären zu
können.

> „Anders als sein späterer Gegner Averroës in Spanien hielt Avicenna im Ver-
> lauf seiner philosophischen Entwicklung immer weniger von dem von Kant so
> genannten physiko-theologischen Gottesbeweis, der aus der Harmonie und
> Ordnung der Welt auf einen planvoll wirkenden Schöpfer und ersten Beweger
> schließt."[2]

Avicenna betrachtete Gott als das „notwendig Seiende", das frei von Materie ist
und in dem Wesen und Existenz zusammenfallen. Gott selbst könne demnach
nicht aus der Materie hervorgegangen sein, und es habe auch keine Schöpfung
in der Zeit gegeben.

---

1   Islamic Philosophy. Volume 41. Die Metaphysik Avicennas. Übersetzt und erläutert von
    Max Horten. Second Part. Institute for the History of Arabic-Islamic Science at the Jo-
    hann Wolfgang Goethe University Frankfurt am Main, 1999, S. 671
2   Strohmaier, Gotthard: Avicenna. München: Beck, 1999, S. 63

> „Der notwendig Seiende ist reiner Verstand; denn er ist ein Wesen, das von der Materie in jeder Beziehung frei ist. (...) Weil er seinem Wesen nach Verstand ist, ist er auch durch sich und in sich begrifflich fassbar, und daher ist er in Bezug auf sein Wesen begrifflich erkennbar."[1]

Aus Gott emanieren in gradueller Abstufung verschiedene Intelligenzen, die auch die sichtbare Welt hervorbringen und lenken. Gott selbst kümmert sich nicht um Einzelheiten, er kann nur das Allgemeine erkennen. Entgegen religiöser Vorstellung gebe es kein göttliches Interesse an Einzelereignissen individuellen oder kollektiven menschlichen Lebens, das heißt, Gott habe auch keinen Anteil an menschlicher Geschichte.

> „Aus dem, was bereits bewiesen worden ist, ist es unzweifelhaft klar zu ersehen, daß die Ursachen der himmlischen Welt nicht etwa unseretwegen ihre Wirkungen ausüben können oder daß, kurz gesagt, die Geister jener Welt um irgend ein Ding (dieser Welt) Sorge hätten, oder daß sie angetrieben würden durch ein Motiv, das ihnen eine bestimmte Auswahl auferlegte."[2]

Die göttliche Vorsehung ist für Avicenna lediglich dadurch definiert, „daß Gott durch sich selbst Ursache ist für das Gute und die Vollkommenheit"[3].

Knapp hundert Jahre nach dem Tode Avicennas wirkte der spanische Araber Ibn Rušd, lateinisch Averroës, der 1126 n. Chr. in Córdoba geboren wurde und 1198 n. Chr. im marokkanischen Marrakesch starb, für die Lehre des Aristoteles. Averroës lebte in Spanien und war bestrebt, dort die reine Lehre des Aristoteles weiter zu verbreiten. Er hielt an der durch die Neuplatoniker überlieferten aristotelischen Welt- und Naturauffassung fest. Gleichzeitig setzte er sich kritisch mit al-Ghāsālis philosophiefeindlicher Schule auseinander. Er schrieb im Auftrag seines Lehrers Ibn Tofail zahlreiche Kommentare zu Aristoteles, wobei er sich aber nicht auf die griechischen Originaltexte stützte, sondern auf arabische Übersetzungen. Jedoch fertigte er Übersetzungen und Kommentare zu Platon an und beeinflusste damit die europäische Scholastik. Er ging davon aus, dass Materie weder erschaffen noch zerstört werden könne und war damit eigentlich ein Wegbereiter der Energieerhaltungstheorien der modernen Physik.

Obwohl im Islam die Theologie als Wissenschaftsdisziplin stark hinter der islamischen Rechtswissenschaft zurücktritt, stand sie in den ersten Jahrhunderten nach Mohammed in voller Blüte. Zu dieser Zeit entstand eine islamische rationalistische Theologie („*Kalam*"), die ebenfalls versuchte, Glauben und Vernunft miteinander zu verbinden. Ihre Beziehung zur islamischen Philosophie ist noch nicht erforscht. Eine wesentliche Rolle spielte hier die von Bagdad ausge-

---

1   Islamic Philosophy. Volume 41. Die Metaphysik Avicennas, S. 518
2   Ebenda, S. 617
3   Ebenda, S. 618

hende Bewegung der *mutazila* (wörtlich: die sich absondernde Gemeinde). Unter den Schülern von Al-Hasan al-Basrī fanden sich auch die Vordenker der rationalistischen Schule der Mutaziliten Wasil und Amr Ibn Ubayd. Der eigentliche Gründer der Mutaziliten Abu al-Hudhayl trat erst rund hundert Jahre später in Erscheinung. Die *mutazila* profitierten von den Übersetzungen aus der griechischen Philosophie, mit deren Hilfe sie den Koran neu auslegten. Es ist allerdings wissenschaftlich noch kaum geklärt, inwieweit sie sich der Denkmethoden bedienten, welche der hellenistisch vermittelte Aristotelismus bereithielt. Die Mutaziliten betonten die vernunftgemäße Ordnung der Welt wie auch der Religion. Sie stellten die Religion auf die Basis der Vernunft und begannen damit etwas völlig Neues in der Geschichte des Islam. Sie bezogen sich dabei auf ein Gottesverständnis, das Sure 24 zu Grunde legt. Diese Sure beschreibt Gott als Licht.

> *„Gott ist das Licht von Himmel und Erde. Sein Licht ist einer Nische (oder: einem Fenster?) zu vergleichen, mit einer Lampe darin. Die Lampe ist in einem Glas, das (so blank) ist, wie wenn es ein funkelnder Stern wäre. (...)Licht über Licht. (...)"* (Sr 24, 35)

Die poetische Struktur dieses Gottesbildes lieferte während der islamischen Geschichte immer wieder Stoff für Interpretationen. Die Mutaziliten verstanden das Licht als göttliche Vernunft. Hierauf gründeten sie ihre Theologie. Zunächst ließen sie eine spekulative Beschreibung Gottes nicht zu. Sie erhoben zum Prinzip, dass man Erkenntnis der metaphysischen Welt nicht einfach voraussetzen dürfe, sondern von der offensichtlichen Realität des Wahrnehmbaren auszugehen habe. Auch Gotteserkenntnis ist für diese frühe islamische theologische Schule nur durch Reflexion möglich, nicht aber durch Offenbarung. Sie beharrten in Übereinstimmung mit dem Koran auf die Alleinwirklichkeit Allahs, ohne ein anderes metaphysisches Prinzip zuzulassen. Sie bekämpften aber den Traditionalismus, der in enger Bindung an den Wortlaut des Korans selbständige göttliche Eigenschaften (hören, gehen, sprechen usw.) annahm. Man dürfe Allah nicht in Analogie zu seinen Geschöpfen setzen, er ähnle ihnen auf keine Weise.

Weil sie die Einheit Gottes lehrten, konnten sie auch kein eigenständiges teuflisches Prinzip voraussetzen, womit sich die Frage stellte, wie Gott Güte gegen das Böse in der Welt zeigen könne, wenn dies doch ein dualistisches Denken voraussetze. Die Mutaziliten betonten daher die Eigenverantwortlichkeit des Menschen, die nur unter der Voraussetzung der menschlichen Willensfreiheit angenommen werden konnte. Schon Abu al-Hudhayl hatte sich gegen eine fatalistische Seinsauffassung gestellt, indem er die Notwendigkeit aktiven Handelns für das Gute und gegen das Böse theologisch begründete. Dass die Mutaziliten sich für die Willensfreiheit einsetzten und die Legitimität, Gott für die Sünden der Politiker verantwortlich zu machen, anfochten, war auch mit der sozialpolitischen Situation der Zeit verbunden, der Erhebung der Abbasiden gegen die U-

mayyaden, und war politisch gesehen eine Stellungnahme gegen das Kalifenge-
schlecht der Umayyaden und deren Anspruch, Stellvertreter Gottes auf Erden zu
sein. Die Mutaziliten erschütterten mit ihrer Lehre den Wahrheitsanspruch der
heiligen Schrift des Korans und der Worte des Propheten Mohammed. Das Wort
der heiligen Schrift, in der das göttliche Wort zum Ausdruck komme, bediene
sich notwendigerweise der menschlichen Sprache. Dieses Medium sei aber welt-
lich und interpretierbar. Nach ihrer Auffassung war somit der Koran nicht ewig,
sondern geschaffen und damit auch nicht unanfechtbar. Mit dieser Behauptung
der Unerschaffenheit des Korans stellten sie sich gegen ein Koranverständnis,
das den Koran nicht nur als von Menschen geschriebene Schrift sehen wollte,
sondern als eine Schrift, die menschliche und göttliche Natur zugleich besitzt.
Für die Sunniten spielt der Koran immer noch die Rolle einer auf Erden erschienenen Heilsgröße. Es besteht hierin eine gewisse Parallele zum Christentum, das
dem Menschen Jesus ebenfalls göttliche Eigenschaften zuerkennt, auch er ver-
körpert das göttliche Heil für die Menschen. Die Mutaziliten führten dagegen
den Begriff der Metapher in die arabische Rhetorik ein, was ihnen ermöglichte,
Koranverse für mehrdeutig zu erklären. So bemühten sie sich, Widersprüche und
Unklarheiten im Koran durch Anwendung von Logik und Argumentation aufzu-
lösen, ein Verfahren, das in Europa als beginnende Bibelkritik erst im 17. Jahrhundert mit Spinoza entdeckt wurde. Die Mutaziliten rührten damit sehr früh an
ein Tabu. In dieser rationalistischen theologischen Tradition stehen heute viele
liberale islamische Theologen, die allerdings immer noch nicht frei lehren dürfen, so auch der im Westen bekannte Nasr Hamid Abu Zaid, der wegen seiner
Anschauungen in Ägypten als Apostat verfolgt wird und im holländischen Exil
lebt. Er führt die Gedanken der Mutaziliten in der heutigen Moderne fort.

> „Was ist das Wort Gottes? Die auffälligste Formulierung im Koran findet sich
> in Kapitel 18:109 und in 31:27, wo betont wird, dass die Worte Gottes unend-
> lich und unerschöpflich sind. (...) Wenn aber das Wort Gottes nicht begrenzt
> werden kann – und der Koran als Text nur von begrenztem Umfang ist, dann
> stellt der Koran offenbar nur eine spezifische Manifestation von Gottes Wort
> dar. Der Koran spricht von sich selbst in vielen Passagen als Gottes Rede, was
> die Identität des Wortes Gottes mit dem Koran zu bestätigen scheint. Es bringt
> aber viele komplizierte theologische Probleme mit sich, Gott als Sprecher zu
> betrachten. Und tatsächlich wurden diese Fragen bereits im 8. Jahrhundert, also
> im 2. Jahrhundert der islamischen Geschichte, intensiv diskutiert. Die Diskussi-
> on führte zu der Frage, ob der Koran ewig oder erschaffen worden sei."[1]

---

1   Zaid, Nasr Hamid Abu: Spricht Gott nur Arabisch?, in: Die Zeit 05/2003

Der moderne ägyptische Theologe kommt zu dem Ergebnis: „Der Koran, den wir lesen und interpretieren, ist keinesfalls mit dem ewigen Wort Gottes identisch."[1]

Die Mutaziliten sahen es als die religiöse Pflicht des denkenden Menschen an, seine Vernunft zu bemühen und nahmen damit eigentlich die Forderung des Philosophen der europäischen Aufklärung Immanuel Kant vorweg, der Mensch solle sich seines Verstandes bedienen. Genau wie die europäischen Aufklärer gingen sie auch davon aus, dass normalerweise jeder Mensch, der nur denken wolle, über das notwendige Reflexionsvermögen verfüge, unabhängig von seiner Rasse, Hautfarbe, Religion oder Kultur. Damit unterwanderten die Mutaziliten schon in der Frühzeit des Islam dessen Absolutheitsanspruch, mit dem er sich über die anderen Religionen stellte. Und in noch einem Punkt nahmen sie Gedankengut der europäischen Aufklärung vorweg. Vor dem Hintergrund einer Religion, welche die islamische Gemeinschaft, die *Umma*, über das einzelne Individuum stellte und vom einzelnen Mitglied der Glaubensgemeinschaft absoluten Gehorsam forderte, behaupteten sie, dass die Mehrheit keineswegs die Wahrheit garantiere. Man erinnert sich an Kants Warnung davor, denkfaul und bequem zu sein und die Aussage der Autoritäten ungeprüft hinzunehmen. Die Mutaziliten kritisierten auf diese Weise früh eine bedingungslose und ungeprüfte Hinnahme von Traditionen.

Unter dem Kalifen al-Ma'mun, Sohn des Harun ar-Rashids, erreichte das Kalifat der Abbasiden[2] seinen kulturellen Höhepunkt. Er gründete ungefähr 830 n. Chr. das *bayt al-hikma* („Haus der Weisheit"), welches die erste wissenschaftliche Akademie des Orients in Bagdad war, damals Hauptstadt von Persien und Arabien, und ließ griechische Werke aus den Bereichen der Philosophie, Medizin und Naturwissenschaften übersetzen.

> „Schon früh debattierten Muslime über die göttliche Allmacht und Gerechtigkeit, das Verhältnis von göttlicher Offenbarung und menschlicher Vernunft, über Vorbestimmung und Willensfreiheit sowie das Wesen Gottes und seine Eigenschaften."[3]

---

1   Ebenda.
2   *Anmerkung:* Von 750 bis 945 n. Chr. herrschten die Abbasiden weitgehend ungeteilt, ab 946 unterstanden sie für ein Jahrhundert den buyidischen Emiren, ab 1055 für ein weiteres Jahrhundert den seldschukischen Sultanen, um nur zum Ende des zwölften Jahrhunderts noch einmal an Macht zu gewinnen. Mit der Einnahme Bagdads durch ein mongolisches Heer ging die Abbasidendynastie im 13. Jahrhundert zu Ende. Der viel gebrauchte Begriff des „abbasidischen Zeitalters" ist ein Kürzel für eine Epoche, die als Glanz und Höhepunkt islamischer Kultur gilt. (Vgl. Krämer, Gudrun: Geschichte des Islam, S. 69)
3   Krämer, Gudrun: Geschichte des Islam, S. 100

Unter al-Ma'mun erlebte auch die mutazilitische Schule ihren Höhepunkt. Viele zeitgenössische Denker vertieften die von der *mutazila* entwickelten Ideen und deren Kritik an der islamischen Orthodoxie noch. Im neunten Jahrhundert trat besonders der Theologe und Philosoph Ibn al-Rawanda hervor, der die Prophetie scharf angriff. Al-Ma'mun war der in der islamischen Geschichte stärkste Verfechter der mutazilitischen Lehre und errichtete sogar so etwas wie eine Inquisition für Andersdenkende. Trotz der großen Fortschrittlichkeit in seinem Denken ertrug er keine Kritik und vor allem keine orthodoxen Positionen. Obwohl seine Theologie auf die menschliche Willens- und Handlungsfreiheit beharrte, bestrafte al-Ma'mun Andersdenkende mit Auspeitschen und Gefängnis. Im Jahre 827 n. Chr. erhob er die Lehre der Mutaziliten zur Staatsdoktrin, auf die die Rechtsgelehrten einen Eid leisten sollten. Er konnte sich damit jedoch langfristig nicht bei den Religionsgelehrten durchsetzen, die sein Dogma als Prüfung *(mihna)* empfanden und nicht als Befreiung. Ahmad Ibn Hanbal (Hanbalitische Rechtsschule) formulierte als Antwort das Dogma des göttlichen Ursprungs des Korans und siegte schließlich in dem Streit mit al-Ma'mun.

In Reaktion auf mutazilitisches Gedankengut trat zwischen dem neunten und zehnten Jahrhundert Abu-l-Hasan al Aschari auf, der 873 n. Chr. in Bagdad geboren wurde und nach dem später die einflussreiche Schule der Aschariten (oder Ascari'ya) benannt wurde, die sich den Mutaziliten entgegen stellte und sich traditionalistisch ausrichtete. Mit den Mitteln der Sinne und der Logik seien nicht nur Eigenschaften Gottes unerkennbar, sondern auch Gottes Existenz. Die Aschariya verbot jede Rationalisierung oder philosophische Erläuterung der allegorischen Elemente des Korans. Der Vernunft wurde nicht länger zugestanden, Antworten auf theologische Fragestellungen finden zu können. So propagierten die Aschariten das wortwörtliche Verständnis des Korans und verfochten die These von seiner Unerschaffenheit und der Prädestination des Menschen. Menschliche Willensfreiheit würde der Allmächtigkeit Gottes widersprechen. Sie betrachteten die Philosophie höchstens als Magd der Religion. Die ascharitische Theologie ist nichts anderes als die sunnitische Theologie heute.

Eine wichtige Funktion nimmt im zwölften Jahrhundert Averroës noch einmal für die Emanzipation der Philosophie von der Theologie ein. Trotz seiner Betonung der Vernunft sah er Philosophie und Religion nicht zu einander im Widerspruch stehen. Er bemühte den Koran, um seine Annahme der Vereinbarkeit zwischen Glauben und Vernunft zu stützen.

> „Dass das religiöse Gesetz die Menschen auffordert, über die existierenden Dinge durch den Verstand zu reflektieren und durch ihn nach der Erkenntnis derselben eifrigst zu streben, geht aus mehr als einer Stelle des gesegneten Korans hervor (…)"[1]

---

1   Averroës: Philosophie und Theologie von Averroës. Weinheim: VCH, Act Humaniora, 1991, S. 1

Averroës löste die Frage, ob dem Glauben vor der Vernunft der Vorrang zukomme, mit einer gewissen Schlitzohrigkeit, nämlich, indem er Glauben und Wissen einfach voneinander trennte. Es gebe eine Wahrheit des rationalen Wissens und eine Wahrheit des Offenbarungsglaubens. Zwischen Wahrheit und Offenbarung könne es demnach keinen Gegensatz geben. Damit bestritt er die Behauptung der Orthodoxie, dass allein der Koran Quelle allen Wissens sei, ging aber einer direkten Konfrontation aus dem Weg. Religion sei für die große Volksmenge und bediene sich der Bilder, die Philosophie habe dagegen zu erklären und zu beweisen. Trotzdem geriet er mit der islamischen Orthodoxie in Konflikt, nämlich in der Frage der individuellen Unsterblichkeit der menschlichen Seele, die er entschieden verneinte. Die Seele des Einzelmenschen sei an seinen Körper gebunden und damit sterblich, unsterblich dagegen sei der allen Menschen innewohnende Geist, die Vernunft. Die islamische Orthodoxie verbannte ihn für diese Lehre nach Marokko, wo er einige Jahre später unter ungeklärten Umständen starb.

Averroës philosophiegeschichtliche Bedeutung besteht vor allem darin, dass er die Ergebnisse der arabisch-aristotelischen Philosophie als letzter hervorragender Vertreter zusammengefasst und sie durch seine ins Lateinische übersetzten zahlreichen Schriften im Westen, vor allem in Frankreich und Italien verbreitet hat. Bislang stützte sich die christliche Philosophie auf die untrennbare Einheit von Theologie und Philosophie, von Glauben und Vernunft, von Offenbarung und natürlicher Erkenntnis. Vor diesem Hintergrund wird die Fortschrittlichkeit der Philosophie Averroës erst deutlich. Im 13. Jahrhundert wurden dann auch bis dahin in Europa unbekannt gebliebene Werke des Aristoteles durch neue Übersetzungen und durch die Schriften der arabischsprachigen Aristoteleskommentatoren Grundlage des Unterrichtsbetriebes in der scholastischen Wissenschaft an den westlichen Universitäten. Dennoch regte sich seitens der christlichen Theologie gegen bestimmte Lehren des Aristoteles immer noch entschiedener Widerstand, vor allem gegen die Thesen von der Ewigkeit der Welt und der absoluten Gültigkeit der Naturgesetze und damit gegen den Ausschluss von Wundern sowie gegen den Averroëismus. In Frankreich kam es mehrfach zu kirchlichen Aristotelesverboten. Der Kampf um den Aristotelismus des Averroës erfüllte in Europa das ganze 13. Jahrhundert und wurde besonders heftig ausgetragen zwischen Thomas von Aquin und Siger von Brabant. Die Gelehrten der Pariser Artistenfakultät unter Führung Sigers verfochten, unbekümmert um das Schöpfungsdogma, die Berechtigung einer rationalen, vom Offenbarungsglauben losgelösten Philosophie. Der dominikanische Kirchenlehrer Thomas von Aquin, der von der römisch-katholischen Kirche als Heiliger verehrt wird, bekämpfte diesen Averroëismus und kommentierte die Werke des Aristoteles neu. Dieses durch Thomas von Aquin abgewandelte aristotelische Lehrsystem setzte sich zunächst in seinem Orden, später in der gesamten Kirche durch. Allerdings schrieb man neuplatonische Schriften zu Unrecht dem Aristoteles zu, wodurch das Gesamtbild der Philosophie verfälscht wurde. Wesentlich bleibt bei Thomas von Aquin eine scharfe Trennung von Offenbarungswissen und den Wissenschaften der Theologie und Philosophie. Er will aber keine Widersprüchlichkeit zwischen beiden Bereichen dulden. Hans Küng beschreibt die Gratwanderung des mittelalterlichen Scholastikers folgendermaßen:

> „Zwei Sphären, zwei Stockwerke also: klar unterschieden in ihren Bereichen; das eine, von höherer Gewissheit, dem anderen, fundamentalen, eindeutig übergeordnet; aber doch beide einander in harmonischer Nachbarschaft verbunden und grundsätzlich auf Zusammenarbeit verpflichtet."[1]

In Europa kommt man über den für die Kirche beschnittenen Aristotelismus erst mittels des Rationalismus der Aufklärung hinaus, indem dieser auf die Unabhängigkeit der Wissenschaft von der Religion und auf die Vorherrschaft der Vernunft besteht und beides zum Maßstab aller Dinge erhebt.

Zwar stoßen, wie oben am Beispiel der Mutaziliten beschrieben, auch im frühen Islam fortschrittliche Ideen von vornherein auf orthodoxen Widerstand, Tatsache ist aber, dass zwischen dem neunten und elften Jahrhundert im arabisch sprechenden Raum Ideen von wissenschaftlicher und logischer Erkenntnis, von Toleranz und Gleichheit vorweg genommen wurden, die in Europa erst im Zeitalter der Aufklärung Gehör fanden. Als der Geist des *idjtihād* im achten Jahrhundert im Irak, dem Herzen des islamischen Imperiums, in Folge ausgedehnter Handelsbeziehungen mit Nichtmuslimen und eines lebhaften Gedankenaustausches erwachte, und auch in Spanien als eine Kultur der Toleranz gegenüber den Juden gelebt wurde, war in Europa die Philosophie noch eng an die Grundannahmen christlicher Theologie gebunden.

Mit dem Ende der islamischen Klassik folgte eine Zeit der Stagnation zumindest der sunnitischen Theologie. Damit gewannen die Ulamā, die Lehrer der Rechtsschulen, alle geistliche Macht. Anstelle der Universitäten, an denen das theologische Streitgespräch die herrschende Diskussionsform gewesen war, entstanden die Koranschulen, so genannte *Madrasas*. Diese bildeten ein wichtiges Lenkungsinstrument der orthodoxen Führungsschicht.

Natürlich fragt man sich, wie die weit entwickelte und fortschrittliche geistige Tradition der islamischen Klassik aus der arabischen Geisteswelt verschwinden konnte. Die Ursache hierfür liegt wohl kaum in grundsätzlicher Unfähigkeit muslimischer Kultur zu vernünftigem Denken, wie die Kolonialherren gerne behaupteten, sondern im Ringen der Mächtigen um Legitimation und Herrschaftsanspruch. Zu dieser Einschätzung kommt auch Geert Hendrich in seiner Dissertation „Islam und Aufklärung" (2005):

---

1   Küng, Hans: Existiert Gott? München: dtv, 1981, S. 42

„Für die Erstarrung der arabo-islamischen Gesellschaften seit dem 11. Jahrhundert war nicht der Islam als Religion mit seinen spezifischen Glaubensinhalten oder seinen theologischen Interpretationen verantwortlich, sondern die Instrumentalisierung der Religion zum Zwecke von Herrschaftslegitimation und – erhalt (...).“[1]

Wie beschrieben, wurde Averroës für seine Gedanken letztendlich verbannt und damit ein Opfer zunehmenden Herrschaftswillens:

„(...) Averroës versuchte dem Glauben eine gewisse Logik einzuimpfen. Doch da merkte er, dass der Islam von Leuten benutzt wurde, die in Wahrheit andere Interessen hatten. Es gab Sekten, Klans von Leuten, die die Debatte verweigerten und vor allem jedweden Beitrag der Fremden ablehnten. Es gab Auseinandersetzungen. Das Haus des Islam war nicht länger das Haus der Weisheit. Averroës verurteilte all das. Die Politiker in Córdoba waren aber nicht seiner Meinung. Er flüchtete und stellte sich unter den Schutz Marokkos. Von dieser Zeit an infizierten Fanatismus und Intoleranz die islamische Zivilisation.“[2]

Der Theologe Joachim Valentin versucht zudem eine psychologische Erklärung, in der er das spätere Abwehrverhalten der Muslime gegen Neuerungen mit der Angst vor Gewalt und Chaos aus den eigenen Reihen erklärt.

„Die ersten Jahrhunderte des Islam waren insgesamt von unversöhnlichen Machtkämpfen gekennzeichnet: zunächst zwischen den Parteien der vier sogenannten rechtgeleiteten (...) Kalifen (...), dann zwischen Sunniten und Schiiten sowie zwischen der sunnitischen Orthodoxie und den Mutaziliten im 9. und 10. Jahrhundert. Diese frühen und nachhaltigen Zersplitterungen der Umma al islamiya erzeugten eine tiefsitzende Angst vor Spaltungen und religiös motivierter Gewalt – eine Angst, die am Ende der sogenannten formativen Phase schließlich (...) die bis heute wirkende sunnitische Orthodoxie etablierte: Den friedensstiftenden als zentrales Lehramtes entbehrend, versucht sie, mit Verweis auf Qur'an, Sunna und die vier Rechtsschulen weitergehende theologische Spekulationen zu vermeiden, die nun meist als Bida', als gefährliche Neuerung, denunziert werden.“[3]

Bezogen auf die Averroës-Rezeption, ist dieses abwehrende Verhalten durch die gesamte islamische Geschichte hindurch zu beobachten. Heute noch sind viele der Studien arabischer Gelehrten über Ibn Rušd (viele Muslime vermeiden den latinisierten Namen ihrer Glaubensgenossen) einseitig, sie konzentrierten sich vielmehr auf die politische Theorie als beispielsweise auf die Logik und Metaphysik. Der tunesische Gelehrte El Ghannouchi macht darauf aufmerksam, dass

---

1   Hendrich, Geert: Islam und Aufklärung. Der Modernediskurs in der arabischen Philosophie. Darmstadt: Wissenschaftliche Buchgesellschaft, 2004, S. 45
2   Ben Jelloun, Tahar: Papa, was ist der Islam?, S. 72
3   Valentin, Joachim : Rationalität im Islam?, in: Stimmen der Zeit 2/2005, S. 75-89

Ibn Rušd in Folge manipulierter Übersetzungen als „pedantischer" und „einge-
bildeter" Gelehrte dargestellt wird, der es sich anmaßte, die endgültige und entscheidende Lösung für die in der arabischen Welt immer noch aktuelle Frage
nach der Vereinbarkeit von Religion und Philosophie zu präsentieren. Man habe
den sprachwissenschaftlichen und philosophischen Sinn seines Denkens oft ver-
fehlt.[1] Richtig verstanden, habe Ibn Rušd immer noch revolutionäre Kraft.

> „Der islamische Philosoph ist nämlich der einzige unter den Philosophen des
> Mittelalters gewesen, der nicht nur der Philosophie das Tor der gesunden, gut
> durch die Grundsätze der besonderen Eignung geführten Befreiung von den
> Zwängen der lähmenden Theologie aufstieß, sondern auch im Gegenzug die
> Theologie aus ihrem Tief herausholte, um aus ihr eine mit den Erkenntnissen
> der Vernunft eng verbundene Wissenschaft zu machen, sodass sie von der Im-
> pulse gebenden Kraft der rationellen Mittel lebensfähiger gestaltet wurde."[2]

Eine prinzipiell andere Einstellung zum Intellekt als die Sunniten haben heute
noch die Schiiten, die nur etwa ein Zehntel aller Muslime ausmachen. Sie gehen
davon aus, dass kein Mensch unfehlbar und sündfrei sei, sprechen jedoch ihren
Imamen absolute Macht und Unfehlbarkeit zu. Dazu gehört auch die Annahme,
die Imame seien im Besitz des wissenschaftlichen Gesamtwissens von Rechtswissenschaft, Theologie und Exegese. Mit dieser Vorstellung wird natürlich
auch die Dogmenbildung befördert. Die Gelehrten der Schia unterlagen jedoch
in wesentlich größerem Ausmaß dem Einfluss der *mutazila* als die Sunniten. Die
schiitischen *hauzas*, Bildungseinrichtungen, die im elften Jahrhundert entstanden, unterrichteten nicht nur in den Überlieferungswissenschaften, sondern auch
in den rationalen Wissenschaften wie Mathematik, Logik und Metaphysik. Die
Gelehrten der Schia sehen den Intellekt nicht als „Gabe Gottes", sondern gehen
noch einen Schritt weiter. Für sie unterscheidet sich der menschliche Intellekt
nicht wesensgemäß von der göttlichen Vernunft. Sie leiten daraus ab, dass es
deshalb auch möglich sei, in Glaubensfragen zu Erkenntnissen zu gelangen und

---

1   El Ghannouchi, A.: Distinction et relation des discours philosophique et religieux chez
    Ibn Rushd: Fasl al maqal ou la double vérité, in : Khoury, Raif Georges (Hrsg.) : Aver-
    roes (1126-1198) oder der Triumph des Rationalismus. Internationales Symposium an-
    lässlich des 800. Todestages es islamischen Philosophen. Heidelberg: Universitätsverlag
    C. Winter, 2002, S. 139-145
    (« Car, en traduisant Fasl al Maqal de cette façon, on fit preuve non seulement
    d'ignorance radicale de l'Arabe, mais aussi, on présenta un Averroès pédant et préten-
    tieux qui vint présenter d'une manière péremptoire la solution définitive et décisive à la
    question séculaire de l'accord de la religion et de la philosophie. Et c'est là précisément
    que l'on s'était mépris sur Averroès et que l'on avait raté le sens linguistique et philoso-
    phique de sa pensée. ») (S. 139).
2   Khoury, Raif Georges (Hrsg.): Averroës (1126-1198) oder der Triumph des Rationalis-
    mus. Internationales Symposium anlässlich des 800. Todestages des islamischen Philo-
    sophen. Heidelberg: Universitätsverlag C. Winter, 2002, S. 8

die wesentlichen Prinzipien der von Gott gesetzten Weltordnung zu erfassen.[1]
Eine Schlussfolgerung, die auf oben zitierter Internetseite nicht auf diese Weise
gezogen wird.

2.2 Blüte der Wissenschaften im Islam

In der muslimischen Welt wurde in den ersten Jahrhunderten nach Auftreten des
Propheten im Vergleich zur vorislamischen Zeit ein hoher Grad an Alphabeti-
sierung erreicht, der mit der Rezeption des Korans zusammenhing, während zur
selben Zeit im nördlichen Europa das Lesen und Schreiben nur dem Klerus vorbehalten war. Zudem wurde vor allem seit dem zehnten Jahrhundert besonders
im muslimischen Spanien die Tradition des weit ausgedehnten wissenschaftlichen Reisens gepflegt. Es kam durchaus häufiger vor, dass Bewohner der spanischen Halbinsel den langen Weg längs der afrikanischen Küste nach Ägypten
zurücklegten, um die Vorlesungen eines berühmten Gelehrten zu hören.
    Die Wissenschaftsakademie *bayt al-hikma* („Haus der Weisheit") war
auch die erste öffentliche Bibliothek der Welt und gleichzeitig eine Überset-
zungsanstalt, in der 90 Übersetzer unter der Leitung des Christen Hunayn Ibn-
Ishāq an der Übertragung tausender griechischer Werke ins Arabische arbeiteten. Die Übersetzungen reichten von den medizinischen Werken des Galens und
Hippokrates über die Philosophie Platons und Aristoteles bis zur Wissenschaft
und Geometrie von Ptolemäus, Euklid und Archimedes. Ibn-Ishāq hatte an Stelle
der wörtlichen Übersetzung die konzeptionelle Übersetzung eingeführt, was die
Übersetzungsarbeit qualitativ verbesserte. Ferner war im „Haus der Weisheit"
ein astronomisches Observatorium untergebracht. In den spanisch-muslimischen
Städten Córdoba und Sevilla entstanden ähnliche Einrichtungen nach dem Vorbild des *bayt al-hikma*. In Basra gab es zu der Zeit außerdem eine Art Wissen-
schaftskolleg für die Elite. Auch die älteste Universität der Welt entstand zu dieser Zeit. Die Azhar Universität in Kairo wurde 988 n. Chr. während der Herrschaft der Fātimiden als Bildungszentraum der Azhar-Moschee gegründet.
Schwerpunkt der Lehre waren in der fātimidischen Hauptstadt Kairo die schiitische Theologie und die Rechtswissenschaft. Islamische Universitäten und deren
Bibliotheken waren auch Anziehungspunkt für die wenigen Europäer, die das
Lesen und Schreiben beherrschten. Während in Europa Bücher als Rarität in den
Klöstern unter Verschluss gehalten wurden, waren die islamischen Bibliotheken
mit Millionen von Büchern angefüllt. Allein die Bibliothek des Kalifen al-
Hakam II., der von 961 bis 976 n. Chr. im spanischen Córdoba regierte, soll ü-
ber 100.000 Bände umfasst haben.

---

1   Vgl. Buchta, Winfried: Schiiten. München/Kreuzlingen: Hugeldubel, 2004, S. 70 f.

Die Wissensansammlung hieß bereits der Prophet Mohammed gut, für den die Tradition das Wort überliefert: *„Sucht das Wissen und sei es in China...* "[1] In Bagdad richtete sich der Kalif Harun ar-Rashid („der Rechtgeleitete"), der von 786 bis 809 n. Chr. regierte, nach diesem von der Tradition überlieferten Wort und schickte Boten nach Byzanz und in andere Teile der Welt, um alte Manuskripte zu suchen, die ins Arabische übersetzt werden sollten. Auch viele Koransuren fordern zur Wissensaneignung geradezu auf, wie bereits Averroës zu bedenken gab, so appelliert Sure 59, 2 an den menschlichen Verstand: *„Denkt (darüber) nach, (ihr alle) die ihr Einsicht habt!* "[2] Eine andere Sure fordert auf zur Erforschung von Himmel und Erde und genauer Betrachtung der Schöpfung Allahs: *„In der Erschaffung von Himmel und Erde und im Aufeinanderfolgen von Tag und Nacht liegen Zeichen für diejenigen, die Verstand haben. "* (Sr 3, 190).

Dennoch gab es innerhalb des Kreises muslimischer Religionsgelehrter auch immer das vertretene Dogma, sich nicht für das Fremde zu öffnen. Der muslimische Autor Abdelwahab Meddeb sieht in Averroës Eintreten dafür, von fremden Völkern zu lernen, eine beispiellos fortschrittliche Haltung, die einem Absolutheitsanspruch des Islam die Stirn bot:

> „Averroës meint, es wäre sinnlos, seine Zeit damit zu vertun, daß man selbst das noch einmal erfindet, was von anderen bereits erfunden wurde. Das Sammeln von Wissen ist universell. Jedermann kann sich hier bedienen, gleichgültig welcher Ethnie, Sprache und welchen Glaubens er ist. Indem Averroës dazu auffordert, die Methoden der Alten (der antiken Griechen) anzunehmen, übergeht er das Dogma der *jahilliyya*, das eine Ära der Unwissenheit annimmt, welche durch die Ära der Gnade abgelöst wird, die der Islam eröffnet."[3]

Nach dem Tode des Propheten war es zum einen die Tatsache der schwer verständlichen Sprache des Korans und zum anderen die Tatsache, dass das Interesse am Leben und an der Lebenspraxis Mohammeds immer weiter wuchs, die

---

1   *Anmerkung:* Ob dieser Hadīth tatsächlich einen mündlicher Ausspruch des Propheten darstellt, ist wissenschaftlich nicht erwiesen. Das Land „China" steht aber hier wohl als sehr fernes, kaum islamisiertes Land; damit zeigt dieses Wort die grundsätzliche Offenheit gegenüber nichtmuslimischer Kultur.

2   *Anmerkung:* Schon Averroës zitiert diese Koransure (Philosophie und Theologie von Averroës, S. 1), um die Aufforderung Allahs an den Menschen, seinen Verstand zu gebrauchen, zu belegen. Inwieweit sich diese aus dem Zusammenhang gerissene Koranstelle aber dazu eignet, sie für die Anwendung menschlicher Vernunft im Allgemeinen heranzuziehen, bleibt meines Erachtens sehr fraglich. Tatsache ist auf der anderen Seite, dass der Koran öfter formelhaft die Aufforderung wiederholt, seinen Verstand anzuwenden und nachzudenken. Diese Aufforderung zur Reflexion wird aber – das sei hier einschränkend vermerkt – immer nur in Zusammenhang mit der Demut vor Allah ausgesprochen.

3   Meddeb, Abdelwahab: Die Krankheit des Islam. Paris: Editions du Seuil, 2002, S. 42

die Voraussetzungen für die Entwicklung vieler Wissenschaftszweige schuf. Zu nennen wären sowohl religiöse als auch säkulare Wissenschaften wie Koranexegese, islamisches Recht und islamische Geschichte, und quasi als Hilfswissenschaften die säkularen Zweige Lexikographie und Grammatik, die auch in den nachfolgenden Jahrhunderten ausgiebig gepflegt wurden. Bereits der Neffe und Schwiegersohn des Propheten Ali Ibn Abi Talib, den die Schiiten als Mohammeds einzigen und legitimen Nachfolger betrachten und hieraus ableiten, alle weiteren Imame müssten Nachfolger Alis sein, soll zusammen mit seinem Cousin Abdullah in der Moschee von Medina Vorlesungen über Rhetorik und Rechtswissenschaften gehalten haben.

Dem ursprünglichen Interesse an den durch den Islam motivierten Wissenschaften stand die Einführung von Philosophie, Naturwissenschaften und Medizin durch Übersetzungen aus dem Griechischen, Persischen und auch aus dem Sanskrit seit dem achten Jahrhundert gegenüber. Diese Übersetzungsarbeit bereicherte gleichzeitig die Entwicklung der arabischen Sprachentwicklung. Um die in der griechischen Philosophie und Wissenschaft enthaltenen Ideen vermitteln zu können, mussten neue Begriffe geschaffen werden und die arabische Sprache wuchs durch diesen Prozess zu einem außerordentlich flexiblen Ausdrucksmittel.

An den Universitäten wurden vorwiegend islamische Wissenschaften unterrichtet. Aber auch die naturwissenschaftliche Disziplin entwickelte sich, Antrieb hierfür waren zum Teil auch ganz praktische Interessen, die mit dem muslimischen Alltagsleben zusammen hingen. Zu nennen wäre hier beispielsweise die Arithmetik, die die Juristen benötigten, um die genaue Verteilung des Erbes berechnen zu können.

Auffallend für die islamisch motivierten Wissenschaften ist, dass Wissensansammlung und Ehrfurcht vor Gottes Schöpfung untrennbar zusammen gehören. Naturbeobachtung mündet in Bewunderung für Gottes Schöpfungswerk. Aus muslimischer Sicht stützt sich die Wahrheit allen Seins und der ganzen Schöpfung auf die 99 Namen Gottes. So heißt die Wissenschaft von der Medizin *al-schaafii* „Gott, der Heilende" und die Wissenschaft von der Geometrie *al-muqaddir*, „Gott, der Gestalter". Dieser Zusammenhang zwischen Wissenschaft und Ehrfurcht vor Gott spiegelt sich in vielen Suren wieder. So wird in Sure 22 auf den naturwissenschaftlich beobachteten Zusammenhang zwischen Niederschlag und Fruchtbarkeit der Erde hingewiesen und in gleichem Atem auf Allahs Allmacht hingewiesen.

> *„Hast du denn nicht gesehen, daß Gott Wasser vom Himmel hat herabkommen lassen, worauf die Erde grün wurde? Er findet (bei jeder Schwierigkeit) Mittel und Wege und ist (über alles) wohl unterrichtet."* (Sr 22, 63)

In einer anderen Sure appelliert der Koran an die Menschen, den Zusammenhang zwischen Flora, Fauna und Menschenwelt zu erforschen und zu nutzen.

*„(...) Aus dem Leib der Bienen (w. Aus ihrem Leib) kommt ein für die Menschen
heilsames Getränk von verschiedenen Arten (w. Farben) heraus. Darin liegt ein
Zeichen für Leute, die nachdenken. "* (Sr 16, 69)

Viele Koranverse beschreiben Naturvorgänge, die von der Schöpfung des Universums bis hin zur Befruchtung der Eizelle durch das Spermium reichen. Naturwissenschaft und insbesondere medizinische Forschung erhielten so schon früh starke Impulse aus dem Islam. In einem Hadīth heißt es sehr deutlich: *„Allah hat keine Krankheit herabkommen lassen, ohne dass er für sie zugleich ein Heilmittel herabkommen ließ. "* (al-Buchāri).

Entsprechend entwickelte sich auch die Botanik in Bezug auf die Erforschung von Heilpflanzen als Unterdisziplin der Medizin. Vor allem zur Zeit der Abbasiden hatte die medizinische Versorgung einen hohen Standard. Bereits während des Kalifats von Harun ar-Rashid gab es mobile Kliniken und zahlreiche Krankenhäuser, die auch über eine chirurgische Abteilung verfügten. Mittelpunkt der medizinischen Forschung war Bagdad. In den Krankenhäusern hingen Wissensvermittlung und praktische Anwendung eng zusammen. Schon im neunten Jahrhundert gelang es, erfolgreiche Operationen am Grauen Star durchzuführen. Die muslimische Forschung lieferte dem Abendland wichtige medizinische Erkenntnisse. Zu nennen wäre als bedeutendster Arzt des neunten Jahrhunderts der Perser Abu Mohammed bin Zakariyya ar-Rāzī, Direktor eines Bagdader Krankenhauses, das er im Auftrag des Kalifen selbst erbaute. In der Behandlung von Infektionskrankheiten, besonders den Masern und Pocken, in der Pädiatrie, Geburtshilfe und Augenheilkunde leistete er Pionierarbeit. Er war der erste Arzt, der Alkohole zur Reinigung von Wundstellen und Opium in der Anästhesie verwendete. Ar-Rāzī entdeckte auch einen Zusammenhang zwischen Gehirntätigkeit und Gefühlsleben und bezog Überlegungen zur Psychosomatik in seine Behandlungen ein, zum Beispiel riet er seinen Patienten, Musik zu hören und gab Schwangeren den Rat, auf ein heiteres Seelenleben zu achten. In seinen Schriften zur Chemie, von denen die meisten verloren gegangen sind, beschrieb er viele Substanzen, Apparaturen und Behandlungsverfahren erstmals. Ar-Rāzī stand der rationalistischen Denkschule der Mutaziliten nahe und gab dem empirischen Forschen und Denken Vorrang vor der Prophetie und vor jeglichem spekulativem Ideengut.

Der bereits erwähnte Philosoph und Arzt Avicenna, verfasste ein Jahrhundert später, um 1030 n. Chr., auf Arabisch den „Kanon der Medizin", eine fünfbändige Enzyklopädie, die die Klostermedizin des christlich-lateinischen Abendlandes durch wissenschaftliche Verfahren ablöste und im Mittleren Osten wie in Europa lange zu den bedeutendsten medizinischen Lehrbüchern zählte und bis ins 16. Jahrhundert hinein an europäischen Universitäten verwendet wurde. Das Werk klassifiziert systematisch die gesamte Medizin der damaligen Epoche und handelt die verschiedenen Bereiche nach damaligem Kenntnisstand ab: Anatomie, Physiologie, Pathologie, Innere Medizin, Chirurgie, Geburtshilfe,

Fieberlehre und Arzneimittellehre. Im zwölften Jahrhundert wurde dieses Werk ins Lateinische übersetzt und beherrschte das Medizinstudium an europäischen Universitäten bis ins 17. Jahrhundert hinein. Die westliche Medizin verdankt also den Arabern wesentliche medizinische Grundkenntnisse, während diese einen großen Teil der griechischen Medizin verdankte.

Auch im Bereich der Optik machte die arabisch sprechende Welt Bahn brechende Entdeckungen. Hier wären insbesondere die optischen Experimente des Naturwissenschaftlers Abu Ali al-Hasan Ibn Al-Haitham (Alhazen) zu nennen. Er widerlegte die von den griechischen Naturwissenschaftlern Euklid und Ptolemäus vertretene These der Sehstrahlen, die vom Auge ausgesendet und die Umgebung abtasten würden. Aristoteles hingegen ging vom Licht aus, ließ jedoch auch die Biologie des Auges unbeachtet. Diese Leistung vollbrachte nun der Perser Alhazen. Er untersuchte das Auge und entdeckte die Linse. Hiervon ausgehend kam er zu weiteren wichtigen Erkenntnissen in der Optik. In Weiterführung der Theorie der Lichtbrechung und –reflexion des Ptolemäus entdeckte er die vergrößernde Wirkung gewölbter Glasoberflächen und damit die Lupe. Er konstruierte außerdem eine Lochkamera, das Urmodell der späteren Photokamera. Während die westliche Geschichtsschreibung die Entdeckung der Lochkamera wie auch die der Pumpe, der Drehbank und der ersten Flugmaschine Leonardo da Vinci gutschrieb, gehen all diese Konstruktionen eigentlich auf Alhazen zurück, der fünf Jahrhunderte vorher gelebt hat. Ausgehend von seinen Erkenntnissen auf dem Gebiet der Optik entdeckte Alhazen ferner, dass das Lichtbrechungsgesetz ebenso für die Lufthülle der Erde gilt. So stellte er fest, dass der Mond in Wirklichkeit sowohl am Horizont als auch im Zenit die gleiche Größe hat, obwohl er in Horizontnähe einen größeren Durchmesser zu haben scheint. Dies entlarvte er als Wahrnehmungstäuschung (Mondtäuschung).

Die muslimischen Himmelsforscher entwickelten exakte Beobachtungs- und Messgeräte und Sternkarten. Auch im Bau von Observatorien und Sternwarten setzten sie neue Maßstäbe. Eines der wichtigsten wissenschaftlichen Instrumente, das die Muslime benutzten, war das Astrolabium, ein Messgerät zur Winkelmessung am Himmel, das auch im Westen noch bis in unsere Zeit hinein benutzt wird. Die Entwicklung dieses Gerätes geht wahrscheinlich auf den griechischen Mathematiker Eratosthenes von Kyrene (284 bis 202 v. Chr.) zurück. Für die astronomische Forschung war wiederum die Religion eine Antriebskraft, anstatt dass sie sich hemmend ausgewirkt hätte. Die Himmelsforschung war nämlich auch für die praktische Religionsausübung elementar. Besonders für die Festlegung des Mondkalenders, also zur genauen Bestimmung der Zeiten des Fastenmonats Ramadan und der Wallfahrt, wurde die Astronomie benötigt. Auch war die Beobachtung des Sonnenstands Voraussetzung für die genaue zeitliche Festlegung der rituellen Pflichtgebete. Auf Grund der Tatsache, dass sich das islamische Reich immer weiter ausbreitete, war es außerdem wichtig, die genaue Gebetsrichtung gen Mekka[1] bestimmen zu können.

Ein wichtiger Astronom des neunten Jahrhunderts, aber eigentlich eher Mathematiker und Geograph, war der Perser Abu Abdallah Mohammed Ibn Musa al-Chwarizmi, kurz Ibn Musa genannt, einer der bedeutendsten Gelehrten im „Haus der Weisheit" und Leiter der geographischen Abteilung. Im Auftrag des Kalifen schrieb er über die Geographie und Astronomie des Ptolemäus und bereinigte dabei einige Irrtümer des Griechen. Fortschritte in den Theorien von den Planetenbahnen resultierten auch in den nachfolgenden Jahrhunderten vor allem aus der Kritik an den Arbeiten des Ptolemäus. Im zwölften und 13. Jahrhundert kritisierten Gelehrte wie Nasir ad Din Tusi (1201-1274) sein geozentrisches System ganz offen, eine frühe Leistung, auf die man in der europäischen Renaissance zwecks Kritik am Ptolemäischen Weltbild zurückgriff. Ibn Musa schrieb astronomische Tabellen, zeichnete die erste Karte der damals bekannten Erde und berechnete ihr Volumen und ihren Umfang neu. Er ging nicht von der Zahlentheorie, sondern von der Algebra als elementare Untersuchungsform aus. Als Mathematiker gilt er als Namensgeber des Begriffs Algorithmus. Durch sein später mit „liber algorithmi" zitiertes Buch über die Behandlung algebraischer Gleichungen trug er wesentlich zur Verbreitung der damals entstandenen Rechenmethoden bei. Es wurde vom zwölften Jahrhundert an mehrfach ins Lateinische übersetzt. Sein systematisch-logisches Vorgehen gab den Lösungsansätzen linearer und quadratischer Gleichungen eine völlig neue Denkrichtung. Außerdem führte er die Dezimalzahlen ein und übertrug die Null aus dem indischen Rechensystem ins arabische und führte sie damit in alle modernen Zahlensysteme ein.

Die frühen wissenschaftlichen Leistungen der muslimischen Kultur sind hier noch längst nicht vollständig aufgezählt. Dennoch wird so ersichtlich, dass die religiösen Grundlagen der Muslime eher zur Wissensansammlung antrieben, als dass sie sie gebremst hätten. Die Leistungen waren derart überragend, dass sie zu dieser frühen Zeit den Westen bei Weitem überflügelten und dieser erst einige Jahrhunderte später seinen kulturellen Rückstand aufholen konnte. Eine Schrift der deutschen UNESCO-Kommission betont diesen faszinierenden Vorsprung der islamischen Welt vor der europäischen ganz besonders:

> „Viele Jahrhunderte vor Darwin wurde die Evolution von Ibn Miskawai, Ihwan as-Safa (Brüder der Reinheit) und Ibn Haldun diskutiert. Lange vor Newton besprachen al-Hazin und andere arabische Gelehrte die Schwerkraft und die Beziehungen zwischen Geschwindigkeit, Gewicht und Entfernung. Ibn Haldun berichtet über Umwelteinflüsse auf lebende Organismen lange vor Lamarck. Ibn

---

1   *Anmerkung:* In Mitteleuropa liegt diese Richtung Süd-Süd-Ost. In den Moscheen ist die Gebetsrichtung durch eine Gebetsnische angezeigt.

an-Nafis beschrieb das System des kleinen Blutkreislaufes einige Jahrhunderte
vor Harvey, dasselbe trifft auf seine Studien über das Licht – seine Natur und
seine Geschwindigkeit – zu. (...) was die Wissenschaft den arabischen Gelehrten schuldet, kann gar nicht hoch genug eingeschätzt werden."[1]

An diese große Blüte der Wissenschaften zur Zeit des Abbasidenkalifats, auch
der Wissenschaften, die nicht direkt durch den Islam motiviert waren, konnte die
islamische Welt nie wieder anschließen, während der Westen sich aus seinem
vormaligen Rückstand heraus immer weiterentwickelte. Die wissenschaftlichen
Aktivitäten seien allerdings nicht völlig eingestellt worden, auf diese Feststellung beharrt Abdelwahab Meddeb und verweist dabei vor allem auf Leistungen
im Bereich der Astronomie, die noch bis in das 16. Jahrhundert nachzuweisen
sind[2], bezeichnenderweise ein Bereich, der vor allem für die religiöse Praxis gebraucht wird. Daher ist diese Argumentation ungeeignet, um mit ihr ein allge-
meines wissenschaftliches Interesse zu begründen.

Die Tatsache der Stagnation reflektierte der Politiker, Historiker und So-
ziologe Ibn Chaldūn, der im Jahre 1332 in Tunis geboren wurde und der seinerseits ein Beispiel für wissenschaftliche Leistung im islamischen Raum gibt. Er
entstammte einer hochrangigen Familie, die über Generationen in Andalusien
gelebt hatte. Der hohe Rang seiner Familie ermöglichte ihm ein Studium bei den
damalig besten Lehrern Nordafrikas. Er wurde in den Koran und in die arabische Sprachwissenschaft eingewiesen, studierte Hadīthen und Jurisprudenz, Mathematik, Logik und Philosophie, letzteres vor allem, indem er Averroës und
Avicenna las. Er dachte, anknüpfend an Aristoteles, in den strengen Bahnen der
Logik. Ibn Chaldūn strebte eine politische Karriere an, was angesichts der ständig wechselnden Machtverhältnisse im damaligen Maghreb einem Balanceakt
gleichkam. Er war Zeitzeuge des Niedergangs der islamischen Weltmacht. Einst
von den Pyrenäen bis zum Himalaja reichend, war das islamische Reich im 14.
Jahrhundert nur noch ein Flickwerk regionaler Machtbereiche mit Zentren in
Granada, Fez, Tunis, Kairo und einigen anderen Städten. Seine Gedankengänge
sind insofern für seine Zeit originell, als dass sie Geschichte nicht einfach nur in
Form von Annalen wiedergeben, sondern Ibn Chaldūn hinterfragt die geschicht-
lichen Ereignisse. Sein Hauptwerk, das *Kitab al-ibar* (vollständig übersetzter
Titel: Buch der Hinweise, Aufzeichnung der Anfänge und Ereignisse aus den
Tagen der Araber, Perser und Berber und denen ihrer Zeitgenossen, die große
Macht besaßen) stellt eine erste Universalgeschichte dar. Es gliedert sich in sie-
ben Bücher, deren erstes, die *Muquaddima,* als eigenständiges Werk gilt. In sei-
ner *Kitab al-ibar* betreibt Ibn Chaldūn als erster arabischer Geschichtsschreiber
Ursachenforschung für den Aufstieg und Niedergang arabischer Dynastien. Da-

---

1   Montaser, Abdel Halim: Naturwissenschaften, in: Deutsche UNESCO-Kommission:
    Kulturaustausch zwischen Orient und Okzident, Bonn 1985, S. 118-148, hier S. 123
2   Meddeb, Abdelwahab: Die Krankheit des Islam, S. 35

bei geht Ibn Chaldūn nicht gerade zimperlich mit der eigenen Kultur um. Er wirft der islamisch-arabischen Tradition vor, in erster Linie herrschafts- und religionsorientiert, nicht aber genügend orientiert an den Wissenschaften und ihrer Ausbildung zu sein. Er sieht es als

> „auffallende Besonderheit, daß die Gelehrten in der islamischen Gemeinschaft bis auf wenige Ausnahmen zumeist Nichtaraber gewesen sind, sei es in den religiösen oder den rationalen Wissenschaften."[1]

Kritisch stellt er fest, dass die Hauptleistung in den religiösen, aber besonders den rationalen Wissenschaften bei den Persern und nicht bei den Arabern liege. Von dieser Beobachtung ausgehend, sucht er nach Erklärungen:

> „Die Ursache hierfür liegt darin, daß die islamische Gemeinschaft zu ihrem Anbeginn gemäß den bescheidenen und nomadischen Lebensverhältnissen weder Wissenschaft noch Gewerbe kannte. (Es genügte), daß die führenden Männer die Vorschriften des religiösen Gesetzes, d.h. die Gebote Allahs und seine Verbote, tief verinnerlicht hatten. (…) Die Leute jener Zeit waren Araber, denen (wissenschaftliche) Unterweisung, das Verfassen (wissenschaftlicher) Werke und die systematische Aufzeichnung fremd waren. Nichts hielt sie dazu an, und kein Bedürfnis veranlaßte sie hierzu. Dieser Zustand blieb zu Zeiten der Gefährten des Propheten und der Nachfolgegenerationen erhalten."[2]

Ibn Chaldūn sieht also im Nomadenleben einen Hauptgrund dafür, dass die arabisch-islamischen Wissenschaften sich nicht weiterentwickelten. Er beurteilt zwar den Koran nicht als ein Handicap und wie gezeigt wurde, unterstützt dieser ja auch die Wissenssuche, aber dafür sieht er in der alleinigen Fixierung der gläubigen Araber auf die Gebote und Verbote ihrer heiligen Schrift ein Hindernis des Fortschritts. Diese Fixierung führe zu einer Haltung, die Neugierde und Gestaltungswillen nicht gerade befördere. Zudem sieht er auch in einem falsch verstandenen Stolz und in ignorantem Verhalten weitere Ursachen für die Stagnation, sucht sie also auch in Charakterzügen seines Volkes.

> „Als die Araber die sesshafte Kultur und deren reges Leben kennenlernten und sich dieser Kultur zuwandten und das nomadische Dasein hinter sich ließen, waren sie durch ihre führende Position unter der abbasidischen Dynastie und durch Verwaltungsaufgaben zu sehr beschäftigt, als daß sie sich selbst der Wissenschaft und ihrem Studium hätten widmen können. Als Angehörige der Dynastie stellten sie die oberste Schicht in Verwaltung und Armee. Außerdem ließ ihr Stolz es nicht zu, daß sie sich der Wissenschaft widmeten, zumal diese sich

---

1 Ibn Chaldun: Buch der Beispiele. Die Einführung (al muqaddima), dt. Übersetzung aus dem Arabischen. Auswahl, Vorbemerkungen und Anmerkungen von Matthias Pätzold, Leipzig 1992, Kap. VI, 35. Abschnitt

2 Ibn Chaldun: Buch der Beispiele, a. a. O.

zu einem Gewerbe entwickelte. Führer dünken sich nämlich stets erhaben über die Gewerbe (...)."[1]

Obige Argumentation bietet einen kleinen Einblick in die methodische und rational orientierte Arbeitsweise dieses ungewöhnlichen Arabers. Viele der Ideen und Gedankengänge Ibn Chaldūns nehmen Entwicklungen in Europa vorweg. Seine Erklärungen zur Entstehung des Profits und des Kapitals dienten beispielsweise als Vorläufer der Werttheorie von Karl Marx. Im arabischen Sprachraum wurde sein Werk zur Begründung antikolonialer Widerstandsbewegungen herangezogen.

Ibn Chaldūns kritische Sichtweise auf die eigene arabisch-islamische Kultur ist insofern wichtig, als dass sie ein Licht auf die Eigenbeteiligung der Araber am Untergehen von Forschung und Wissenschaft in der arabischen Welt wirft. Eigentliche Ursache für den Niedergang ist weniger der Koran oder die Struktur des Islam gewesen als vielmehr die Herrschaftsorientiertheit und Ignoranz derer, welche hohe Ämter zu verwalten hatten. Hier muss also die islamisch-arabische Geschichte bemüht werden. Während im christlichen Mittelalter die Forschung von der geistlichen Macht kontrolliert wurde, kennt der Islam keine zentrale Lehrautorität und bietet damit durchaus den nötigen Freiraum für vom Koran unabhängiges Denken und Forschen. Vielmehr waren beziehungsweise sind es die sozialen und politischen Rahmenbedingungen, die damals wie auch heute die Entwicklung von Wissenschaft verhindern und das Recht auf Bildung beschneiden.

2.2.1 Wissenschaftlich-technisches Denken

Es wurde deutlich, dass die frühe Wissensaneignung der Muslime auch Erfindungen und die Konstruktion technischer Apparaturen mit sich brachte. In der Einführung des Papiers hatten sich die Araber besonders hervor getan. Das Papier war um 100 n. Chr. in China entdeckt worden. Nach der Schlacht am Fluss Talas 751 n. Chr. erlernten arabische Kämpfer von chinesischen Kriegsgefangenen die Papierherstellung. Sie gaben dieses Wissen weiter und bereits im achten Jahrhundert entstand die erste Papiermühle in Samarkand und die erste Papierfabrik in Bagdad. Hierdurch waren Fortschritte in Wissenschaft, Forschung und Kunst eigentlich erst möglich geworden. Erst mehrere Jahrhunderte später kam das Papier auch nach Europa. Die Araber begannen im zwölften Jahrhundert zunächst auf spanischem Boden mit der Papierherstellung. Jetzt konnte auch in Europa das Papier das sehr teure Pergament ablösen. Im Jahre 1390 wurde im deutschen Reich die erste Papiermühle, indem eine alte Kornmühle an der Pegnitz bei Nürnberg umgebaut wurde, in Betrieb genommen.

---

1 Ebenda.

Diese frühe Offenheit gegenüber technischem Know-how steht den Prinzipien des Islam genauso wenig entgegen wie die Bemühung um Wissensansammlung. So findet sich innerhalb der Sure 45 eine Passage, die den Schiffbau und die Fischerei und auch alle anderen menschlichen Aktivitäten, Himmel und Erde zu beherrschen, nicht nur rechtfertigt, sondern sogar fordert.

> *„Gott ist es, der das Meer in euren Dienst gestellt hat, damit die Schiffe – auf seinen Befehl – darauf fahren, und damit ihr danach strebt, daß er euch Gunst erweist (indem ihr auf dem Meer eurem Erwerb nachgehen könnt). Vielleicht würdet ihr dankbar sein.//Und er hat von sich aus alles, was im Himmel und auf der Erde ist, in euren Dienst gestellt. Darin liegen Zeichen für Leute, die nachdenken.“* (Sr 45, 12-13)[1]

Entsprechend erzielten die Muslime gute Resultate im Schiffbau. Die Schiffe brauchte man sowohl für den Ausbau der Handelsbeziehungen als auch für die Kriegsführung. Erfindungen wie astronomische Geräte, die Papierherstellung, chirurgische Instrumente und das Ingenieurwissen standen in unmittelbarem Dienst der Religion. Straßen- und Brückenbau dienten beispielsweise nicht nur dem dichten Netz der arabischen Handelsbeziehungen, sondern auch der jährlichen Pilgerfahrt. Architektonisches Können ermöglichte die kunstvolle Gestaltung der Moscheen. Das Wissen um Kuppel- und Gewölbekonstruktion hat in Europa noch den mittelalterlichen Kirchenbau beeinflusst. Für den Unterhalt der Moscheen benötigte man auch Ingenieurwissen im Wasserbau. Allgemein war zur Wasserversorgung der Moscheen ein Kanalsystem erforderlich. Das Wissen hierfür entnahm man der altägyptischen und griechisch-römischen Kultur und entwickelte es weiter. Bereits im neunten Jahrhundert wurde in Córdoba die Glasproduktion erfunden. Dekorationstechniken, insbesondere die Keramik und Mosaiktechnik aus bunten Steinen und Glas dienten zur Verschönerung der Moscheen. Ein weiteres gutes Beispiel für die die technische Entwicklung antreibende Kraft des Islam bietet auch die frühe arabische Textilindustrie. Gebetsteppiche und Seidendecken, die zum Teil mit Korantext beschriftet waren, erforderten das entsprechende handwerkliche Können. Auch das Spinnen mit dem Spinnrad lässt sich bei den Arabern bereits für das zehnte Jahrhundert belegen, während man in Europa erst im 13. Jahrhundert über diese handwerkliche Fertigkeit verfügte. Ebenso erforderte die Kriegsführung, besonders in Folge der Kreuzzüge, eine verfeinerte Waffentechnik. Berühmt geworden sind die Schwerter aus Damaskus und Jemen, deren Stahl und Eisen von hervorragender

---

1   *Anmerkung:* Ähnliches sagt auch Sure 2, 164

Qualität waren. Für den Anfang des 13. Jahrhunderts lässt sich bereits der Einsatz von Kanonen literarisch belegen.[1]

> „Tatsächlich förderte die Religion Wissenschaft und Technologie im Islam, solange dies im Einklang mit den politischen und wirtschaftlichen Interessen des Islam stand. Dieser Einklang sorgte für einen – wenngleich zuweilen beschränkten – Freiraum für wissenschaftlich-technische Kreativität."[2]

Die Einschränkung, die hier anklingt, nämlich dass sich der Fortschritt im Islam mit den politischen und wirtschaftlichen Interessen im Einklang zu befinden hatte, verweist bereits auf die Probleme, die sich in den nachfolgenden Jahrhunderten auftaten und bis heute wirken. Nach dem elften Jahrhundert erschwerten religiöse Dogmen eines vorherrschenden Traditionalismus und der Niedergang der einstmals blühenden Handelsbeziehungen, der die islamische Welt in die Isolation trieb, weiteren technologischen Fortschritt. Europa holte auf und ließ in den folgenden Jahrhunderten die arabisch-islamische Welt weit hinter sich. Im Jahr 1683 unternahmen die türkischen Osmanen den letzten Versuch, ihr Reich in Richtung Norden auszudehnen und belagerten vergeblich die Stadt Wien. Seitdem befindet sich die islamische Welt auf dem Rückzug –, wirtschaftlich, militärisch, politisch, technologisch und wissenschaftlich. Während es in Europa seit Galilei immer mehr zu einer wechselseitigen Beziehung zwischen Naturerkenntnis und Technologie kam, wurde in der islamisch-arabischen Welt weiterhin Naturforschung vorrangig für religiöse Zwecke betrieben. Jene Zwecke waren jedoch schnell erfüllt und es kam zu wenig neuen Zielsetzungen. Diese Stagnation reichte bis in das 19. und 20. Jahrhundert hinein. Der Iran vertritt auch noch heute, zu Beginn des 21. Jahrhunderts, ganz entschieden dieselbe Ansicht zur gegenseitigen Abhängigkeit von Islam und Technik. Doch in vielen arabischen Ländern ist man offener und nutzt die Einkünfte aus der Erdölförderung zum Ausbau der eigenen Infrastruktur. In diesen Ländern, in denen man sich das westliche Know-how langsam aneignet, scheut man sich aber ebenfalls vor der bitteren Erkenntnis, dass wissenschaftlicher Fortschritt und Religion in Wahrheit unvereinbar geworden sind, weil die technische Anwendung mit der Religion nichts mehr zu tun hat. Das zeigt sich darin, dass die staatliche Planung in arabischen Staaten oft immer noch religiöse Zwecke vorschiebt, beispielsweise die Förderung des Baus religiöser Schulen und Moscheen, in Wirklichkeit aber ganz andere Interessen verfolgt. Für die Gegenwart gilt jedoch:

---

1   Vgl. Daiber, Hans: Die Technik im Islam, in: Stöcklein, Ansgar und Rassem, Mohammed (Hrsg.): Technik und Religion, in 10 Bänden und 1 Registerband. Düsseldorf: VDI-Verlag, 1990, Bd. 2, S. 102-116, hier S. 110
2   Ebenda, S. 109

„Religion und Wissenschaft bzw. Technologie bilden keine inhaltlich-methodologische Einheit, auch wenn dies – teilweise unter Rückgriff auf den Koran oder auf Vorbilder der Vergangenheit – von Fundamentalisten des modernen Islam behauptet wird."[1]

Islamische Länder, die eher zu den Schwellen- als zu den Entwicklungsländern gehören, wie beispielsweise der Maghrebstaat Tunesien, praktizieren zurzeit einen bedingten Technologietransfer, der sich weitestgehend auf die Einführung des (meist staatlich kontrollierten) Internets und auf die Mobiltelefone beschränkt, während Ergebnisse moderner Forschung aus Biologie, Psychologie, Didaktik, Verhaltensforschung, Hermeneutik usw., die aus westlichen Ländern importiert werden könnten, einfach ignoriert werden. Eine Ausnahme bildet die Medizin. So besitzt Tunesien ein sehr modernes medizinisches System und man erhält alle Medikamente, die man auch in europäischen Ländern kaufen kann.

Bassam Tibi nennt diese Haltung die „halbe Moderne": Man erstrebt den Erwerb modernster Technologien, lehnt aber die geistigen und strukturellen Grundlagen ihrer Entwicklung und Herstellung, nämlich die säkulare Gesellschaft und den Pluralismus der Meinungen ab. *Aus dieser Haltung, die neuere wissenschaftliche Ergebnisse ablehnt, aber gleichzeitig Technik importiert, ergibt sich ein bizarres Straßenbild, auf das ich in Tunesien ständig traf und das man natürlich auch in Deutschland antreffen kann: Eine verschleierte Muslima schiebt einen Kinderwagen und drückt sich dabei durch das Kopftuch ihr Mobiltelefon ans Ohr. Das Bild erschien mir immer grotesk und spiegelt den Balanceakt, den die islamischen Länder zurzeit vollziehen. Sie beharren auf ihr traditionelles Frauenbild und benutzen gleichzeitig stolz und begeistert Produkte, die Innovation und Fortschritt symbolisieren.*

2.3 Kreatives Denken und Schaffen in der islamischen Kunst vor dem Hintergrund von Bilderverbot und ewigem Koran

Obwohl der Koran also gegenüber wissenschaftlichem und technischem Fortschritt keine Vorbehalte formuliert, sondern im Gegenteil sich Suren finden lassen, die beides unterstützen, ja sogar fordern, gilt auch die Tendenz, die Ibn Chaldūn bereits skeptisch gegenüber der eigenen Kultur formuliert hat: Die starke Bezogenheit des Muslims auf den Koran hemmt auf der anderen Seite den Fluss eigener Gedanken und Ideen. Ein Koranverständnis, das den Koran als ewig und unveränderlich betrachtet, wirkt kontraproduktiv. Ist im heiligen Buch des Korans bereits alles gesagt, scheint innovatives Handeln nicht erforderlich zu sein.

---

1   Daiber, Hans: Die Technik im Islam, S. 114

Deutlich wurde mir dies auch am Verhalten der Studentinnen und Studenten islamischer Universitäten, soweit ich es beobachten konnte. Die Studenten verhielten sich im Lernprozess vorwiegend passiv. Sie schrieben ab und lernten wortwörtlich auswendig. Ein Verhalten, das von den ersten Lebensjahren an durch das Auswendiglernen des Korans trainiert wird. Eigene kreative Gedanken und Ideen werden von muslimischen Kindern von Anfang an nicht erwartet, schlimmstenfalls sogar bestraft. Diese Bedingungen und frühen Erfahrungen wirken sich also auch auf das Finden beziehungsweise Nichtfinden eigener Lösungsansätze aus. Am liebsten nahmen die tunesischen Studierenden fertige Lösungen entgegen anstatt diese selbst zu erarbeiten.

Wenn die Einflüsse aus dem Umgang mit dem Koran nun auch noch mit einem diktatorischen System korrelieren, so bremst die mangelnde Freiheit weiterhin die Aktivierung möglichen kreativen Potentials aus. Eine Situation, die sich besonders drastisch in den Bildungsanstalten muslimischer Staaten auswirkt, wie obiges Beispiel zeigt.

Wenn der europäische Aufklärer Immanuel Kant in seinem Aufsatz „Was ist Aufklärung?" dazu auffordert, sich seiner Vernunft „ohne Leitung eines andern zu bedienen"[1] und Karl Jaspers die Aufklärung als den Weg sieht, „an dem der Mensch zu sich selbst kommt"[2], so wird hier schon das kreative Potential deutlich, welches aufgeklärtes Handeln erfordert. Kunst als ein Medium, freies und kreatives Denken und Handeln zu kultivieren, hat in der islamischen Welt keine Tradition.

Die Entwicklung der arabischen Kunst wurde maßgeblich von einer Einschränkung gehemmt, die sich zwar nicht aus dem Koran, aber aus den Hadīthen ableiten lässt. Dort heißt es, wer ein lebendes Wesen darstelle, sehe sich am Jüngsten Tage dazu aufgefordert, diesem Wesen Leben einzuhauchen, und werde er dies nicht können, so verdiene er die Höllenstrafe. Man könnte dieses Wort natürlich auch als schlichte Warnung vor menschlicher Hybris einschätzen und damit hätte es sogar eine recht aktuelle moderne Bedeutung. Ein großer Teil der islamischen Religionsgelehrten verstand es aber als direktes Abbildungsverbot und vertrat die Ansicht, dass sich die göttliche Wahrheit allein im geoffenbarten Wort mitteile, sich aber der künstlerischen Gestaltung entziehe. Kunstwerke empfindet man daher als Trugbilder, die vom eigentlichen Wesen der Dinge ablenken. Die gestaltende Wiedergabe von Mensch und Schöpfung wird als Gotteslästerung angesehen. Die Darstellung Gottes und auch des Propheten und sei-

---

1   Kant, Immanuel: Beantwortung der Frage: Was ist Aufklärung? (1784), aus: Immanuel, Kant: Werke in sechs Bänden. Hrsg. von Wilhelm Weischedel. Darmstadt 1964, Band VI, S. 53-61
2   Jaspers, Karl: Wahre und falsche Aufklärung (1950), aus: Jaspers, Karl: Einführung in die Philosophie. München: Piper Verlag, 1974, S. 67-69

ner Angehörigen aber fällt unter das absolute Bilderverbot, das ja auch die Christen aus dem Alten Testament kennen, wo es im Dekalog heißt:

> *„Du sollst dir kein Gottesbild machen, keinerlei Abbild, weder dessen, was o-*
> *ben im Himmel, noch dessen, was unten auf Erden, noch dessen, was in den*
> *Wassern unter der Erde ist;"* (2. Mose 20, 4).

Das Bilderverbot hat über einen langen Zeitraum auch in Israel und im Urchristentum die Entfaltung der bildenden Kunst gehemmt. Es will dem Menschen eine Verfügbarkeit über Gott verwehren. Dieses Dekalogwort hat so keinen Eingang in den Koran gefunden, man kann aber davon ausgehen, dass es dennoch seine Wirkung auch auf den arabischen Raum entfaltet hat. Nicht nur der Islam, sondern auch das Judentum hat dieses frühe Bilderverbot dann radikalisiert und auf Menschen- und Tierbildnisse im Allgemeinen übertragen. Im Gegensatz aber zu Christentum und Judentum ist das Bildnisverbot bis heute ein Leitgedanke der islamischen Kunst. Dennoch finden wir in der frühen islamischen Kunst Künstler, die sich darüber hinweg setzten. Aus früher islamischer Zeit sind beispielsweise Wandgemälde mit realistischen Darstellungen und Statuen erhalten.

> „Ja, es finden sich auf Handschriften aus dem frühen 14. Jahrhundert (…) bild-
> liche Darstellungen des Propheten Mohammed, die ihn völlig unverschleiert
> zeigen. In späterer Zeit wird ihm ein Schleier über das Gesicht gelegt, und heute
> ist es so, dass Bücher, die dieses Bild des frühen 14. Jahrhunderts enthalten, in
> Pakistan und auch in Ägypten verboten sind. Man darf den Propheten nicht dar-
> stellen. Das heißt, die Interpretation des göttlichen Wortes und der Traditionen
> verengt sich im Laufe der Zeit, und das bedeutet natürlich auch, dass die Tole-
> ranz sich verengt."[1]

Im profanen Bereich wurde in früher islamischer Zeit die Gestaltung von Tieren, vor allem in bestimmten Kunstgattungen wie der Buch- und Miniaturmalerei geduldet. Diese Malerei war allerdings nur einer kleinen elitären Oberschicht vorbehalten. Die Tiere und Menschen auf den persischen Miniaturen sind zudem kaum realistisch, sondern unter Verzicht perspektivischer Darstellung gezeichnet. Jene Künstler, die sich eng an Mohammeds Wort in den Hadīthen banden, betätigten sich im Rahmen einer neuen Ästhetik, die sich entwickelt hatte. Um nicht die Realität nachzuahmen – die Idee von der Mimesis der Natur haben die Muslime von Aristoteles übernommen – musste der Sinnenwelt etwas Imaginäres, Abstraktes beigefügt werden. An Stelle von Perspektive und des Spiels von Licht und Schatten tritt das Prinzip des Irrealen. Jede Form von Individualität wurde vermieden. Das schließt die Herstellung von Porträts und Schatten werfenden Skulpturen aus.

---

1   Schimmel, Annemarie: Toleranz und Intoleranz im Islam, S. 27

Am osmanischen Hof erfreute man sich der Porträtmalerei, die mit dem Verbot der Personendarstellung brach. Sie beschränkte sich aber auf das Herrscherporträt und die gelegentliche Darstellung hoher Würdenträger. Vereinzelt fanden Elemente der abendländischen Kunst, das Brustbild im Profil oder im Dreiviertelprofil, Eingang in die osmanische Kunst. Da man die Personen auch vor einem Hintergrund zeigen wollte, entwickelte sich zudem so etwas wie Landschaftsmalerei, allerdings ohne kunsttheoretischen Hintergrund und ohne dass der Künstler sich als subjektiv gestaltendes Individuum sah. Die Maler zeichneten Festungsanlagen oder Stadtansichten in panoramaartigen Landschaften. Diese waren von dokumentarischer Genauigkeit und standen in gewisser Hinsicht in der kartografischen Tradition, die sich für die Anfertigung detaillierter Seefahrerkarten entwickelt hatte.

Besonders bemerkenswert ist es, dass sich trotz des Bilderverbots in beschränktem Maße auch eine sakrale Kunst entwickelte. Sie legitimierte sich über ihre historische Intention und stellte Geschehnisse aus dem Leben Mohammeds und anderer Propheten aus dem Alten und Neuen Testament (Moses, Noah, Jesus) dar. Das Gesicht Mohammeds wird jedoch auf diesen Bildern verborgen gehalten. Grundsätzlich ist es allerdings im Islam problematisch, zwischen weltlicher und sakraler Kunst zu unterscheiden, da der Islam die arabische Kunst in jedem Fall durchdringt.

Das Bilderverbot hat trotz dieser Versuche es zu durchbrechen zu einer erheblichen Einschränkung der freien Entwicklung der arabisch-islamischen Kunst geführt. So findet die Kreativität auch heute noch, wie in einigen Maghrebstaaten, besonders in Marokko, vorrangig im handwerklichen Tun ihren Ausdruck und historisch gesehen in der frühen Konstruktion von Erfindungen, die aus der wissenschaftlichen Arbeit hervorgingen. Der arabische Historiker Ibn Chaldūn verweist aber auch hierfür einschränkend darauf, dass das Handwerk nicht zu den ursprünglichen Tätigkeiten der Araber gehörte, auch wenn es im Abbasidenkalifat einen Höhepunkt erfuhr.

> „Es ist festgestellt worden, daß es die seßhafte Bevölkerung ist, die sich den Künsten und Gewerben widmet, und daß es die Araber sind, denen diese am meisten fremd sind."[1]

Die nomadische Kultur der Araber stand also lange gegen die Pflege des Handwerklichen und konnte sich erst zu einem späteren Zeitpunkt, zunächst im muslimischen Spanien und später besonders im Maghreb entwickeln.

Eine besondere Bedeutung kommt in der islamischen Kunst der Farbe zu. Für den Islam ist das Licht das noch am ehesten angemessene Symbol für Gott, wie ja auch der Lichtvers des Korans belegt. Das Bedürfnis nach Farbigkeit ergibt sich vielleicht auch aus der vorherrschenden Erfahrung des monotonen Wü-

---

1   Ibn Chaldūn: Buch der Beispiele, a. a. O.

stensandes. Der Maler setzt auch Farben ein, um den Ausdruck des Irrealen zu verschärfen, er wählt Farben, die von Natur aus unmöglich sind, zum Beispiel „feuerrot" für das Fell des Pferdes.

Eine weitere Folge des Bilderverbots ist die Erschaffung der Kalligrafie, die als Ersatz für die eingeschränkten Möglichkeiten der Darstellung von Mensch, Tier und Pflanze entwickelt wurde. Die Schönschreibekunst war die typischste Kunstform der islamischen Welt. Sie genoss auch als Instrument des Glaubens, in der liebe- und kunstvollen Gestaltung des Korantextes, das höchste Ansehen von allen Künsten. Das kalligrafische Schreiben unterlag gewissen Regeln. Diese bezogen sich auf ihr Verhältnis zur Grundlinie und zum Zeilenabstand. Man achtete auf Symmetrie und Proportion. Die Schrift zeichnete sich aber auch durch Kreativität und Variationsreichtum aus. Entsprechend genossen die Kalligrafen hohes gesellschaftliches Ansehen. Bevor sie ein Diplom erhielten, das sie zur Signierung ihrer Werke berechtigte, hatten sie ein mehrjähriges Studium zu absolvieren. Sie konnten dann ihren Beruf im Staatsdienst ausüben, beispielsweise an Schulen oder Universitäten. Auch die Herstellung von Schreibwerkzeug und schwarzer, goldener und farbiger Tinte, die nie verblasste, war eine Wissenschaft für sich. Das Papier, auf dem geschrieben wurde, erfuhr oft auch noch eine gesonderte Behandlung. Dabei war die Marmorierkunst eine besonders komplizierte Angelegenheit.

Außer für die Kalligrafie wurde kein künstlerisches Regelwerk entwickelt. Die islamische Kunst richtet sich immer nach der zu gestaltenden Materie und den ihr innewohnenden Gesetzen, sei es in der Baukunst, der Metallbearbeitung, der Holzschnitzerei, beim Teppichknüpfen, in der Malerei oder der Schriftkunst. Das Fehlen einer ästhetischen Theorie ist jedoch keine Besonderheit islamischer Kultur, sondern ist auch in anderen Kulturen der Vormoderne festzustellen. Die praktische Ausübung des Handwerks wurde immer über die theoretische Vermittlung gestellt. Kunst hat nach islamischer Auffassung ebenso wie das Handwerk die Aufgabe, den menschlichen Geist zu bündeln und auf die Einheit Gottes zu lenken. Hinter dem Kunstwerk soll deshalb nicht der Künstler mit seinen individuellen Vorlieben und Schwächen erkennbar sein, sondern das Kunstwerk steht im Dienste Allahs. Islamische Künstler bemühen sich deshalb, die Werke nach Maßgabe ihrer inneren Natur zu gestalten. Dies ist vor allem durch die Handwerkskunst zu erreichen, indem die Schönheit der Stofflichkeit betont wird als Ausdruck von Gottes Schöpfung, zum Beispiel wird der Schreiner in der Holzverarbeitung durch Geschicklichkeit seines Handwerks die Schönheit des Holzes herausarbeiten.

Anders als westliche Kunst soll islamische Kunst daher von jeglicher Subjektivität frei bleiben, also nicht der Selbstverwirklichung des Künstlers dienen, es sei denn, er verstünde unter Selbstverwirklichung, sich in den Dienst Allahs und seiner Schöpfung zu stellen und die menschliche Sehnsucht nach dem Ewigen auszudrücken.

Vor diesem Hintergrund ist moderne arabische Kunst in Europa kaum bekannt –
es gibt sie aber dennoch. Im Herbst 2005 zeigte eine Ausstellung des Kunstmu-
seums Bonn „Sprache der Wüste. Zeitgenössische Kunst aus den Golfstaaten"
Beispiele moderner islamischer Kunst. Durch den Erfolg dieser Ausstellung
folgte im Herbst 2007 „Arabische Kunst II". Die Kuratorin Adrian von Roques
fand zwar keine von westlichen Strömungen unbeeinflusste moderne Kunst, a-
ber sie zeigte moderne arabische Künstler, die vor dem Hintergrund ihrer Tradition eigene und aktuelle Themen in der Verwendung unterschiedlicher moderner
Techniken verarbeiteten. Dabei wird aber auch immer wieder auf traditionelle
Techniken zurückgegriffen, wie zum Beispiel auf die Kalligrafie. Auch das Bilderverbot ist in der modernen arabischen Kunst immer noch nicht verschwun-
den. Aus Respekt vor ihm hat sich auch in der Moderne eine eigene Ästhetik
entwickelt, die traditionelle Methoden variiert. In der Miniatur fehlen beispielsweise weiterhin Perspektive und individuelle Gesichtszüge. Skulpturen werden
immer noch ungern geschaffen. Es gibt aber auch Künstler in der islamischen
Welt, die ihre Kunst kosmopolitisch und frei vom Bilderverbot entfalten und
damit einen Anschluss an die mutigen Beispiele früher persischer Kunst finden.
    Immer wieder kehrendes Thema ist der Wandel in der arabischen Welt.
Wo gerade noch Wüste war, entsteht Großstadtleben. Viele Muslime müssen
einen Zeitsprung vom Mittelalter in die Moderne bewältigen. *In Südtunesien bot*
sich mir ein skurriles Bild, wenn aus traditionellen Erdhöhlen Satellitenschüs-
seln ragten. Auch die eigene Subjektivität, die Jahrhunderte lang als künstlerisches Thema tabu war, wird zunehmend in der modernen islamischen Kunst
thematisiert.

2.4 Aufgeklärtes Denken in der arabischen Literatur

Die Geschichte der arabischen Literatur ist komplex. In Europa dürften wohl als
säkulare Literatur aus der arabischen Welt am meisten die Erzählungen aus Tau-
sendundeine Nacht bekannt sein. In ihnen wird der Abbasidenkalif Harun ar-
Rashid als volkstümlich idealisierter Herrscher dargestellt und wegen seiner
Weisheit und Gerechtigkeit gerühmt. Ferner hatten lateinische Übersetzungen
von Büchern mit Fabeln und Märchen wie „Kalila wa-Dimna" und „Sindbad"
ihre Wirkung auf die spanische und benachbarte europäische Literatur. Sogar
von Dante[1] und Boccaccio kann man den deutlichen Einfluss der arabischen Erzählkunst feststellen.[2]

---

1   *Anmerkung:* Für Dantes „Göttliche Komödie", die Ähnlichkeiten mit dem Sendschreiben
     des persischen Schriftstellers al-Ma'arrī aufweist, hatte schon der spanische Arabist Mi-
     guel Asín Palacios Einflüsse islamischer Jenseitsvorstellungen angenommen und in die-
     sen Zusammenhang das „Buch von der Himmelsreise" gestellt, das eine visionäre Him-

Für religiöse Dichtung bildet der Koran die Grundlage. Er ist bis auf Sure 106 und 110 durchgängig in rhythmischer Reimprosa gestaltet und eines der ältesten erhaltenen Werke der arabischen Literatur. Der Koran enthält durchaus nicht nur nüchterne Vorschriften, sondern auch altarabische Sagen und Legenden jüdischer und christlicher Herkunft, sein poetischer Gehalt ist erheblich. Zitate aus dem Koran durchziehen die arabische Literatur bis heute.

Die arabische Poesie entstand als unabhängiger Zweig nomadischer Kultur in der Nagd-Wüste. Die Poesie galt als wichtigste Kunstform und wurde auf Festen und Versammlungen rezitiert. Insgesamt gesehen nahm die Dichtung schon in der frühen islamischen Geschichte einen wichtigen öffentlichen Stellenwert ein und hatte mannigfaltige soziale und politische Funktionen. Gedichte bildeten in Stein gemeißelt einen Hauptschmuck der Paläste. Schon zur Zeit der Umayyaden, also noch vor dem Abbasidenkalifat, genoss der Poet im Orient ebenso wie der Übersetzer oder Lehrer am Hofe hohes Ansehen und wurde sehr gut bezahlt. Die Dichtung war zunächst eng mit der Musik verbunden, der Poet trug Lobgesänge auf hochgestellte Persönlichkeiten vor oder Schmähgedichte auf den Feind. Natürlich gehörten auch arabische Liebesgedichte dazu. An dieser Stelle sollen jedoch exemplarisch nur jene Schriftsteller und jene Dichtung hervorgehoben werden, die aus dem traditionellen Kanon durch gedankliche Originalität und kritische Reflexion religiöser Tradition und politischer Machtstrukturen herausfallen, wodurch ein beachtenswertes Ideengut aus Humanität und Toleranz geschaffen wurde.

Besondere Beachtung verdient zunächst die Literatur, die sich in al-Andalus herausbildete und ein Träger für Toleranz war. Arabische und jüdische Dichtung prägten gemeinsam eine Literatur, die sich bis heute in volkstümlichen andalusischen Liedern erhalten hat. Die arabische Dichtung von al-Andalus unterschied sich von der Dichtung orientalischer Herkunft vor allem durch ihren lebendigen Alltagsbezug und durch eine mit Alltagsidiomen durchsetzte Sprache, die das vom Koran geprägte Hocharabisch durchbrach. Ebenso öffnete sich das Hebräische, das vorher nur religiösen Inhalten vorbehalten war, ganz unheiligen Themen wie Erotik, Rausch, Freundschaft und Naturbegeisterung.

Aber auch im orientalischen Raum gab es von der frühen Abbasidenzeit an in den Städten Basra und Bagdad eine Literatur, die dem Weltlichen zugewandt war. Die Gattung der *Mudschūn*-Literatur war Poesie von großer sexueller Offenheit, die in religiöser und sozialer Opposition zu islamischen Sittlich-

---

melsreise des Propheten Mohammed durch die sieben Himmel, geführt vom Erzengel Gabriel, beschreibt.

2 Vgl. Soheir al-Kalamawy und Mahmoud Ali Makki: Arabische Literatur, in: Deutsche UNESCO-Kommission: Kulturaustausch zwischen Orient und Okzident. Bonn 1985, S. 17-81, hier S. 53

keitsvorstellungen stand. Die Autoren gaben sich frei und oft in sarkastischem Stil ihrer erotischen Phantasie hin und überschritten dabei Tabus wie das des homosexuellen Koitus' und der alkoholischen Gelage. Viele von ihnen besangen dieses freizügige Leben nicht nur, sondern praktizierten es auch. Ein besonders bekannter Vertreter der *Mudschūn*-Literatur war Abu Nuwās, eigentlich ein Gelehrter arabisch-persischer Herkunft, der in Kufa auch religiöse Wissenschaften studiert hatte, was seiner Dichtung etwas besonders Oppositionelles verleiht. Abu Nuwās „rühmte sich trotzig, in seiner Dichtung keine Sünde ausgelassen zu haben, die Gott missfällt, außer Vielgötterei."[1] Mit den Mitteln der Polemik wendete er sich von der traditionellen Wüstenpoetik ab und stellte der Wüste die Metropole entgegen, die Lebensfreude bereit hält und eine zum Teil willkommene Ablenkung von den religiösen Pflichten bot.

> „Zu wem, sagt er, willst du nach Mekka gehen?//Ich antworte: ja, wenn es mit den Freuden//von Bagdad vorbei sein wird.//Wie soll ich denn auf Pilgerfahrt gehen//solange ich hier abgesoffen bin//bei der Kupplerin oder dem Wirt?"[2]

Zu nennen wäre hier auch die Literaturgattung Maqame (meist übersetzt mit „Versammlung"), die wohl in der Abbasidenzeit zur höfischen Unterhaltung und Erbauung eingesetzt wurde. Zum Beispiel verfasste Ahmad al-Hamadānīs eine Reihe von kurzen amüsanten Anekdoten in Reimprosa, die mit den üblichen muslimischen Moralvorstellungen spielten. In diesen Dichtungen tritt ein Bettelpoet in immer neuen Rollen innerhalb der islamischen Welt auf. Der Zweck seiner Darbietungen ist dabei stets, den Leuten das Geld aus der Tasche zu ziehen. Ihre klassische Form erhält die Maqame dann durch al-Qāsim b. Alī al-Harīrī im elften Jahrhundert, dessen Maqamen sich durch unübertroffene sprachliche Brillanz auszeichnen. Auch seine Hauptfigur Abū Zayd führt ein moralisch anstößiges Gaunerleben, das sie am Ende der Maqamen-Reihe bereut, womit die Moralität der Texte wieder hergestellt wurde und damit die Maqamen am Ende auch traditionalistischen religiösen Kreisen akzeptabel erschienen. Die arabische Maqame hat bis heute Wirkung auf die arabische Literatur. Moderne arabische Schriftsteller benutzen dieses literarische Erbe, um das Interesse des gebildeten Publikums zu wecken und füllen sie häufig mit didaktischem Inhalt, beispielhaft zu nennen wäre hier der libanesische Autor Nāsif al Yāzigī, der im 19. Jahrhundert 60 Maqame schrieb und diese auch selbst kommentierte.

Ein erwähnenswertes, didaktisches Werk, das zur so genannten Adab-Literatur[3] gehört, ist die Fabelsammlung *Kalīla wa-Dimna*, das aber kein origi-

---

1   Walther, Wiebke: Kleine Geschichte der arabischen Literatur, S. 63
2   Abu Nuwās: Divan. Hrsg. und kommentiert von A.A.M. al Ghazāhz. Beirut 1982, S. 120 (Übersetzung aus dem Französischen)
3   *Anmerkung:* Der Begriff „adab" kommt aus dem Arabischen und meint „gute Erziehung", „Manieren". Diese Literatur ist als Erbauungsliteratur für die gebildeten höheren

nal arabisches Werk ist, sondern eine erweiterte mittelpersische Version des indischen *Pantschatantra* aus dem sechsten Jahrhundert darstellt, und von dem Perser Ibn al-Mukaffa' im achten Jahrhundert ins Arabische übersetzt und schöpferisch bearbeitet wurde. Wie in den Fabeln Lafontaines tauchen hier verschiedene Tiere als Protagonisten auf: Schakal, Taube, Rabe, Maus, Schildkröte, Gazelle und andere. Die Sammlung gibt die Geschichten des Philosophen Bidpai wieder, der zu den Themen Freundschaft, sichere Strafe für Bosheit und Verrat, Verhalten gegenüber Menschen, die zu Unrecht bestraft wurden und Verzicht darauf, Unrecht zu tun Stellung nimmt. Die Fabeln beschäftigen sich auch mit den Themen Macht und Machtlosigkeit.

> „Leitgedanke ist, dass der Kleine und Schwache in Gefahren und der ständigen Bedrohung durch Mächtigere mit Klugheit, Umsicht, List und der Freundschaft und Hilfe anderer, Gleichsituierter, überleben kann."[1]

Einer der geistvollsten und vielseitigsten Adab-Dichter überhaupt war Amr Ibn Bachr Uthmān al-Djāhiz (775/76-868/69), Enkel eines dunkelhäutigen abbesinischen Sklaven. Mit seinen über 200 Schriften griff er in das religiöse, literarische, politische und soziale Leben der höfisch-städtischen Gesellschaft seiner Zeit kritisch ein. Eines der Hauptwerke des al-Djāhiz ist ein berühmtes Handbuch der Rhetorik, das *Kitāb al-Bajān wa-t Tabjīn*, das Buch der Klarheit und der Erklärung. Als Anhänger der später verfolgten Mutaziliten, die mit ihrer Lehre von der "Erschaffenheit des Koran" die Glaubensvorstellungen der orthodoxen Muslime angriffen, war er stark rational geprägt und vertrat progressive Ideen, unter anderem auch von der Interpretierbarkeit des Korans. Er ging von der Willens- und Entscheidungsfreiheit des Menschen aus, die sich aus der Polarität der Welt erst nähren könne. Diese Wahlfreiheit macht den Menschen in den Augen von al-Djāhiz erst zum höchsten aller irdischen Geschöpfe. In seinem Werk finden sich viele heute noch sehr fortschrittlich anmutende Ideen, wenn es auch nicht frei von Widersprüchen ist. Er verteidigte, selbst schwarzhäutig, Schwarzhäutige unterschiedlicher Provenienz und begründete das unterschiedliche Aussehen der Rassen mit den unterschiedlichen klimatischen Bedingungen. Er rühmte die wissenschaftlichen und kulturellen Leistungen der Inder, die ihm in der Hafenstadt Basra begegneten. (Allerdings bezeichnete er andererseits die sehr Weißhäutigen, die Slawen, als Unzivilisierte.) In unter-

---

Schichten vorgesehen und umfasst den jeweiligen Bildungskanon der Zeit des Autors, wie ihn der Autor damals sah. Sie stellt oft eine Mischung aus verschiedenen Poesie- und Prosastilen dar, in deren Fließtext sich oft Gedichte, Hadīthe, Koranzitate, Anekdoten, Sprichwörter usw. einfügen. (Das religiös-sozialethische Werk *Der Adab der Religion und der Welt*, dessen oberstes Gebot die Selbsterziehung des Menschen ist, wurde in der Kurzfassung des Andalusiers Ibn Lijūn aus dem 14. Jahrhundert im Jahre 1932 in Tunis herausgegeben und zum Lehrbuch an islamischen Mittelschulen erklärt.)

1   Walther, Wiebke: Kleine Geschichte der arabischen Literatur, S. 115

schiedlichen Sendschreiben verteidigte er die Frauen und reflektierte kritisch die Verschleierung der Frau. Er sieht die negativen Folgen ihres Ausschlusses aus dem öffentlichen Leben. Auch seine didaktischen Überlegungen erscheinen noch in heutiger Zeit fortschrittlich. „Er fordert einen Lehrstil, der über das (in Koranschulen und oft bis heute übliche) Auswendiglernen hinaus dazu erzieht, die Quellen differenziert zu durchdenken."[1] Diese Forderung formulierte ungefähr 500 Jahre später auch der arabische Historiker Ibn Chaldūn, der in den *Prolegomena* zu seiner bereits erwähnten Universalgeschichte das alleinige Auswendiglernen des Korans als wenig sinnvoll erachtet. Er ergänzte diese Forderung noch, indem er verlangte, den Unterricht nicht wie gewohnt mit dem Koran beginnen zu lassen, sondern mit Literatur, sonst könne man den Koran nicht verstehen.[2] Dass es ihm nicht allein auf das Rezitieren ankam, sondern auf das Verstehen, erscheint auch heute noch als wichtige aufgeklärte Forderung. Auch am Beginn des dritten Jahrtausends halten genügend Koranschulen das Erklären nicht für nötig und es wird von asiatischen Muslimen immer noch erwartet, den Koran auf Arabisch zu rezitieren – in einer Sprache, die sie gar nicht beherrschen.

Über al-Djāhiz hinaus ging der atheistische Schriftsteller Ibn al-Rawandi, der im neunten Jahrhundert lebte, und die Religion an sich in seinen Büchern infrage stellte. Dabei scheute er auch nicht vor dem stilistischen Mittel der Satire zurück, um Prophetie und den Absolutheitsanspruch des Korans zu kritisieren.

Ein Dichter von besonders individueller Denkart war Abu l-'Ala al-Ma'arrī, der von 973 bis 1057 n. Chr. in Syrien lebte. Der Dichter, der in Folge einer Pockenerkrankung schon als Kind erblindete, tat sich hervor durch ein philosophisches Denken, das äußerst modern anmutet. Während er in seiner Jugendzeit eher konventionelle Gedichte, Trauerklagen und Lobgedichte verfasste, entstanden später Gedichte mit komplizierter Reimtechnik und philosophischen Themen. Seine Geisteshaltung lässt sich durch drei Schlagbegriffe umreißen: Pessimismus, Skeptizismus und Rationalismus. Der syrische Denker lehnte das Sein eigentlich ab, Zeugung betrachtete er als Sünde, es verlängere nur das Leiden an der Existenz. Nur der Tod könne die Menschen erlösen. Aus diesen Gedanken leitete er auch eine spezielle Ethik ab und verwies auf das notwendige Mitleid mit allen Wesen, wobei er die Tiere nicht ausnahm und das Mitleiden mit der Kreatur bis zum streng praktizierten Vegetarismus trieb. Sein Humanismus zeigte sich auch in einer starken Toleranz gegenüber anderen Religionen und Kulturen. Er forderte die Menschen zu gegenseitiger Rücksichtnahme und weitestgehender Toleranz auf. Zu seiner Zeit lebten in Syrien (ebenso wie heute auch noch) viele Christen und Juden, die zum Teil auch hohe Positionen bekleideten. Al-Ma'arrī brandmarkte ganz offen das Profitstreben, die Ignoranz und

---

1   Ebenda, S. 129
2   Vgl. ebenda, S. 242

die Heuchelei islamischer Religionsgelehrter.[1] Erst achthundert Jahre später sollte der europäische Philosoph Arthur Schopenhauer (1788-1860) ein ähnlich pessimistisches Gedankengebäude errichten und ähnliche ethische Grundsätze verbreiten. In seinem Skeptizismus äußerte Abu l-'Ala al-Ma'arrī Zweifel an jeglicher sicherer metaphysischer Erkenntnis und stand damit auch zum Islam in Distanz. Obwohl sein Glaube an den Schöpfergott von seinem Skeptizismus unberührt blieb, konnte er den Gedanken der leiblichen Auferstehung nicht kritiklos übernehmen. Die Pilgerfahrt nach Mekka hielt er für heidnischen Atavismus. Sklavenhandel und Polygamie lehnte er scharf ab. Mit al-Ma'arrīs Skeptizismus hängt eng dessen Rationalismus zusammen. Einige seiner Verse scheinen grundsätzliche Zweifel daran anzumelden, dass das Heil in den positiven Religionen liegen könnte; sie gehen so weit zu behaupten, dass sich Vernunft und Religion grundsätzlich ausschlössen:

„Die Hanifen[2] sind im Irrtum, die Christen sind // nicht auf dem rechten Weg, die Juden sind // verwirrt, und die Zoroastrier irregeleitet! // Die Bewohner der Erde zerfallen in zwei Gruppen: // die einen haben Vernunft, aber keine Religion, // und die anderen haben Religion, aber keine Vernunft."[3]

In der Einleitung zu einem ins Deutsche übersetzten Werkauszug des Dichters hebt der Übersetzer ganz berechtigt den kritischen Rationalismus hervor, mit dem der Syrer die Religionen prüfte.

„Die Vernunft ist für al-Ma'arrī das höchste Prinzip alles rechten Tuns; sie ist ein Licht, das Gott den Menschen gegeben hat. Sie zeigt uns, daß das Gute um seiner selbst willen getan werden muß, nicht im Hinblick auf unmittelbare oder künftige Belohnung. Durch die Vernunft können wir auch entscheiden, ob eine bestimmte religiöse Tradition oder ein Brauch zu akzeptieren ist. Der Rationalismus Abu l-'Alā's ist ein kritischer Rationalismus, er geht, wie wir sahen, so weit, daß er selbst die Dogmen der positiven Religionen, ihren Kultus und das geoffenbarte Gesetz kritisch hinterfragt."[4]

Damit nahm al-Ma'arrī Gedankengut europäischer Aufklärung vorweg.

Gewisse aufklärerische Elemente enthält auch die mystische Literatur des Islam, die durch unabhängiges Denken und große Toleranz die Grenzen des orthodoxen Islam sprengt. In Westeuropa finden vor allem die beiden großen Mystiker

---

1   Vgl. Al Ma'arrī: Paradies und Hölle, aus dem Arabischen von Gregor Schoeler. München: Verlag C. H. Beck, 2002, S. 17 f.

2   *Anmerkung:* Hanifen sind Angehörige der Religion Abrahams, der Begriff steht hier für die Muslime.

3   Al-Ma'arrī: Paradies und Hölle, aus dem Arabischen von Gregor Schoeler. München: Verlag C. H. Beck, 2002, S. 17

4   Ebenda, Kommentar des Übersetzers.

Ibn al-Arabī (1165-1240) oder Dschalal ad-Din ar-Rumi (1207-1273) Beachtung. Zu seiner Zeit führten die gesprochenen und geschriebenen Worte Ibn al-Arabīs, der reinarabischer Abstammung war, zu so heftigen Reaktionen, dass sein Grab nach seinem Tode zerstört wurde. Ibn al-Arabī stammte aus einer vornehmen Familie und sein Vater war mit dem Philosophen Ibn Rušd, der damals Richter von Sevilla war, bekannt. Der Mystiker hatte ein besonders positives Frauenbild, besonders ungewöhnlich für seine Zeit, und vertrat die Überzeugung, dass es keine noch so hohe geistige Stufe in der spirituellen oder intellektuellen Erkenntnis gäbe, die nicht auch von Frauen erreicht werden könnte. Ibn al-Arabī dürfte der produktivste Verfasser sufischer Texte im islamischen Mittelalter gewesen sein. Sein Werk der „mekkanischen Eröffnungen" enthält eine ausführliche Darlegung seiner sufischen Lehren und stellt zugleich ein geistliches Tagebuch und eine Summe islamischen, esoterischen, theologischen und juristischen Denkens dar. Nach seinen eigenen Worten beruht jedoch sein gesamtes Werk, das wohl an die 400 Veröffentlichungen umfasst, nicht auf Studium und Verstandeskraft, nicht auf diskursivem Denken und rationalen Ergründungen, sondern es sei das Ergebnis von „Eröffnungen" durch Gott.

Die Lehre des persischen Mystikers ar-Rumi basierte darauf, dass er die Liebe als die Hauptkraft des Universums ansah. Genauer gesagt ist das Universum ein harmonisches Ganzes, in dem jeder Teil mit allen anderen in einer Liebes-Beziehung steht, die wiederum einzig und allein auf Gott gerichtet ist und nur durch seine Liebe überhaupt Bestand haben kann. Bei ar-Rumi gibt es einen berühmten Vers: „Das Kreuz und die Christen nahm ich von allen Seiten in Augenschein. Er war nicht am Kreuz..." Dieses könnten die Muslime noch bestätigen, denn für sie ist Jesus nicht der Sohn Gottes. Jedoch fährt er fort: „Ich ging zur Kaaba und traf Ihn dort nicht." Diese Aussage wiederum steht gegen die muslimische Überzeugung, dass sich im Islam allein die richtige Gottesvorstellung finde. Sufis vertreten dagegen die Ansicht, dass sich Gott über die Grenzen von Dogmen hinaus finden lässt. Es geht ihnen nicht um fest gezurrte Glaubensbekenntnisse, sondern um die eigene spirituelle Gotteserfahrung. Auch bei Ibn al-Arabī findet sich die Aufforderung, man solle sich nicht an eine bestimmte Bekenntnisformel binden.

Die Erneuerungsbewegung *Nachda* entwickelte im 19. Jahrhundert aus der Konfrontation mit imperialen Mächten den Wunsch nach einem Wiederaufleben des so genannten „Goldenen Zeitalters" des östlichen und westlichen Kalifats von Bagdad und Cordóba. So führte die Expedition Napoléons im Jahre 1798 letztlich zu einer Wiedergeburt kultureller Traditionen und aufgeklärten Gedankenguts und folgte vor allem zwei Leitsätzen. Das eine Motto lautete „Verstand vor Überlieferung" und stellte sich sehr deutlich in eine rationalistische Tradition. Das andere Motto „Die Liebe zum Vaterland gehört zum Glauben" sollte die Basis für den gemeinsamen Kampf unterschiedlicher Konfessionen für zivilisa-

torischen Fortschritt und nationale Unabhängigkeit liefern.[1] Im Zuge der *Nachda* war Ägypten

> „das erste arabische Land, in dem sich eine modernere Erzählliteratur entwi-
> ckelte. (...) Gedankengut der Französischen Revolution mit den Zielen >Frei-
> heit, Gleichheit, Brüderlichkeit< und Ideen der französischen Aufklärung (...)
> wurde ebenso rezipiert wie das des englischen Liberalismus."[2]

Der Schriftsteller Rifā' at Tachtāwi (1801-1873), Absolvent der islamischen
Azhar Universität in Kairo, zeigte in seinen Reiseberichten, in denen er seinem
Volk die französische Kultur nahe brachte, eine große Toleranz und Aufgeschlossenheit gegenüber der Lebensweise der Franzosen, auch in der Frauenfrage. Eine Generation später schloss sich der Reformer und Humanist Tāha Hus-
sains (1889-1973), der für kurze Zeit Erziehungsminister war und immer mutig
genug, gegen Konventionen anzutreten, dem reformerischen Gedankengut an.
Er versuchte durch Übersetzungen griechischer Dramen an das literarische Erbe
der Antike anzuknüpfen und dieses im arabischen Raum bekannt zu machen.
Während Hussain noch in Frankreich studiert hatte, studierten viele der ägyptischen Autoren aus der Nachfolgegeneration im eigenen Land.

Zu nennen wäre hier insbesondere Nagīb Machfūs (geb. 1911), der 1988
den Literaturnobelpreis erhielt, der sich über die arabische Erzählkunst hinaus
entwickelte und mit modernen Erzähltechniken experimentiert. Auch er schwor
dem traditionellen Dogmatismus ab und steht einer Denkbewegung nahe, die
man als „arabische Vernunft" bezeichnen kann. Machfūs macht sich auf der einen Seite die Errungenschaften westlichen Denkens zu Eigen und hält dabei
gleichzeitig an einem arabisch-islamischen Selbstverständnis fest. In seiner Rede zur Eröffnung der Frankfurter Buchmesse 2004 benennt er drei Quellen der
arabischen Kultur: die alten Zivilisationen, von denen er besonders die alte ä-
gyptische Kultur mit ihrem frühen Humanismus hervorhebt, der Islam, den er
vor allem vor dem Hintergrund seines Toleranz- und Gerechtigkeitspotentials
sehen will, und die westliche Zivilisation, die die arabische Welt heute in Politik, Wissenschaft, Literatur und Kunst wesentlich beeinflusse.[3]

Tayeb Salih, geboren 1929, ist der bedeutendste moderne arabische Autor
aus dem Sudan. In seinem bekanntesten Werk *Die Zeit der Nordwanderung* reflektiert er die Überschreitung kultureller Grenzen zwischen traditioneller und
westlicher Kultur. Der jüngere Gamāl al-Ghītāni, geboren 1945, arbeitet ver-
fremdend mit Zitaten der klassischen und nachklassischen arabischen Literatur,

---

1   Vgl. Walther, Wiebke: Kleine Geschichte der arabischen Literatur, S. 292
2   Walther, Wiebke: Kleine Geschichte der arabischen Literatur, S. 280
3   Vgl. Machfūs, Nagib: Das Leben als höchstes Gut. Gleichberechtigung, Toleranz und
     Gerechtigkeit sind Grundprinzipien der arabischen Welt. In: Frankfurter Rundschau vom
     6. Oktober 2004, Dokumentation 7

um aktuelle soziale und politische Probleme neu zu beleuchten. Jüssuf al-Ka'īd beschreibt „seit 1969 sensibel, psychologisch geschickt, mit viel sozialem Gespür und zunehmend literarisch experimentierend soziales Unrecht, verübt an Bauern und dem städtischen Kleinbürgertum"[1]. Im Irak trat eine Generation kritisch-realistischer Erzähler in den 50er Jahren an die Öffentlichkeit, die sich vor allem gegen Eingrenzungen menschlicher Freiheiten, die wir als Grundrechte bezeichnen würden, wenden. Die palästinensische Prosa und Poesie hat ebenfalls Autoren zu bieten, die einen kritischen Blick auf das eigene Land werfen, das Leben unter der Bedingung der israelischen Besatzung und die psychischen Probleme des Heimatverlustes schildern. Auch in Syrien entsteht sozialkritische Erzählliteratur. Im Maghreb herrscht eher eine frankophone Literatur vor, die einheimische Probleme aufarbeitet, aber auch auf heimische Mythen und Legenden zurückgreift. Das von Is ad-Dīn al-Madani, geb. 1938, verfasste symbolistische Lesedrama *Der Damm* gehört hierher.

Bemerkenswert ist, dass seit den 50er Jahren des 20. Jahrhunderts arabische Frauen aus ihrer spezifisch weiblichen Sicht ihre Erfahrungen in einer streng patriarchalisch organisierten Gesellschaft beschreiben. Zu nennen wären hier exemplarisch für eine anspruchsvolle Literatur aus weiblicher Feder die Palästinenserin Sahar Khalifa, die im Züricher Unionsverlag veröffentlicht, die Ägypterinnen Latīfa as-Sajjāt und Ssalwa Bakr, die Libanesinnen Emily Nasrallah, Laila Baalabakki, Hanan asch-Scheich und Huda Barakat, die Syrerin Ghada as-Samman, die Irakerinnen Daisy al-Amīr und Lutfijja Dulaimi, die Marokkanerin Khannata Bannuna und die Algerierin Assia Djebar. Seit den 60er Jahren entsteht auch in anderen arabischen Ländern eine realistische Kurzprosa, die teilweise an ägyptischen Vorbildern orientiert ist.

Problematisch an dieser modernen arabischen Literatur ist aber immer noch die Frage ihrer Veröffentlichung. Fortschrittliche moderne arabische Autoren sind oft gezwungen, ganz ins Exil zu gehen und in Frankreich, Deutschland oder der Schweiz zu veröffentlichen, weil sie im eigenen Land nicht mehr geduldet werden. In vielen arabischen Ländern unterliegen Bücher, die sich kritisch mit dem Islam und dem jeweiligen Staat auseinandersetzen, der Zensur. Der Schwerpunkt der arabischen Verlagstätigkeit liegt im Libanon und in Ägypten. Wegen der relativ liberalen Gesetzgebung im Libanon werden hier viele Bücher veröffentlicht, die in anderen arabischen Ländern der Zensur unterlägen. Der Absatzmarkt für arabische Literatur ist im arabischsprachigen Raum auch auf Grund des immer noch hohen Analphabetentums zu gering, als dass Schriftsteller von ihrer Literatur leben könnten. Noch längst nicht alle lesenswerte arabische Buchautoren finden durch Übersetzungen Eingang in den europäischen Markt. Zur Frankfurter Buchmesse 2004, die als Schwerpunktthema Literatur

---

1   Ebenda, S. 285

aus der arabischen Welt hatte und unter anderem von der Arabischen Liga organisiert worden war, konnten allerdings erfreulicherweise auch nicht regimetreue
Autoren begrüßt werden. Dennoch wurde Kritik laut, weil viel zu viele kritische
Autoren aus der arabischen Welt nicht nach Frankfurt hatten kommen dürfen,
auch deshalb nicht, weil sie von deutschen Organisatoren nicht eingeladen worden waren.

2.5 Islamische Renaissance: die *Salafiyyah*

Die Denker und Schriftsteller der oben beschriebenen Erneuerungsbewegung
Nachda knüpften im 19. Jahrhundert an die rationalistische Tradition der Theologen und Philosophen im Abbasidenkalifat an und arbeiteten an der Errichtung
eines modernen Nationalstaates. Im 19. Jahrhundert breiteten sich die westlichen Kolonialmächte in Ägypten, Afghanistan, Indien, Persien und anderen
Staaten aus und machten der islamischen Welt erst richtig bewusst, dass sie auf
allen Gebieten weit hinter der westlichen Welt zurück geblieben war. Mitte des
19. Jahrhunderts erfuhr das Osmanische Reich (dazu zählten unter anderem Teile des heutigen Iran, des Irak sowie Palästina) eine politische, soziale, wirtschaftliche, technische und kulturelle Beeinflussung durch den Westen, die sich
allerdings auf die städtische Ober- und Mittelschicht beschränkte. Der ägyptische Herrscher Mohammed Ali unternahm alles, um das Land zu modernisieren.
Er entsandte im Juli 1826 eine Studienmission nach Paris, zu deren Imam er den
bereits erwähnten ägyptischen Schriftsteller und Theologen Scheich Rifā' at
Tahtāwī erklärte, um die Wissenschaft und Künste der französischen Hauptstadt
kennen zu lernen. Mit dieser Mission bezweckte der Herrscher, den Wissens-
vorsprung der westlichen Welt wett zu machen, der es 1799 Napoléon ermöglicht hatte, bis nach Ägypten vorzudringen, im Gepäck ein Dekret, das ins Arabische übersetzt die politischen Ziele der Französischen Revolution enthielt.
Mohammed Ali stammte aus dem osmanischen Herrschaftsapparat selbst und
kam 1801 mit einer albanischen Einheit nach Ägypten, um nach der französischen Besatzung des Landes wieder Ruhe und Ordnung herzustellen. Die Mission selbst war jedoch nicht gut geplant, die Studenten sollen nur eine unzulängli-
che Elementarausbildung als Voraussetzung mitgebracht haben und hatten zudem auf Grund ihres Arbeitspensums kaum Kontakte zur französischen Bevölkerung. Tahtāwī erstellte nach Abschluss der Mission einen detaillierten Be-
richt[1], in dem er den wissenschaftlichen Rückstand der islamischen Gesellschaft
gegenüber der französischen hervor hob, aber auch feststellte, dass dies zur Zeit
der Kalifen anders gewesen war. Dementsprechend setzte er sich nach seiner

---

1 In deutscher Übersetzung: Stowasser, Karl: At-Tahtāwī in Paris: ein Dokument des arabischen Modernismus aus dem frühen 19. Jahrhundert. Münster/Westfalen 1968

Rückkehr für die bessere wissenschaftliche Ausbildung der Jugend ein. Er sah den menschlichen Verstand als das Maßgebliche an, das den Menschen vom Tier unterscheide. Er forderte auch die Ausbildung von Mädchen und Frauen und betrachtete dies als Gewinn für die gesamte muslimische Gesellschaft. Große Bedeutung maß er außerdem der politischen Bildung der Bevölkerung bei. Für ihn stellte politische Bildung die zentrale Säule moderner Staaten dar. Als Zeuge der Juli-Revolution 1830 hatte er mitverfolgen können, wie sich in Frankreich ein starker Patriotismus in großes politisches Engagement umgesetzt hatte und so die Revolution herbeiführte, die Tahtāwī stark beeindruckte.

Die Truppen Napoléons waren Vorboten des Kolonialismus. England und Frankreich brachten vom Beginn des 19. Jahrhunderts bis zum Ende des Ersten Weltkriegs große Teile der islamischen Welt unter ihre Herrschaft. Als Folge der Modernisierungsbestrebungen und als Antwort auf den Druck der Kolonialmächte bildete sich die große arabische reformatorische Welle der *Salafiyyah*. Die klassische *Salafiyyah*, abgeleitet von dem Verweis *salaf salih*, die „frommen Altvorderen", das heißt die frühe Gemeinde, entstand schon im 13. Jahrhundert n. Chr. und ihr Anliegen war, sich gegen Missstände zu wenden. Das Heil wurde in der Rückbesinnung auf „den wahren Islam" gesucht. Später schloss sich hier auch die Wahhabiyya an. Im 19. und 20. Jahrhundert nun traten liberale Vertreter der *Salafiyyah* auf, die die islamischen Gesellschaften in die Moderne führen wollten. Dabei strebten sie vor allem eine Modernisierung des Bildungs- und Erziehungswesens an. Die *Salafiyyah* war zu dieser Zeit ein informeller Zirkel von Ulama, dem Stand der islamischen Gottes- und Rechtsgelehrten, und Intellektuellen, die mit Hilfe der gerade aufkommenden Printmedien zwischen Nordafrika und Indonesien interessierte Leser fanden.[1] Sie wurde maßgeblich von dem Iraner Sayyid Dschamal ad-Din (1839-1897) geprägt, der sich - um von seinem schiitischen Ursprung abzulenken - selbst al-Afghani nannte, und dessen Schüler, dem Ägypter Muhammad Abduh (1849-1905). Allerdings gab es bereits während der Kolonialherrschaft Großbritanniens in Indien Reformversuche, die vor allem durch Sir Sayyid Ahmad Khan (1817-1898) geleitet wurden. Dieser indo-islamische Denker spielte für die Öffnung der Muslime gegenüber der Moderne eine wesentliche Vordenkerrolle. Die Ideen Ahmad Khans standen der westlichen Aufklärung nahe. Er erklärte den Muslim für frei und für seine eigenen Handlungen verantwortlich, stellte sich also gegen die Lehre der Prädestination. Die Moderne sah er als Aufforderung zur Erneuerung des muslimischen Selbst. Er strebte eine interkulturelle Annäherung der Religionen an, die sich durch die Anwesenheit des Abendlandes in der islamischen Welt anbiete. Dabei verwies er auf den gemeinsamen Ursprung von Christentum und Islam. Die als „islamischer Modernismus" bezeichnete Strömung in Indien stellte die Reform des Bildungs- und Erziehungswesens in den Vordergrund. Sir Sayyid Ahmad

---

1   Vgl. Krämer, Gudrun: Geschichte des Islam, S. 285

Khan gründete 1875 nach dem Vorbild von Oxford und Cambridge das Muhammedan Anglo-Oriental College.

Im Geiste Khans fühlte sich al-Afghani beheimatet, der als politischer Berater aus Afghanistan ausgewiesen worden war und über mehrere Zwischenstationen nach Ägypten kam, wo er als starker Rhetoriker viele Anhänger für seine Ideen fand, vorwiegend antikolonialistisch eingestellte Intellektuelle. Allerdings konnte sich al-Afghani der Modernisierung nicht so uneingeschränkt unterwerfen wie Khan. Vielmehr versuchte er den westlichen Kolonialmächten zu begegnen, indem er das islamische Selbstbewusstsein stärken wollte. Dabei wurde auch gegen die westlichen Regierungen stark polemisiert. Der Kolonialismus sei eine Neuaufnahme der Kreuzzüge durch den Westen, der seine Gelegenheit zur Machtausdehnung sähe, weil die Muslime schwach seien. Er rief die islamischen Länder dazu auf, politisch stärker untereinander statt mit europäischen Mächten zu kooperieren und auf religiösem Gebiet sich nicht im Kampf verschiedener religiöser Richtungen innerhalb des Islam zu schwächen. Die Stärkung des islamischen Selbstbewusstseins stellte er sich nicht durch den totalen Rückzug auf die eigene Tradition und durch Abschottung von der westlichen Welt vor, sondern durch die Reform der eigenen religiösen und politischen Grundlagen. So bedauerte er einerseits, dass im Osmanischen Reich nicht Arabisch als einzige Amtssprache durchgesetzt worden war und andererseits forderte er eine aktualisierte Lektüre des Korans, die die geschichtlichen Entwicklungen mit zu berücksichtigen habe. Die Muslime sollten sich verstärkt Eigenschaften aneignen, welche bisher die europäische Vormacht begründeten: Rationalismus, Aktivität und Unternehmungsgeist. Er machte sich mit den Gedanken westlicher Denker und Philosophen wie Voltaire, Rousseau und Darwin vertraut und akzeptierte die Evolutionstheorie. Er legte Wert auf ein Islam-Verständnis, das der arabischen Welt den Anschluss an die Moderne nicht blockiere. Al-Afghani hat damit früh die schwachen Punkte der islamischen Welt erkannt und einen Kompromiss vorgeschlagen, der, hätte er sich durchsetzen können, die verzweifelten Schläge der Fundamentalisten gegen die westliche Welt, die wir heute schmerzlich erleben, wohl überflüssig gemacht hätte. Die westliche Welt hat damals die islamische Richtung unterstützt, die heute Krieg gegen sie macht.

In einem seiner bekanntesten Werke „Antwort auf Rénan" (1883) behauptete al-Afghani, dass die Glaubensprinzipien des Islam nicht vernunft- und wissenschaftsfeindlich seien. Er antwortete mit dieser Schrift auf eine Lesung von Ernest Rénan in Paris zum Thema „Islam und Wissenschaft". Rénan hatte behauptet, dass die Muslime von Natur aus nicht fähig seien, die Wissenschaften voranzutreiben. Al-Afghani gab zu bedenken, dass in der Vergangenheit alle Gesellschaften ihre Lehrmeister gebraucht hatten, um die Wissenschaften weiter zu entwickeln. Die muslimische Gesellschaft habe die Stufe zu einer selbständigen wissenschaftlichen Gesellschaft hin noch nicht überschritten und sei noch in der Phase der Heranführung. Auch die Europäer hätten die Phase von Intoleranz und Aberglauben erst durch die Reformation überwunden. Der Islam sollte sich moderne europäische Ideen und Institutionen selektiv aneignen und diese mit der eigenen islamischen Weltsicht verbinden. Dies war für al-Afghani das richtige Rezept islamischer Selbsterhaltung und Entwicklung.

Seinen Reformideen schlossen sich zahlreiche religiöse Denker an, die von Zentralasien bis Nordafrika wirkten. Sein Gedankengut ist immer noch lebendig. Leider bedienen sich auch muslimische Fundamentalisten bei al-Afghani, indem diese lediglich seine Polemik gegen den Westen und seine Ideen aufnehmen, die ein neues islamisches Identitätsbewusstsein anstreben, nicht aber sein Plädoyer für Emanzipation der Bevölkerung und für ein rationales Weltbild.

Der bekannteste Schüler al-Afghanis war Mohammed Abduh, der al-Afghani im Jahr 1872 kennen lernte. Durch die Lektüre westlicher Literatur, in die er von seinem Lehrer eingeführt wurde, veränderte sich Abduhs Blick für die aktuellen sozialen und politischen Probleme Ägyptens. Er stimmte nicht vorbehaltlos in die heute noch so beliebte Argumentation ein, dass die arabische Welt ein Opfer des Kolonialismus sei und alle Übel aus der Kolonialzeit rührten, sondern er dachte auch historisch und sah die Übel der Kolonialzeit vor allem als eine Folge des philosophischen und intellektuellen Niedergangs des Islam, der im elften Jahrhundert bereits eingesetzt hatte. Er unterstützte vor allem die Forderung al-Afghanis nach einer internen Einigung der muslimischen Welt und kritisierte alle „sektiererischen" Tendenzen. Auch er sah keinen Widerspruch zwischen dem Islam und der modernen westlichen Zivilisation, weil deren Grundlagen im Islam enthalten seien. Abduh sah ebenso den Westen als politischen Feind, gleichzeitig aber auch als Inspirationsquelle für die Reformierung der eigenen muslimischen Gesellschaft. 1880 wurde er Herausgeber der offiziellen Regierungszeitung, die unter seiner Führung zum Sprachrohr reformistischer Ideen wurde. Allerdings musste er zwei Jahre später Ägypten verlassen, weil er für Regierungsgegner Partei ergriffen hatte. 1894 traf er al-Afghani in Paris wieder und gründete mit ihm gemeinsam die reformistische arabische Zeitschrift *al-Urwat al-Wuthqua*, in der sie den Pan-Islamismus propagierten. Nachdem er 1889 nach Kairo zurückgekehrt war, wurde er zehn Jahre später Großmufti von Ägypten. In dieser Position verfasste er eine Reihe von theologischen und juristischen Schriften und begann außerdem die Arbeit an einem umfassenden Korankommentar, der allerdings einen Sturm der Entrüstung bei den muslimischen Gelehrten hervorrief, die den Kommentar als zu kritisch befanden. Abduh vertrat darin die Idee eines rationalen Islam und wollte die vier Rechtsschulen schließen lassen, in denen das islamische Recht ausgelegt wird. Er warf dem sunnitischen Islam vor, sich selbst zu blockieren. Die *Salafiyyah* wollte das islamische Recht dort verändern, wo es mit modernen Ansprüchen nicht mehr vereinbar war. Im Jahre 1903, also noch zwei Jahre vor seinem Tod, kam Abduh nach Algerien und überzeugte dort einflussreiche religiöse Kreise von seinen Ideen.

Die *Salafiyyah* begründete außerdem die erste feministische Vereinigung in der islamischen Welt. Ende des 19. Jahrhunderts kam es im Zuge der Reformwelle zu hitzigen Diskussionen über die Stellung der Frau und über den Schleier, an denen sich zunehmend Frauen beteiligten. Eine von diesen engagierten muslimischen Frauen war die Lehrerin Malak Hifni Nasif (1886-1918). Sie vertrat eine interessante Position zur Schleierfrage, denn sie hielt es für falsch, die muslimischen Frauen von heute auf morgen zu entschleiern. Sie ging in mehreren Zeitungsartikeln auf die Forderung einiger ägyptischer Männer ein, den Schleier abzuschaffen. Sie war gegen die Abschaffung des Schleiers, nicht aus religiöser Überzeugung, sondern aus praktischen Überlegungen. Sie vertrat keineswegs die Meinung, dass eine verschleierte Frau ehrbarer sei als eine unverschleierte, sondern sie argumentierte damit, dass die muslimischen Frauen sich an das Tragen des Schleiers gewöhnt hätten. Es wäre falsch ihnen zu befehlen, den Schleier abzunehmen. Das einzige Ergebnis der Entschleierung wäre nicht ein Gefühl von Freiheit, sondern sich den Belästigungen der Männer auf der Straße aussetzen zu müssen. Nasif ging es mehr um bessere Bildungschancen für Frauen und um die Änderung des Personenstandrechts. Die Frage der Verschleierung würde sich dann von alleine lösen.

Die ersten Massenorganisationen, die sich von diesen Reformideen begeistern ließen, entstanden zunächst nicht im Nahen Osten, sondern in Indonesien. So unterstützte der aus Westsumatra stammende Ahmad Khatib (1855-1916) die Grundgedanken der *Salafiyyah*. Minangkabau-Pilger und Ulama eröffneten 1909 die erste Islamschule, die mit einem Lehrplan arbeitete, der den Reformideen gemäß modernisiert worden war. Parallel dazu entstanden auf Java die ersten islamischen Reformschulen, Zeitschriften und Vereinigungen. In Yogyakarta gründete ein Schüler Khatibs 1912 die Vereinigung der *Muhammadiyya*, die sich für eine Verbesserung der Bildung und des Gesundheitswesens für die einfache Bevölkerung einsetzte, nicht zuletzt, um der christlichen Mission auf Java entgegenzutreten.[1]

So stand die islamische Welt damals kurz vor einer intellektuellen Entwicklung, die mit jener vergleichbar gewesen wäre, die Europa zu einer kulturellen und wissenschaftlich-technischen Avantgarde hatte werden lassen.

„Wie kann man das Scheitern der Modernisierung erklären, die von Mohammed Ali in einer mehr als vierzig Jahre (1805-1848) während Regierungszeit in Angriff genommen wurde? Immerhin hat man das Gefühl, als hätte es in dieser Politik an nichts gefehlt: ein zentraler Staat, Monopole für die Ausbeutung von Bodenschätzen, eine moderne Armee wurden geschaffen (...) Techniker und Übersetzer wurden herangezogen, Studenten nach Europa geschickt, die Grundstrukturen für ein Bildungssystem, ein Gesundheitswesen, von Fabriken und

---

1   Vgl. Krämer, Gudrun: Geschichte des Islam, S. 285

Manufakturen gelegt (…), ein eigener Stil in der Architektur wurde geschaffen, Großprojekte in Angriff genommen, im Hinblick auf die Modernisierung der Infrastruktur Straßen, Kanäle und Dämme errichtet. Es mangelte an nichts bei diesem Unternehmen, außer vielleicht an einem methodischen Vorgehen, das Durchhaltevermögen und eine Abstufung der Prioritäten vereint."[1]

Doch die Aufholung des Wissensrückstandes hätte muslimische Köpfe benötigt, die methodisch, gründlich und intensiv arbeiteten und diese waren nicht zur Genüge vorhanden. So wirft Meddeb dem Schriftsteller und Theologen Tahtāwī vor, viel zu oberflächlich gearbeitet zu haben. In der Hinwendung zur europäischen Kultur sei er vormodern geblieben und er habe keine gründliche Arbeit mit wissenschaftlichen Texten geleistet, sondern in seiner Bevorzugung von Handbüchern das Wechselspiel von Grundlagenforschung und angewandter Wissenschaft nicht eigentlich erlernt.[2] Für den Prozess, den Ägypten anstrebte, wäre Zeit und Geduld und die Unterstützung durch den Westen vonnöten gewesen. Im Laufe des 19. Jahrhunderts ging aber den Ägyptern der unbefangene Blick auf den Westen immer mehr verloren. Je weiter der europäische Kolonialismus vordrang, desto mehr zog sich die muslimische Welt als kulturelles Gegengewicht auf eine orthodoxe Glaubensstruktur zurück, auch wenn al-Afghani und seine Anhänger etwas anderes predigten. Die Kolonialherren unterstützten diese Reaktion noch, indem sie den Muslimen negative Stereotypisierungen zuschrieben und ihnen die Fähigkeit absprachen, am Fortschritt der Moderne teilhaben zu können. Diese Stereotypisierung gab ihnen natürlich auch hervorragenden Stoff, um ihre eigene chauvinistische Unterdrückungspolitik zu legitimieren. Die Reformer reagierten auf diese interne und externe Bedrohung, indem sie darauf beharrten, dass der Islam sehr wohl mit Demokratie, Meinungsfreiheit und wissenschaftlichem Rationalismus vereinbar sei und dieses auch im Koran bereits verankert sei, man müsse dies nur über moderne Exegese sichtbar machen.

Die Aussicht auf eine Emanzipation des Islam gefiel den westlichen Mächten jedoch nicht, die damals die islamische Welt dominierten. In der zweiten Hälfte des 19. Jahrhunderts (1882) kam Ägypten zunehmend unter britischem Einfluss. Großbritannien, das sich anders als Frankreich weigerte, sein Wissen an die kolonialisierten Völker weiterzugeben, versuchte die Reformbewegung einzudämmen. Das britische Protektorat verwaltete das Land und hatte nicht vor, Ägypten wie es im Fall von Algerien geschehen war, sozial tief greifend zu verändern.

Die Engländer und später ihre Erben, die Amerikaner, unterstützten die primitivsten, antilaizistischen islamistischen Bewegungen, um die große reformatorische Bewegung der *Salafiyyah* scheitern zu lassen. Dass Engländer und

---

1   Meddeb, Abdelwahab: Die Krankheit des Islam, S. 89 f.
2   Vgl. Meddeb, Abdelwahab: Die Krankheit des Islam, S. 93

Amerikaner am Ende des 19. Jahrhunderts die Islamisten unterstützten, gründete auf eine langfristige Strategie, die als Reaktion auf eine einsetzende Modernisierung der muslimischen Welt erfolgte. Indem sie die islamisch-fundamentalistischen Kräfte in Pakistan, Indien und Ägypten unterstützten, halfen die Engländer, die Erneuerungsbewegung zu vernichten. Als fleißige Schüler der Engländer gingen die Amerikaner sogar so weit, die Macht der Wahhabiten im Arabischen Golf zu stärken. Sicher widerstand auch der orthodoxe Islam den Reformbestrebungen. Die Orthodoxie hätte aber nicht verhindern können, dass die *Salafiyyah* eine Öffnung der Religion Mohammeds bewirkt hätte, wäre sie unterstützt worden. Doch wurden die muslimischen Reformisten auch von zwei inneren Haltungen der muslimischen Welt aufgehalten: von der Ablehnung jeglichen Fortschritts, welche in der islamischen Tradition verankert ist, und von der antikolonialistischen und antiwestlichen Rhetorik der Reformer im Allgemeinen. Auf diese Weise gingen die liberalen Elemente wieder verloren und radikal-islamische, gewaltbereite Strömungen setzten sich durch. Die heutige *Salafiyyah* zeichnet sich wie die Wahhabiyya durch einen strengen religiösen Purismus aus, der sich auf eine enge Schriftauslegung stützt und so intolerant ist, dass Muslime anderer Glaubensrichtungen, zum Beispiel die Schiiten, als Ungläubige betrachtet und mit Gewalt bedroht werden. Auf Grund der historischen Erfahrung des Scheiterns ist von der heutigen *Salafiyyah* kein konstruktiver Beitrag zu einem Dialog mit dem modernen Westen mehr zu erwarten.

2.6 Dialogpunkte im Vernunftdiskurs

Der Grundkonflikt zwischen Vernunftdiskurs und Offenbarungsglauben beschäftigt moderne christliche Theologie, ist aber auch den Muslimen schon sehr früh bewusst gewesen. Die *Ilm-al-Kalam* entwickelte über die Auseinandersetzung mit aristotelischem Gedankengut einen Diskurs über das Verhältnis von Philosophie und religiöser Offenbarung. Die Mutaziliten entwickelten in kritischer Auseinandersetzung mit dem Koran ein Gottesverständnis auf dem Boden der Vernunft und schufen damit lange vor der europäischen Aufklärung die Grundlage für eine Korankritik. Der Gedanke göttlicher Vorherbestimmung und die Idee menschlicher Verantwortung prägen in ihrer scheinbaren Widersprüchlichkeit sowohl Christentum als auch Islam. Der Koran kennt durchaus auch Suren, die die menschliche Willensfreiheit betonen; in den heiligen Texten des Islam überwiegt jedoch der Gedanke der Prädestination, ebenso wie der Gedanke der göttlichen Vorsehung in der Bibel allgegenwärtig ist. Auch der Gedanke, der in koranischen Suren häufiger zum Ausdruck kommt, dass Glauben und Unglauben auch auf das Wirken Allahs verweisen, findet sich in christlicher Tradition bei Augustinus im Gedanken der doppelten Prädestination wieder. Das Weltgeschehen scheint sowohl im Islam als auch im Christentum unter göttlicher Vorsehung zu stehen. So wie jedoch christliche Theologie das Ideengut der doppelten Prädestination hinter sich gelassen hat, so hat es auch im Islam im zehnten Jahrhundert eine starke Opposition gegen diesen Gedanken in der Schule der Quadariten gegeben, die bis ins 20. Jahrhundert hinein nachwirkte. Diese herrschafts- und religionskritischen Muslime wurden jedoch von den Aschariten bekämpft, deren Nachfolger die heute weit verbreiteten Sunniten sind. Die Ursache für diese theologischen Grabenkämpfe liegt vor allem in der Struktur der *Umma*, die über kein Lehramt wie das Christentum verfügt, welches Einheit stiften könnte. Man wollte weiterer Zersplitterung entgegen wirken. Theologische Fragen wurden im Christentum wie im Islam zu Machtfragen bestehender religiöser Autoritäten. Auf christlicher Seite tobte der Kampf gegen den Averroëismus im 13. Jahrhundert, der in einer Neukommentierung des Aristoteles durch Thomas von Aquin mündete. Diese Beschneidung aristotelischen Gedankenguts wird erst in der europäischen Aufklärung wieder rückgängig gemacht.

Die Zeit der Blüte der Wissenschaften in der islamischen Welt macht deutlich, dass es nicht eigentlich die religiösen Grundlagen von Koran und Hadīthen sind, die Bildungshunger und Bildungsbereitschaft der Muslime verhindern. An Hand unterschiedlicher Suren konnte eher das Gegenteil nachgewiesen werden. Organisierte Verbrennung von „Ketzern" kennt der frühe Islam auch nicht. Radikalität gegen unliebsame Forschung ist eher ein modernes islamisches Phänomen. Man fühlt sich hier an das europäische Mittelalter erinnert. Der Konflikt zwischen Religion, Wissenschaft und Technologie ist durchaus kein islamischer, sondern ein genereller. Tatsache ist jedoch, dass sich dieser Konflikt in Zeiten der Globalisierung verschärft und weiterhin verschärfen wird, weil der islamische Diskurs keineswegs Schritt hält mit der Schnelligkeit der wissenschaftlichen und technologischen Entwicklung des Westens. Um diesem Konflikt beizukommen, wäre es für die islamische Welt hilfreich, sich wieder an ihre klassische Periode anschließen zu dürfen. Islamische Philosophie und die Ilm-al Kalam sowie auch zeitgenössische muslimische Schriftsteller, die in aufgeklärter Tradition schreiben, bieten hier wertvolle Anknüpfungspunkte für einen öffentlichen Diskurs, der in einer von islamisch-fundamentalistischem Terror geschüttelten Zeit geradezu notwendig ist. Es ist die Aufgabe der westlichen Länder, in Wiedergutmachung der Zerstörung und Unterdrückung der ehemals viel versprechenden Bewegung *Salafiyyah*, diesen Diskurs mit allen Mitteln friedlich zu befördern und damit der Entwicklung einer zweiten wirksamen islamischen Renaissance eine Chance zu geben. Die westlichen Lehrstühle für Islamwissenschaften sind in einer viel zu geringen Zahl vertreten. Dass Europa auch noch Länder wirtschaftlich und politisch unterstützt, die scheinbar westlich orientiert sind, in Wirklichkeit aber durch menschenunwürdige Diktaturen aufrecht erhalten werden, Regimes, die freie Meinungsäußerung und Widerstand der eigenen Bevölkerung gegen bestehende menschenverachtende Gesetze mit Berufsverbot, Isolationshaft und Folter ahnden, *wie 2005 der Juristenstreik in*

Tunesien vor Augen führte, ist alles andere als ein positiver europäischer Beitrag zu einem solch notwendigen Diskurs. Hier sollte man sich einmal die Frage stellen, ob Europa nicht einmal wieder wirtschaftliche Interessen gegenüber einer sinnvollen Friedens- und Menschenrechtspolitik den Vorrang gibt.

3 Demokratie in islamischen Staaten

Die Frage danach, ob sich islamisches Weltverständnis und ein demokratisches Staatsmodell miteinander vertragen, ist bereits von vielen Seiten reflektiert worden. Trotzdem wurden bisher nur wenige weiter führende Antworten gefunden. Diese Pattsituation scheint zum einen mit der aktuellen politischen Weltlage zu tun zu haben. Im Jahr 2005 wurden 122 Länder von der Nicht-Regierungsorganisation Freedom House[1] als parlamentarische Demokratien eingestuft, das entspricht 64 Prozent aller Staaten weltweit und repräsentiert den höchsten Wert in der Geschichte. Dennoch war trotz der Fortschritte im subsaharischen Afrika nur knapp die Hälfte der 48 Staaten demokratisch, wobei nach Freedom House nur elf der 23 Demokratien zum Zeitpunkt der Erhebung als frei galten. Am wenigsten sind immer noch die Länder mit einer islamischen Bevölkerungsmehrheit demokratisiert. Der Heidelberger Politikwissenschaftler Wolfgang Merkel stellte erst im Jahre 2003 fest:

> „Während in der nicht islamischen Welt drei Viertel der Staaten demokratisch genannt werden können, sind in der islamischen Welt drei Viertel der Länder Diktaturen. Diese Bilanz verschlechtert sich noch, wenn sich zeigt, welche diese elf islamischen Länder sind, die Freedom House als demokratisch einstuft: Albanien, Bangladesh, Dschibuti, Gambia, Indonesien, Mali, Niger, Nigeria, Senegal, Sierra Leone und die Türkei. Bei näherer Betrachtung dieser Staaten dürfte keines dieser Länder das Siegel der rechtsstaatlichen Demokratie erhalten. Alle elf islamischen „electoral democracies" sind trotz leidlich demokratischer Wahlen, durch Rechtsstaats- und Menschenrechtsverletzungen, Unterdrückung von Minderheiten und endemische Korruption geprägt."[2]

Man macht es sich jedoch erheblich zu leicht, wenn man obige Zahlen dazu missbraucht, um mit ihnen die These der grundsätzlichen Demokratieunfähigkeit des Islam zu stützen. Diesen Fehler begeht auch Wolfgang Merkel nicht, der zu bedenken gibt: „Was wir im letzten Vierteljahrhundert gesehen haben, ist nicht „der" Islam, sondern die machtpolitische Instrumentalisierung des Islams (...)".[3] So heißt es in der Broschüre der Bundeszentrale für politische Zusammenarbeit „Islam und Politik":

---

1   *Anmerkung:* Die Organisation Freedom House hat ihren Hauptsitz in Washington und finanziert sich zu zwei Dritteln aus Geldern der US-Regierung und beschreibt sich als deutliche Stimme für Demokratie und Freiheit auf der ganzen Welt.

2   Merkel, Wolfgang: Islam und Demokratie. Vortrag im Rahmen des Uni-Forums 2003 des Südwestrundfunks zum Thema „The Clash of Civilizations – Der Westen und die „islamische Welt".

3   Ebenda.

„Die Behauptung, der Islam oder die arabische Mentalität würden generell eine Demokratisierung verhindern, lässt sich aber schwerlich aufrechterhalten. So hat es in den achtziger und neunziger Jahren in diversen arabischen Ländern – Algerien, Jordanien, Jemen – demokratische Reformen gegeben, die vorübergehend Parteienpluralismus, Meinungsfreiheit und Parlamentswahlen mit sich brachten."[1]

Schließlich geht es auch darum, der islamischen Welt einen eigenen Weg hin zu mehr Demokratisierung zuzugestehen, der seine Zeit braucht, denn die Erfahrungen mit den demokratischen Ländern waren in der Geschichte des Islam meist nicht positiv. So gibt auch der Journalist und Islamexperte Wolfgang Günter Lerch zu bedenken:

„Die Forderung, die oft erhoben wird, der Islam müsse sich öffnen, müsse sich liberalisieren, müsse sich demokratisieren, würde, glaube ich, von den Muslimen mit mehr Zutrauen aufgenommen werden, mit mehr Hinneigung auch zum Westen, wenn die Muslime nicht immer – und hier komme ich wieder auf Napoleon zurück – von diesen westlichen Ländern, die die Demokratie hochhalten, alles andere erführen als Demokratie. Was haben sie bisher von ihnen erfahren? Invasionen, kolonialistische Realpolitik, das Zurechtschneiden von Ländern nach dem Gusto der Kolonialisten, der westlichen Mächte, Mandate, Protektorate, Kolonien, und jetzt stehen wir davor, dass möglicherweise ein Land wie der Irak wieder zu einer Art westlichem Protektorat wird."[2]

Man kann sogar so weit gehen, einen Großteil der Demokratisierungsschwierigkeiten der arabischen Länder auch als langfristige Folge der Kolonisierung zu verstehen, ohne damit den Eigenanteil der islamische Staaten herunter spielen zu wollen. Folgende historische Tatsache lässt sich hinsichtlich der negativen Folgen der Invasion westlicher Länder nicht leugnen:

„Viele arabische Staaten, die nach 1945 in die Unabhängigkeit entlassen wurden, hatte es vorher in dieser Form nie gegeben. Sie entstanden durch Grenzen, die die Kolonialmächte willkürlich gezogen hatten. Ein Beispiel ist der Irak, der sowohl ethnisch (Araber und Kurden) wie religiös (Sunniten und Schiiten) kein homogener Staat ist. Ohne gewachsene nationale Identität lief das Land deswegen in der Vergangenheit häufig Gefahr auseinander zu fallen, und es kursiert in der arabischen Welt die eher zynische Meinung, dass ein Land wie der Irak nur durch einen Diktator wie Saddam Hussein zusammengehalten werden könne."[3]

Ideal ist die Demokratisierung eines islamischen Landes dann zu nennen, wenn diese nicht von anderen Staaten erzwungen wurde und ihr außerdem ein intensi-

---

1   Metzger, Albrecht: Islam und Politik. Bonn: Bundeszentrale für politische Bildung, 2002
2   Lerch, Günter, in: Bergsdorf, Wolfgang (Hrsg.): Christoph Martin Wieland Vorlesungen. Erfurt: Sutton, 1. Aufl. 2003, S. 34
3   Metzger, Albrecht: Islam und Politik. Bonn: Bundeszentrale für politische Bildung, 2002

ver interner religiöser Diskurs vorausgegangen ist. Voraussetzungen, die vielleicht utopisch klingen. Befragt man die islamische Geschichte und heiligen Texte, ergeben sich aber Antworten, die durchaus hoffen lassen. Zunächst wäre der Begriff „Demokratie" zu klären, im Anschluss wären dann die eigentlichen Grundlagen für eine demokratische Gesellschaftsordnung, die uns der Islam als Religion bietet, zu prüfen.

3.1 Antike Vorläufer moderner Demokratien

Die Demokratien in Athen und Rom stellen Vorläufer der modernen Demokratien dar. Sie entstanden als Reaktion auf eine zu große Machtfülle der antiken Herrscher und deren Machtmissbrauch.

In dem griechischen Drama Hiketiden (Die Schutzflehenden) aus dem Jahr 424 v. Chr. von Euripides werden die Grundlagen der Demokratie Athens bereits genannt: Gleichheit vor dem Gesetz, Redefreiheit, gemeinsame Beratung, schriftlich fixierte Gesetze. Nach athenischer Auffassung war *demokratia* eine Verfassung, in der das Volk (*demos*) die Macht (*kratos*) in der Polis innehatte.

> „Allein das Volk beschloss Gesetze und Dekrete, es wählte die Beamten, es übte die Kontrolle der gewählten und erlosten Amtsträger aus, es prüfte die Amtsführung und es bestimmte die Richter. Damit war die Demokratie in Athen ein Regime direkter, unmittelbarer Herrschaft des Volkes, das auf umfassender Beteiligung aller männlichen Bürger beruhte und das keinen Unterschied zwischen arm und reich kannte. Die Demokratie Athens zeichnete sich durch ein Maß an Bürgerbeteiligung aus, das seitdem kaum wieder erreicht worden ist."[1]

Einschränkungen gegenüber unserem heutigen Verständnis von Demokratie klingen hier bereits an. Frauen galten nicht als Bürgerinnen, hatten also auch keine politischen Rechte, ebenso wenig wie Fremde oder Sklaven. Auch unsere Auffassung von Meinungsfreiheit existierte noch nicht. Von den 200.000 Einwohnern des damaligen Athens waren nur 30.000 Männer Vollbürger.[2] Auch unveräußerliche Menschenrechte wie das auf Meinungsfreiheit kannte die Antike nicht.

Der Prozess um den griechischen Philosophen Sokrates (470-399 v. Chr.) macht das sehr deutlich. Sokrates verwies seine Zeitgenossen auf ihre Fähigkeit, zwischen Recht und Unrecht zu unterscheiden, diese liege in der Vernunft begründet und nicht in der Gesellschaft. Damit aber war er an die Grenzen der Toleranz der athenischen Demokratie gestoßen, denn Meinungen, die gegen die

---

1   Vorländer, Hans: Demokratie. München: Beck, 2003, S. 14
2   Vgl. Vorländer, Hans: Demokratie, S. 34

Mehrheitsherrschaft in der Demokratie vertreten und durchgesetzt werden konnten, kannte diese Staatsform im Gegensatz zur modernen Verfassungs- und Grundrechtedemokratie noch nicht. Trotz der Fortschrittlichkeit des athenischen Staatsmodells herrschte noch sehr viel Ungerechtigkeit. Im vierten Jahrhundert vollzog sich ein Wandel, der den behutsamen institutionellen Umbau von der radikalen zur gemäßigten Demokratie anstrebte. Aristoteles schwebte darüber hinaus eine politische Ordnung vor, die eine Mischung aus Demokratie und Oligarchie darstellen sollte: gleiche Wahlrechte für alle Bürger, aber Wahl der Entscheidungsträger nach Kompetenz und Ansehen.[1] Er sah den entscheidenden Unterschied zwischen Demokratie und Oligarchie darin, dass sich in der Demokratie die Herrschaft der Armen und in der Oligarchie die Herrschaft der Reichen widerspiegele. Wichtig war ihm, eine Mischform zu finden, die die sozialen Ungleichgewichte in der Polis ausbalancierte: die *Politie*.

> „In Aristoteles' Modell einer Mischverfassung finden wir also zwei Gedanken, die auch für die moderne Demokratie wegweisend werden sollten. Konstitutiv für ein politisches Gemeinwesen ist die Aktivbürgerschaft, dies ist der Gedanke der Demokratie. Herrschaft aber muss, wenn sie im Interesse des Gemeinwesens ausgeübt wird, beschränkt, gemäßigt sein, und dies auch dort, wo der Demos herrscht. Das ist das Prinzip der Limitierung von Herrschaft, das sich dann vor allem im 18. und 19. Jahrhundert als Prinzip der liberalen Demokratie herausbilden sollte."[2]

Die politischen Reflexionen des Aristoteles haben den islamischen Philosophen wahrscheinlich nicht vorgelegen. In der Schule al-Fārābī (873-950 n. Chr.) wurden jedoch Platons „Staat" und „Gesetze" gelesen.[3] Vom platonischen Gedankengut ausgehend, entwickelte al-Fārābī, der in die Generation nach Alkindus gehört und der wichtigste politische Philosoph ist, Ideen zu einer auf Grundlage der Vernunft begründeten politischen Ordnung. Besonders aufschlussreich scheint hier ein Werk zu sein, das er in Anlehnung an Platons *Respublica* schrieb. In *Die prinzipiellen Ansichten der Bewohner der vortrefflichen Stadt* entfaltet al-Fārābī als Muslim, aber in der griechischen Tradition stehend, die Vision eines Stadtstaates nach griechischem Vorbild, der auf wahrer Gerechtigkeit und Gleichheit basiert. Über eine solche Stadt könne nur ein vollkommener Mensch herrschen und allein die Philosophen seien imstande, das sittliche Wertesystem zu erkennen und den Staat zu regieren. Der Prophet sei dabei aber als erster Gesetzgeber unerlässlich.

Die Begründung der modernen Demokratie leitete sich keineswegs gradlinig von Aristoteles her und geschah in der Geschichte nicht so Ziel gerichtet, wie

---

1   Vgl. Vorländer, Hans: Demokratie, S. 37
2   Ebenda, S. 38
3   Vgl. Das Fischer Lexikon. Philosophie. Stichwort: Islamische Philosophie, S. 137

dies im Nachhinein oft dargestellt wird. Zunächst einmal war der Begriff der Republik der Orientierungsrahmen politischen Denkens in Europa, denn die Revolutionäre waren durchaus nicht sicher, ob eine politische Ordnung sowohl gerecht als auch stabil bleiben konnte, wenn das Volk herrscht. In ihren Gedanken wird die Nachwirkung der kritischen Auffassung des Aristoteles deutlich, dass Demokratie als Volksherrschaft auch Herrschaft des Pöbels bedeuten könne und damit nur eine andere Form tyrannischer Herrschaft wäre.[1]

> „Dass es auch in der Französischen Revolution viel eher um die Republik als um die Demokratie ging, obwohl hier wie vorher schon in den USA das Prinzip der Volkssouveränität sich machtvoll durchsetzte und in institutionelle Formen gegossen wurde, zeigt, dass es geraumer Zeit bedurfte, um die neuen Verhältnisse auf den angemessenen >demokratischen< Begriff zu bringen."[2]

Dieser Begriff haftet als kaum reflektiertes Erbe aus der europäischen Zeit der Aufklärung heute vielen Staaten an, deren Mehrzahl der Bewohner Muslime sind, zum Beispiel Ägypten. Schließlich formulierten Philosophen während der Epoche der Aufklärung im 17./18. Jahrhundert die wesentlichen Elemente einer modernen Demokratie: freie Wahlen und Volkssouveränität als verfassungsrechtliches Prinzip, Rechtsstaatlichkeit, Anerkennung der Würde des Staatsbürgers und seine politische und religiöse Freiheit, festgelegt in den Grundrechten der Verfassung, Gewaltenteilung zwischen Legislative, Exekutive und Judikative sowie Trennung von Kirche und Staat.

Man sieht hier zum einen, dass die europäische Geschichte in ihrem spezifischen Verlauf die Entwicklung einer Demokratie nur durch gewisse zeitliche und politische Umstände ermöglichte und dass die Demokratie, inklusive ihres kläglichen Scheiterns während der Zeit des Nationalsozialismus, auch in Europa keineswegs auf eine lange oder gefestigte Geschichte zurückblicken kann.

3.2 Reformierungsvorschläge für das islamische Recht

Wenn der Journalist und Islamexperte Günter Lerch die grundsätzliche Kompatibilität des Islam mit einem demokratischen Staatssystem darin sieht, dass die Pfeiler des Islam, die so genannten fünf Säulen, mit jedem Staatssystem zusammen passen würden[3], spricht er damit die alltägliche muslimische Religionspraxis

---

1 Vgl. ebenda, S. 50
2 Ebenda, S. 49
3 Vgl. Lerch, Günter, in: Bergsdorf, Wolfgang (Hrsg.): Christoph Martin Wieland Vorlesungen. Erfurt: Sutton, 1. Aufl. 2003, S. 31f.
   Anmerkung: Die fünf Säulen des Islam sind das monotheistische Glaubensbekenntnis –

an. Nimmt man aber den Anspruch dazu, Islam und Staat zu verbinden, muss man das islamische Rechtssystem betrachten. Nicht nur in der traditionalistischen Auslegung, sondern auch in freieren Interpretationen des Islam, zum Beispiel in derjenigen der religiösen Reformer, trifft man immer wieder auf den Anspruch, dass die Gesellschaft auf islamischen Gesetzen aufbauen muss. Der Unterschied zwischen Traditionalisten und Reformern im Laufe der Geschichte ebenso wie heute besteht vorrangig nicht in der Frage der Respektierung dieses Anspruchs, sondern in der abweichenden Auslegung der Gesetze. Mohammed Abduh wies bereits im 19. Jahrhundert darauf hin, dass es in der gesamten islamischen Geschichte niemals gelungen sei, ein wirklich der Schari'a entsprechendes Staatsgesetz zu formulieren und durchzuführen. Oft habe der jeweilige Herrscher Gesetze geschaffen, wie sie ihm selbst passten.

Für moderne Islamisten, die im eigenen Land Opposition sind, ist der Begriff "Schari'a" ein soziales Allheilmittel. Sie erwarten von der Einführung der Schari'a als Grundlage der Rechtsprechung die Lösung für alle religiösen, wirtschaftlichen und sozialen Probleme der Gegenwart. Andererseits gibt es auch den Entwurf einer muslimischen Gesellschaft in einem säkularen Staat. In ihm versteht man die Schari'a mehr als Lebensweise, die dem Muslim in einem säkularen Staat die Richtschnur für sein (freiwilliges) persönliches Leben mit Allah gibt. Der Staat ermöglicht demnach, dass Muslime gemäß der Schari'a leben können, macht sie aber nicht zur Pflicht für alle Staatsbürger. Diesen Weg beschreitet zurzeit die Türkei, die laut Verfassung ein säkularer Staat ist und deren Verfassung keinen Bezug auf das islamische Recht nimmt. Dieser Vorschlag wäre also auch mit einem demokratischen Staat vereinbar. Andere Staaten wie etwa Pakistan oder Sudan haben beschlossen, die Schari'a zur Grundlage der Rechtsprechung zu machen. Dazwischen stehen Staaten wie Malaysia, die sich zwar als islamische Staaten bezeichnen, deren Gesetzgebungsverfahren aber säkular, also rein aufgrund von Mehrheitsentscheidung des Parlamentes erfolgt.

Schon im achten Jahrhundert n. Chr. betonten die Mutaziliten den Vorrang einer menschlichen vor einer göttlichen Rechtsauffassung. Recht sei, was die menschliche Vernunft als solches erkenne. Die Herstellung einer sozialen Gerechtigkeit mittels menschlicher Vernunft war eines ihrer wichtigen Anliegen. Gottesgebote bedurften daher Unterstützung durch menschliche Vernunft und waren damit auslegungsfähig. Die Kalifen der Abbasidenzeit benutzten diese Vernunft orientierte Denkweise, um ihre Religionsherrschaft darauf aufzubauen. Die Ascharisten, Gegenspieler der Mutaziliten, wandten sich gegen diese rationale Theologie mit dem Vorwurf, Theologie in Philosophie zu verwandeln und vertraten die Meinung, dass die ethische Qualität einer Tat nur durch den Rückgriff auf Ver-

---

Glaube an den einen und einzigen Gott und Schöpfer der Welt, das Gemeinschaftsgebet, das Zahlen der Almosensteuer, das Fasten im Fastenmonat Ramadan und die Pilgerfahrt, die jeder gesunde Muslim, der das Geld dazu hat, einmal im Leben vollziehen soll.

bot oder Befehl Gottes zu bemessen sei, vertraten also eine reine Gebotsethik. Diese Denkweise hat sich gegenüber der mutazilitischen im Laufe der Geschichte weitgehend durchgesetzt.

Der iranische Theologe Mohammad Shabestari macht aber auf eine Methode aufmerksam, die bis in das elfte Jahrhundert n. Chr. zurückreicht und die mutazilitische Denkweise fortführt. Sie vereinfacht die Auslegung der Schari'a und ermöglicht eine Reformierung des islamischen Rechtssystems. Schon der Schriftgelehrte Abdalmalik al-Ǧuwaynī (gestorben 1085 n. Chr.) deutete Herrschaft zweckgebunden und nicht rein religiös. Der zur weltlichen Leitung fähigste Kandidat solle regieren und die Theologen sollten nur eine beratende Funktion übernehmen, innerhalb der sie über die moralische Situation des Landes wachten. Die Frömmigkeit erfülle aber bei der Wahrnehmung der Herrschaft keine erkennbare Funktion. Der hellsichtige Schriftgelehrte sah schon damals Geschichtssituationen vorher, in denen es notwendig sein würde, die Schari'a nur auf ihre wesentlichsten Kernpunkte zu reduzieren. Auf die Anwendung der menschlichen Vernunft zurückgreifend, soll der Mensch selbst für das Verstehen religiöser Vorschriften entscheidend sein und sich nur nach den folgenden fünf Hauptprinzipien der Schari'a richten: „Bewahrung und Schutz des menschlichen Lebens, der Vernunft, der Institution Familie, des Eigentums und der Religion"[1], sicherlich wesentliche Voraussetzungen für die Schaffung und Wahrung von innergesellschaftlichem Frieden. Was Shabestari an zitierter Stelle dabei nicht anspricht, ist das Frauenrecht. Dies wäre sicherlich ganz besonders zu berücksichtigen und den Anforderungen der modernen Welt anzupassen. Denn das herkömmliche islamische Recht schließt Frauen weitgehend vom politischen Geschehen aus.

Das dialogische Rechtsdenken im schiitischen Islam bietet einen weiteren Ansatz der Reformierung. Begründer dieser Richtung ist der Rechtswissenschaftler Scheich Ansari, der im 13. Jahrhundert lebte und dazu animierte, im Dialog mit Gott, also nach bestem religiösen Wissen und Gewissen in der Vereinigung mit der menschlichen Vernunft zu Erkenntnissen zu kommen über den Gehalt von Gottes Geboten und Befehlen. Dabei kam er zu der Auffassung, dass Gott den Menschen zu nichts verpflichte, wozu sein Erkenntnisvermögen nicht ausreiche.[2]

Drittens macht auch Shabestari auf die Notwendigkeit der Entwicklung und Anwendung eines hermeneutischen Ansatzes in der Auslegung des Korans aufmerksam.[3] So kommt der Iraner schließlich zu dem Resultat,

---

1 Shabestari, Mohammad M.: Islam und Demokratie, in: Bergsdorf, Wolfgang (Hrsg.): Christoph Martin Wieland Vorlesungen. Erfurt: Sutton Verlag, 1. Aufl. 2003, S. 17
2 Vgl. ebenda, S. 18 f.
3 Vgl. ebenda, S. 12

„dass die Muslime heute von der Tradition her die theoretische Möglichkeit haben, ihr Rechtssystem zu reformieren und demokratische Staaten zu gründen,
die auf der Rationalität des Rechts im Islam basieren."[1]

In seiner positiven Bilanz spricht er jedoch das Problem der theokratischen
Struktur islamischer Gesellschaften nur am Rande an, räumt aber die Möglichkeit
des Missbrauchs ein. Radikaler sieht der Politikwissenschaftler Wolfgang Merkel
die Demokratisierung islamischer Gesellschaften in Abhängigkeit zur Säkularisierung des Rechts. Damit werde auch die Herrschaft säkularisiert, was wiederum die notwendige Voraussetzung für eine rechtsstaatliche Demokratie sei.[2]
Merkel blendet aber damit Lösungen durch die Reformierung beziehungsweise
Reduzierung der Schari'a, wie Shabastari sie vorschlägt, von vornherein aus.

Eine einfache Aufgabe stellt diese Lösung auch in der Tat nicht da. Wie
deutlich wurde, setzt die Reformierung des Rechts eine offene Diskussion religiöser Inhalte voraus. Dies wiederum schließt nicht nur die Theologie, sondern
auch die Philosophie mit ein. So fordert der prominente algerische Denker Mohammed Arkoun, „die Haltung der religiösen Vernunft mit der der philosophischen Vernunft in Einklang zu bringen"[3], sieht aber zugleich die Schwierigkeit
eines solches Anliegens,

> „denn man müsste ja gleichzeitig das Vokabular der Theologien und der aus
> den religiösen Systemen des Glaubens und des Nicht-Glaubens hervorgegange-
> nen Rechtskodizes und der klassischen Metaphysik von Aristoteles bis Heideg-
> ger (...) hinter sich lassen."[4]

Worauf Arkoun noch hinweist, betrifft die Schwierigkeit einer Entwicklung von
demokratischen Strukturen von innen heraus im Allgemeinen, was aber kein Argument für die zwanghafte Demokratisierung von außen liefern soll, die nicht
Erfolg versprechend ist, wie das Beispiel Irak zeigt. Diskussion und Reformierung setzen aber grundlegend schon erste demokratische Errungenschaften voraus.

> „Wir befinden uns in einem schwer zu durchbrechenden Teufelskreis: Demo-
> kratie ist notwendig für die Entwicklung der Philosophie und der mit ihr ver-

---

1 Ebenda, S. 19
2 Vgl. Merkel, Wolfgang: Islam und Demokratie. Vortrag im Rahmen des Uni-Forums
   2003 des Südwestrundfunks zum Thema „The Clash of Civilizations – Der Westen und
   die „islamische Welt".
3 Arkoun, Mohammed: Religion und Demokratie: Das Beispiel Islam, in: Heller, Erdmute
   und Mosbahi, Hassouna (Hrsg.): Islam, Demokratie, Moderne. Aktuelle Antworten arabischer Denker. München: Beck, 1998, S. 138-153, hier S. 151
4 Ebenda, S. 152

bundenen Freiheiten, und die Praxis dieser Freiheiten verstärkt und erhellt das demokratische Leben."[1]

Generell ermöglicht die islamische Tradition also auch eine Reformierung und sogar Säkularisierung des Rechts und ist damit auch vereinbar mit Demokratie. Allerdings ist der Weg dahin abhängig von einem freien religiösen Diskurs, der wiederum in Diktaturen nicht möglich ist.

In Tunesien wird an den Schulen und Universitäten zwar Philosophie gelehrt, doch vollkommen losgelöst von der eigentlichen Lebenspraxis und –situation des Landes und seiner Bürger. Nicht-Regierungsorganisationen, so genannte NGO's, sind genauso verboten wie öffentliche religiöse Diskussionen, die mit dem Hinweis einer Gefahr des Aufkeimens fundamentalistischer Strömungen unterbunden werden. Damit ist die Herausbildung einer öffentlichen Diskussionskultur in Tunesien ein beinahe aussichtsloses Unternehmen. Unruhen und Widerstand werden sofort im Keime erstickt und das Volk kaum darüber informiert. Im Schutze der Weltöffentlichkeit zum Zeitpunkt des Weltinformationsgipfels im November 2005 in Tunis traten Jurastudenten und kritische Journalisten in einen Hungerstreik, wohl wissend, dass sie in Tunesien aufgrund der Beteiligung an diesem Streik ihren Beruf nicht mehr würden ausüben können. Diese Aufopferungsbereitschaft einzelner politisch engagierter Menschen in Tunesien ist zu bewundern, da sie nicht selten die Erduldung von Folter und Isolationshaft einschließt. Man sollte nicht vergessen, dass diese Menschen deshalb Widerstand leisteten, um Europa, das den Despoten duldet und sogar unterstützt, zur Selbstkritik aufzurufen.

3.3 Theokratie versus Demokratie?

Der Politikwissenschaftler Wolfgang Merkel hält das Fehlen einer Trennung von Staat und Religion sowie die Tatsache, dass keine der europäischen Aufklärung vergleichbare Bewegung in der islamischen Welt stattgefunden habe, für die eigentliche Misere islamischer Staaten[2], was ich als eine viel zu einseitig westlich orientierte Argumentation beurteile.

---

1   Arkoun, Mohammed: Religion und Demokratie: Das Beispiel Islam, in: Heller, Erdmute und Mosbahi, Hassouna (Hrsg.): Islam, Demokratie, Moderne. Aktuelle Antworten arabischer Denker. München: Beck, 1998, S. 138-153, hier S. 152
2   Merkel, Wolfgang: Islam und Demokratie. Vortrag im Rahmen des Uni-Forums 2003 des Südwestrundfunks zum Thema „The Clash of Civilizations – Der Westen und die „islamische Welt".

Erstens mag eine Trennung von Staat und Religion zwar eine wichtige Voraussetzung der Demokratisierung sein, garantiert aber noch keineswegs mehr Demokratie. Dies lässt sich am Beispiel Tunesien sehr gut zeigen.

Tunesien nennt sich offiziell eine Präsidialrepublik. Obwohl es eines der muslimischen Länder darstellt, die Staat und Religion getrennt haben, herrscht in diesem Land eine der schlimmsten Diktaturen der arabischen Welt. In Tunesien werden Wahlen abgehalten, deren voraussehbares Ende es jedes Mal ist, dass die regierende Partei und der Staatspräsident Ben Ali mit überragender Mehrheit der Stimmen bestätigt werden. Aus den Präsidentschaftswahlen am 24. Oktober 2004 ging der Präsident Ben Ali mit 94,5% der Stimmen als voraussagbarer Sieger hervor. Damit wurde er für eine vierte fünfjährige Amtszeit wieder gewählt. Zuvor hatte eine Verfassungsänderung aus dem Jahre 2002 die bisherige Beschränkung der Wiederwahl einfach aufgehoben. Bedenkt man, dass er in den Jahren zuvor mit über 99 Prozent der Stimmen wieder gewählt worden war (natürlich auch nur unter Druck), wird das Ausmaß des untergründigen Widerstandes im Volk sichtbar. Die Präsidentenpartei RCD gewann bei den gleichzeitig ausgetragenen Parlamentswahlen eine überragende Mehrheit in der Nationalversammlung. Die einzige echte Oppositionspartei Ettajdid war zuvor stark benachteiligt und in ihrer Wahlkampagne behindert worden. Die führende Oppositionspartei PDP hatte die Wahl von vornherein boykottiert und öffentlich eine „Farce" genannt. Weitere Oppositionsparteien durften nicht teilnehmen, auch unabhängige Wahlbeobachter wurden nicht zugelassen. Die tunesische Wahlpraxis verdient die Bezeichnung „Farce". Neben der Wahlurne befinden sich zwar Kabinen, wer jedoch von einer dieser Kabinen Gebrauch macht, ist von vornherein politisch verdächtig und muss mit entsprechenden Restriktionen rechnen, genauso wie derjenige, der öffentlich sein Kreuzchen unter eine andere Partei als die Regierungspartei macht. Das Land wurde also nicht von innen heraus reformiert. Ben Ali wurde gar nicht durch Volkswahlen in sein Amt gehoben, sondern putschte sich selbst in dieses Amt. Tunesien erfüllt nur bestimmte äußere Kriterien von Demokratie und Säkularisierung, um sie dem Westen vorzeigen zu können, der dieses Scheinspielchen bereitwillig mitmacht. Er erhofft sich von Tunesien Hilfe in der Flüchtlingsproblematik und Kontrolle der fundamentalistischen Muslime.

Zweitens ist das Argument, dass die islamischen Länder eine Aufklärung wie Europa sie hatte, brauchen würden, zu pauschal und vereinfachend und außerdem irrational. Die Geschichte der europäischen Aufklärung lässt sich nicht wiederholen. Dieses Argument ist wohl das, was in der islamischen Welt am wenigsten auf Gehör stoßen wird. Ein Beispiel für diese sich schützende und ablehnende Haltung gegenüber dem Vorwurf, keine Aufklärung vollzogen zu haben, ist die Rede des Vorsitzenden der Islamischen Religionsgemeinschaft

Hessen (IRH). Ramazan Kuruyüz verneinte in seiner Rede zum Iftar-Empfang im Oktober 2006 eindeutig die Frage, ob für den Islam eine der europäischen Aufklärung vergleichbare Bewegung nötig gewesen wäre.

> „Die Kritik bzw. die Forderung von bestimmten Kreisen in Europa an die Adresse der Muslime, von diesen heutigen Missständen in der islamischen Welt ausgehend, dass dem Islam die Aufklärung fehlt und er eine Aufklärung wie im Christentum braucht, ist nicht berechtigt und zeigt nur die Unkenntnis derjenigen über die Geschichte und die historischen Fakten. Das europäische Christentum richtete sich insbesondere gegen die Kirche: Der Kampf der Aufklärung galt den überkommenen Machtstrukturen in der katholischen Kirche wie Inquisition, der geistigen Bevormundung durch sie und den Papst sowie dem vernunftfeindlichen Pietismus der Protestanten. Historisch, faktisch und quellenmäßig nachweisbar gelten diese oder vergleichbare und ähnliche Voraussetzungen für den Islam nicht."[1]

Natürlich verkennt Kuruyüz hier die Parallele zwischen den theokratischen Strukturen islamischer Staaten und den Machtstrukturen der katholischen Kirche. Dennoch hat er damit Recht, dass die Verhältnisse, unter denen die europäische Aufklärung stattgefunden hat, sich nicht einfach auf die islamische Welt übertragen lassen. Es ist auch viel sinnvoller für einen Dialog mit dem Islam, an die in ihm bereits vorhandenen aufgeklärten Strömungen innerhalb von islamischer Theologie und Philosophie anzuknüpfen. In diese aufgeklärte islamische Tradition gehören auch jene moderne Muslime, die die Grundlagen ihrer Religion auf eine Kompatibilität mit den Anforderungen einer Demokratie prüfen.

All zu oft wird vergessen, dass ausgerechnet jene Staatsform nicht mit sunnitischem Staatsverständnis vereinbar ist, mit der westliche Kritiker den Islam gern identifizieren, nämlich die Theokratie. Theokratische Konzeptionen sind keineswegs eine Erfindung des Islam, sondern waren Regierungsgrundlage der antiken römischen Kaiser in Bezug auf den geforderten Kaiserkult und Grundlage vieler alter Kulturen wie zum Beispiel die der ägyptischen, griechischen, chinesischen und japanischen Kultur. Auch die zwölf Stämme Israels bildeten eine Theokratie. Die katholische Kirche lehnt bis heute den Laizismus ab.

Unbestreitbar ist jedoch, dass die Verbindung zwischen Religion und politischer Macht im Islam intensiver und traditionsreicher gewesen ist als im Christentum. Während das Christentum sich drei Jahrhunderte lang gegen die Staatsmacht des Römischen Reiches behaupten musste, ist der Islam schon in seiner Anfangszeit mit Staatsführung und Rechtsprechung eine enge Verbindung eingegangen. Dies ist auch der Grund dafür, dass der Islam nicht genötigt war, eine Kirche aufzubauen, denn die *Umma* selbst war die äußere Form, in der sich der

---

1 http://islam.de

Islam manifestierte. Die Frage der Führung der islamischen Gemeinschaft geriet schon mit dem Umayyadenkalifat zu einer Machtfrage und zu einer illegitimen Überhöhung der Staatsführung: wieder Nahrung für das Missverständnis, islamische Staaten seien theokratisch. Die Kalifen handelten nicht im Sinne des Volkes. Nach ursprünglich islamischer Vorstellung soll der Herrscher seinen Untertanen jedoch ein gottgefälliges Leben ermöglichen. Tut er dies nicht, sollen sich die Untertanen auf ihre Gottessouveränität berufen und dürfen durchaus Widerstand gegen Willkür üben. Das Umayyadenkalifat versuchte diesen Volksrechten entgegen zu wirken, indem es sich als von Gott prädestiniert ausgab und damit versuchte, jedes begangene Unrecht zu legitimieren.

Es wurde aber schon deutlich, dass rationale Strömungen im Islam die Vorstellung der Prädestination verneinen.

> „Die islamische Welt hat über Jahrhunderte ihr Schicksal nicht an Grundlagen und Prinzipien gebunden, sondern an Personen, die für unantastbar erklärt wurden. In der Terminologie des Korans bezeichnet man dies als *schirk* (Vielgötterei, Polytheismus).“[1]

Hat man aber keinen von Gott direkt inspirierten Propheten mehr, so fehlt auch die Berechtigung für eine theokratische Staatsform. Eine spezifisch islamische Herrschafts- oder Staatsform gibt es also entgegen geläufiger Annahme nicht.[2]

Aus dem Koran lassen sich das so genannte Präsidialprinzip ableiten und der Anspruch, dass der Islam Staatsreligion sein müsse. Aus diesen beiden Aussagen hat sich in der Vergangenheit das häufige Missverständnis ergeben, dass der islamische Staat theokratisch sei, was eine Vereinfachung, ja sogar Verfälschung darstellt.

Das Präsidialprinzip meint eine Regierungsform, in der an der Spitze des Staates ein Staatschef (Kalif) zu stehen hat, der die Nachfolgefunktion des Propheten erfüllen soll. Diesem Kalifen kommt aber nicht die Stellvertreterfunktion Gottes zu, sofern man darunter die Herrschaft einer Person von Gottes Gnaden oder eines Klerus versteht, der ein Interpretationsmonopol für religiös-politische Fragen beansprucht und ungehindert herrschen darf. Der Koran lässt keinen Zweifel darüber, dass niemand vollgültig in die Fußstapfen des Propheten treten kann und bezeichnet Mohammed als „Siegel der Propheten" (Sr 33, 40), also als letzten der Propheten. Der Islam verbindet auch insofern Staat und Religion miteinander, als dass der Islam Staatsreligion sein muss, das heißt, das Staatsoberhaupt, das in der Nachfolge des Propheten steht, natürlich Muslim sein muss und die gesamte Rechtsordnung am Koran als oberstem Gesetz ausgerichtet ist. Ein

---

1   Öztürk, Yasar Nuri: Die Zeit nach den Propheten, in: DIE ZEIT 09/2003
2   Vgl. Halm, Heinz: Islamisches Rechts- und Staatsverständnis. Islam und Staatsgewalt. Orientalisches Seminar Tübingen.

weiteres Prinzip, das sich aus dem Koran ableiten lässt (vgl. Sr 42, 38), ist das Konsultationsprinzip, das einer Alleinherrschaftsform vorzubeugen scheint. Die Kalifen wurden nach dem Tode Mohammeds durch Beratung und Wahl der *Umma* bestimmt.

> „Die in Medina versammelten Muslime einigten sich nach kurzer, scharfer, a-ber, wie es scheint, ohne theologische Argumente geführter Auseinanderset-zung darauf, nur *einen* Führer als Nachfolger *(khalifa,* Kalif) Muhammads zu wählen, und zwar gemäß dem genealogischen Prinzip *(nasab)* aus dessen Stamm, den Quraish." [1]

Zu diesem Konsultationsprinzip passt die uralte muslimische Überzeugung, dass allen Menschen grundsätzlich die gleichen Mittel zur Verfügung stehen, um Gottes Offenbarung zu deuten; es gibt keinen privilegierten Zugang zur Wahr-heit für Einzelne oder Gruppen. Hier lässt sich ein Ansatzpunkt für politische Mitbestimmung des Volkes ableiten. So wie bereits die ersten Kalifen durch Be-ratung bestimmt wurden, sind die Regierenden verpflichtet, sich vor wichtigen Entscheidungen mit den Vornehmen und Weisen des Reiches zu beraten. Diese ausgewählten Männer, Frauen sind hier nicht erwähnt, repräsentieren allerdings noch nicht notwendig die vorherrschende Volksmeinung. So ist hieraus auch noch keine Volkssouveränität abzuleiten. Volkssouveränität kann es in einem islamischen Staat grundsätzlich nur in eingeschränktem Maße geben. Die Mehr-heitsentscheidung stößt immer dort an Grenzen, wo die Mehrheit gegen die reli-giösen Prinzipien des Islam entscheiden könnte. Grundsätzlich kann das Volk aber die Regelung seiner Angelegenheiten an den Herrscher delegieren, diese Vorstellung ließe sich bei weiterer Ausdehnung mit parlamentarischen Prinzi-pien in Einklang bringen, ist jedoch davon abhängig, dass der Herrscher wirk-lich an der Meinung des Volkes interessiert ist.

Eine gewählte Regierung und ein unabhängiges, vom Volk gewähltes Par-lament wären auch für einen islamischen Staat ein denkbares institutionelles Ar-rangement, das sich aber hinsichtlich der Quellen des Rechts von westlichen Demokratien unterscheidet. Nach westlicher Vorstellung schließt eine demokra-tische Verfassung auch Vorkehrungen zur Gewaltenteilung zwischen Exekutive, Legislative und Judikative ein. Dies ist der islamischen Staatslehre ebenfalls weitgehend fremd, doch kann der Herrscher seine Macht an Untergebene dele-gieren. Es gibt auch kein eigenes Legislativorgan, da die göttlichen Gesetze e-wig sind und der Mensch sie nur auslegen darf. Diese Auslegung kann aber im Rahmen einer parlamentarischen Ordnung geschehen, und zwar nicht nur durch

---

1   Krämer, Gudrun: Geschichte des Islam, S. 28

Rechtsgelehrte, sondern durch gewählte Abgeordnete.[1] Die innermuslimische Diskussion thematisiert zurzeit, inwieweit dieses Prinzip mit einer parlamentarischen Mehrparteiendemokratie gleichzusetzen sei.

Eine radikale Trennung von Staat und Religion, ein Experiment, das die Türkei seit den 40er Jahren des letzten Jahrhunderts eingegangen ist, erfordert allerdings auch die vollkommene Säkularisierung des islamischen Rechtssystems.

Obwohl in Tunesien keine Demokratie herrscht, ist dieser Punkt im Ansatz umgesetzt. In ein säkulares Rechtssystem, das an Frankreich orientiert ist, fließt reflektiert religiöses Recht ein. Dadurch, dass aber kein freier religiöser Diskurs herrscht, ist diese Entwicklung eingefroren, was sehr bedauerlich ist, denn sie könnte für andere islamische Staaten eine Orientierung sein.

Insgesamt stellt diese Forderung die islamischen Staaten vor zumindest theoretische, theologische Probleme. Die Sunniten halten zwar nicht mehr am Kalifat fest, jedoch daran, die Schari'a als gesetzliche Grundlage eines islamischen Staates einzusetzen. Man kann deshalb nicht von allen islamischen Staaten erwarten, der Türkei zu folgen. Die Sunniten sind nicht gegen Demokratisierung, aber gegen eine völlige Säkularisierung ihres Rechtssystems. Es ist für die Mehrheit der Muslime auch fraglich, ob das in einem islamischen Staat überhaupt notwendig ist.

> „Solange die Scharia durchgesetzt wird, erscheint ihnen die Staatsform nebensächlich. Sie vertreten mehrheitlich die Auffassung, Koran und Sunna schrieben den Muslimen lediglich einige allgemeine Prinzipien vor: das Beratungsprinzip *(arab. shura)*, das politische Mitsprache, wenn nicht gar eine parlamentarische Demokratie islamisch begründen soll; die Verantwortlichkeit der Regierenden vor Gott und den Menschen, die als geregelte Rechenschaftspflicht (...) dienen soll; die Unabhängigkeit der Justiz, die aus der Unverfügbarkeit des göttlichen Gesetzes abgeleitet wird, in das die weltliche Obrigkeit nicht eingreifen darf. Damit sind Grundsätze einer >guten Regierungsführung< *(good governance)* angesprochen, die internationale Organisationen von der Weltbank bis zum Weltwährungsfonds seit Jahren propagieren."[2]

Grundsätzlich sind mit dem islamischen Glauben also ganz unterschiedliche Staatsformen vereinbar, auch dann, wenn die Schari'a die Grundlage des Rechtssystems bildet. Eine theokratische Staatsführung mit Herrschaftsmonopol in einem islamischen Staat ist hinsichtlich der religiösen Quellen eher schlecht zu le-

---

1   Vgl. zu diesen Ausführungen auch Krämer, Gudrun: Islam, Menschenrechte und Demokratie: Anmerkungen zu einem schwierigen Verhältnis. Bertha Benz-Vorlesung. Ladenburg 2003
2   Ebenda.

gitimieren. Es besteht keine generelle Demokratieunfähigkeit islamischer Staaten. Unterschiedliche Demokratisierungsansätze sind möglich. Eine klassisch westliche Demokratie ist aber innerhalb eines islamischen Staates, der kein säkularisiertes Rechtssystem hat, schwierig aufgrund fehlenden Mehrheitsprinzips und fehlender Gewaltenteilung zu verwirklichen. Mit der Meinungsfreiheit hatte auch die antike Demokratie ihre Probleme. Die Entwicklung für mehr Meinungsfreiheit im Islam benötigt ebenfalls Zeit, wird allerdings dort sehr schwierig werden, wo sie an orthodoxe Vorstellungen und religiöse Traditionen stößt. Vorausgesetzt, islamische Staaten bringen einen eigenen inneren Willen zur Demokratisierung auf, so fänden sie wohl dann am ehesten zu einer ihnen gemäßen und authentischen Form der Demokratie, wenn sie nicht einfach westliche Demokratien kopierten, sondern aus einem offenen religiösen Diskurs heraus das im Islam selbst angelegte Demokratiepotential entfalteten und zur Anwendung brächten. Dabei sollte auch möglich sein, dass islamisches Recht in einer reformierten Fassung Grundlage des islamischen Staates ist. Ein hohes Ziel, das Toleranz und gedankliche Freiheit erfordert und das wohl nur dann erreicht werden kann, wenn man sich an die aufgeklärten und rationalen Strömungen innerhalb der eigenen islamischen Tradition erinnert, statt sie zu verdrängen.

4   Konzepte des Islam in Europa

Der Anteil der Muslime an der Gesamtbevölkerung der EU beträgt 3,5 %, damit
beläuft sich die Zahl der in Europa lebenden Muslime zurzeit auf rund 13 Millionen. Davon sind etwa 70,9 % türkischer Abstammung, die zweitgrößte Gruppe
kommt aus Bosnien und Herzegowina (mit 6,3 %). Rund 3,2 Millionen Muslime
leben in Deutschland und fünf bis sechs Millionen in Frankreich, wo die muslimische Bevölkerung vor allem aus den ehemaligen Kolonien Nord- und Westaf-
rikas stammt. In Deutschland hingegen sind es vor allem Gastarbeiter aus der
Türkei, die seit den 50er Jahren angeworben wurden. In größeren Zahlen leben
außerdem Muslime aus Irak, Marokko und Iran, Kasachstan und Afghanistan in
Deutschland, ihnen folgen mit einem anteilsmäßigen Abstand Muslime aus dem
Libanon, Pakistan und Syrien.[1] Die Rolle der Herkunftsländer ist natürlich zu
berücksichtigen, da der Islam sich hier jeweils unter unterschiedlichen kulturellen Vorzeichen ausgeprägt hat. Die Türkei sieht sich daher zu Unrecht als
Sprachrohr aller in Deutschland lebenden Muslime an.[2] Diese Muslime sind in
einer in der islamischen Geschichte weitestgehend unbekannten Situation der Diaspora. Sie leben in einem säkularen Staat und müssen sich deshalb selbst orga-
nisieren. Die Mehrzahl der Muslime gehört zur hanafitischen Rechtsschule, eine
der vier Interpretationsschulen, die die Sunniten als verbindlich anerkennen. Die
hanafitische Rechtsschule hält in der erschwerten Diasporasituation, in der sich
die Muslime in westeuropäischen Ländern befinden, die rechtliche und staatspo-
litische Seite des Islam für aufgebbar und richtet ihre Religion auf den privaten
Lebensbereich aus. Sie nimmt damit eine Haltung ein, die von vielen Europäern
auch für die Demokratisierung eines islamischen Staates als notwendig erachtet
wird. So wie die Sunniten die zahlenmäßig stärkste Konfession im Islam überhaupt stellen, so macht auch ihr Anteil an den in Deutschland lebenden Muslimen etwa 80 % aus. Die Schiiten sind dagegen lediglich mit 4 % in Deutschland
vertreten. Eine Untergruppe der Schiiten stellen die Aleviten, deren Glaubens-
praxis sich insofern von der der Sunniten und Schiiten abhebt, als bei ihnen religiöse Pflichten wie das rituelle Gebet, das Fasten usw. keine Rolle spielen und
statt dessen rituelle Zusammenkünfte auch unter Beteiligung von Frauen und
Kindern abgehalten werden. Die Aleviten wurden aus der islamischen Welt entsprechend häufig ausgeschlossen und verfolgt und können sich in einer Gesellschaft, die Religionsfreiheit garantiert, neu entwickeln. Da sie auch die Schari'a

---

1   Alle Angaben vgl. http://www.orientdienst.de/muslime/muslimeeuropa.shtml
2   Vgl. Çem Özdemir: Die Integration des Islam in der Bundesrepublik Deutschland, in:
     Fritsch-Oppermann, Sybille (Hrsg.): Islam in Deutschland – Eine Religion sucht ihre
     Einbürgerung. Rehburg-Loccum, 1. Aufl. 2000, S. 175-189, hier S. 177

nicht beachten und den säkularen Staat befürworten, gelten sie in Deutschland als problemlos integrierbar.

4.1 Muslimische Organisationen in Deutschland

Die Muslime in der Diaspora verfügen über keine einheitliche Vertretung. Auch innerhalb der Mehrheit des sunnitischen Glaubens gibt es ein buntes Mosaik an Organisationen. Viele dieser Organisationen haben sich erst seit 1994 in zwei konkurrierenden Spitzenverbänden zusammengeschlossen: Der „Islamrat der Bundesrepublik Deutschland" und der „Zentralrat der Muslime in Deutschland", auch abgekürzt mit ZMD. In der Bundesrepublik gibt es außerdem insgesamt elf bundesweit aktive islamische Dachverbände.[1] Bevor auf diese Organisationen näher eingegangen werden soll, ist jedoch darauf hinzuweisen, dass nur etwa 10 bis 15 % der in Deutschland lebenden Muslime diesen Organisationen zugeordnet werden. Über 80 % der Muslime in Deutschland sind also nicht organisiert und bilden die große schweigende Mehrheit.

Die mitgliederstärkste islamische Organisation in Deutschland, die als Ableger der türkischen Religionsbehörde 1982 gegründet wurde, ist DİTİB - Diyanet Işleri Türk-Islam Birlikleri – mit etwa 150.000 Mitgliedern. Die Organisation war von der Türkei als Gegengewicht gegenüber den in Deutschland vertretenen antilaizistischen Gruppen gedacht und vertritt den Grundsatz der Trennung von Religion und Staat. Immer mehr geht es in dieser Organisation aber vorrangig um den Erhalt der türkisch-islamischen Identität. Auch das laizistische Konzept ist nicht überzeugend umgesetzt. DİTİB legt zwar Wert darauf, kein Ableger des Ministeriums in Ankara zu sein, aber de jure und de facto sind die Imame und die Vorstandsmitglieder von dieser Behörde abhängig. Negativ auf die Kontinuität eines Dialogs wirkt sich die Tatsache aus, dass die Imame aus der Türkei turnusmäßig nach fünf bis sechs Jahren ausgetauscht werden und meist kaum Deutsch sprechen. Gemäß den türkischen Verfassungsprinzipien sind Staat und Religion getrennt, aber über die oberste Religionsbehörde kann der Staat Einfluss auf die Gestaltung und Organisation des religiösen Lebens nehmen. Diese Bindung an den Staat zeigt sich auch darin, dass sich Angehörige einer DİTİB-Gemeinde nicht nur als Muslime, sondern auch als staatstreue Türken fühlen. Eine solche Orientierung führt dann zum Beispiel dazu, dass man in der Frage eines künftigen islamischen Religionsunterrichtes an staatlichen Schulen den Standpunkt vertritt, dass dieser nur in der Muttersprache der Schüler (also Türkisch) erfolgen solle und bei der Erstellung eines Lehrplanes das Ministerium in Ankara zu beteiligen sei. Neuerdings ist die Organisation stärker um den

---

1   Vgl. Faruk Şen; Hayrettin Aydın: Islam in Deutschland. München: Beck, 2002, S. 50

Dialog mit Deutschland bemüht und organisierte am 21. November 2004 eine Demonstration gegen Gewalt, die im Namen des Islam verübt wird. Weitere wichtige türkisch-islamische Organisationen sind die „Islamische Gemeinschaft Milli Görüş" (IGMG) mit einer vom deutschen Verfassungsschutz angegebenen Mitgliederzahl in Höhe von 26.500, der Verband der Islamischen Kulturzentren (VIKZ) mit ca. 20.000 Verbandsmitgliedern, wobei die Gemeindemitgliederzahl das Fünffache beträgt, und die Türkisch-Islamische Union in Europa (ATİB) mit etwa 11.500 Mitgliedern.

Die Islamische Gemeinschaft Milli Görüş (IGMG) nimmt nach eigenen Angaben ihre Aufgabe, ihren Mitgliedern zu einem islamgerechten Leben zu verhelfen, bewusst vor dem Hintergrund wahr, dass diese sich außerdem als vollwertige Mitglieder einer westeuropäischen Gesellschaft fühlen. Der Verband betrachtet Koran und *Sunna* als Richtung weisend und umgeht kulturell gebundene Auslegungen, er setzt seinen theologischen und sozialen Schwerpunkt in die Verwirklichung einer Ethik, für die „grundlegende Werte wie Hilfsbereitschaft, Selbstlosigkeit und Solidarität bestimmend sind."[1] Die IGMG will sich nach Eigenangaben außerdem auch an gesellschaftlichen Diskursen beteiligen,

> „die der Lösungsfindung für die wirtschaftlichen, politischen und sozialen Probleme der Gesellschaft dienen. Zu diesen Themen steht sie, sich an den islamischen Quellen orientierend, im Gespräch mit politischen und anderen gesellschaftlichen Gruppen."[2]

Nimmt man diese Selbstdarstellung beim Wort, so würde sie auch eine bewusste Anerkennung des bundesdeutschen Grundgesetzes voraussetzen. Tatsächlich werden „Milli Görüş" aber immer wieder fundamentalistische, antidemokratische und antisemitische Parolen vorgeworfen, die besonders in der Nationalzeitung „Milli Gazete" erscheinen. Der Aktivitätsschwerpunkt von „Milli Görüş" liegt eben nicht in einer engagierten Dialogbereitschaft mit der westeuropäischen Gesellschaft, sondern in der Zementierung der eigenen islamischen Identität, die keineswegs liberal ausgelegt wird. In Verfassungsschutzberichten tauchten die Vorwürfe auf, dass in der IGMG-Zentrale Scientology-Seminare abgehalten worden seien und dass die IGMG ein Sammelbecken für die islamischextremistische türkische Refah Partei sei. Damit, dass die IGMG Mitglied im übergeordneten „Islamrat für die Bundesrepublik Deutschland" ist, strebt sie die Anerkennung als Körperschaft des öffentlichen Rechts an.

> „Nach den Erkenntnissen der Verfassungsschutzämter handelt es sich bei der IGMG um eine Organisation, die das Fernziel verfolgt, die Gesellschaft in der Türkei und letztlich auch in unserem Lande zu islamisieren. Obwohl sich die

---

1 Vgl. http://www.igmg.de (das islamische Portal)
2 Vgl. ebenda.

IGMG in unserem Lande nach außen hin als demokratiefreundlich gibt, erstrebt sie die Abschaffung der laizistischen Staatsverfassung der Türkei mit dem Ziel der Einführung einer islamischen Staats- und Gesellschaftsordnung. Das ist ein System, das dort, wo es praktiziert wird, z. B. im Iran, im Sudan, in Saudi-Arabien oder in Afghanistan den Grundrechten, vor allem dem Grundrecht auf freie Entfaltung der Persönlichkeit, sowie den Grundprinzipien demokratischer Rechtsstaaten keinen Raum lässt."[1]

Die VIKZ stellt einen der ältesten Dachverbände türkischer Muslime in Deutschland dar. Das erste „Islamische Kulturzentrum" wurde bereits 1973 gegründet. Dem VIKZ sind heute rund 300 Gemeinden angeschlossen. Der Verband ist ursprünglich aus der Nurculuk-Bewegung hervorgegangen, eine mystische Ausrichtung des Islam, die hauptsächlich von intellektuell geprägten Muslimen getragen wird, die in Folge der Korankommentare des kurdischen Denkers Said Nursi (1876-1960) sich mit dem Ziel um eine Neuinterpretation des Korans bemühten, sich den Themen der Zeit zu stellen. Diese Tradition wird aber in Deutschland kaum weiter entwickelt. Stattdessen ist das Augenmerk des Verbandes in Deutschland vor allem auf die Wahrung der türkisch-islamischen Identität der Jugendlichen gerichtet. Der Verband (ATİB) ist zudem antilaizistisch eingestellt und noch stärker dem türkischen Nationalismus zugewandt, kümmert sich jedoch auch um die Ausbildung muslimischer Frauen, allerdings nur in den traditionellen hauswirtschaftlichen Bereichen.

Die Mehrheit der in Deutschland lebenden Türken setzt sich kaum intellektuell mit dem Islam auseinander. Der Schwerpunkt liegt in der religiösen Praxis, ganz typisch für den gesamten Islam, der eher praktisch als intellektuell orientiert ist. Sie praktizieren religiöse Riten wie das tägliche Gebet, das Einhalten der Speisevorschriften, das Fasten zum Ramadan, die Beteiligung am Opferfest und das Almosengeben. Diese Handlungen sind laut einer Studie der Stiftung Zentrum für Türkeistudien auch für türkische Jugendliche sehr wichtig, um eine eigene religiöse Identität in einer christlichen Umwelt zu erhalten, auch wenn sie sich ansonsten eng mit Deutschland verbunden fühlen und kaum mehr an eine Rückkehr in die Türkei denken. Vorherrschende Themen der in Deutschland lebenden Muslime sind dann auch nicht theoretischer, sondern eher praktischer Natur: Es geht weniger um die grundsätzliche Frage, auf welchen religiösen Grundlagen sich der Westen und die islamische Welt annähern könnten als vielmehr um spezielle Fragen wie islamischer Religionsunterricht, Schwimmunterricht und Kopftuchstreit. Wie auch schon die Entwicklung der DİTİB zeigt, die ursprünglich für einen laizistischen Islam eintreten sollte, so ist es nachvollziehbar, dass in einer Diaspora-Situation die Frage nach der eigenen Identität in den Vordergrund rückt

---

1   Otto Schily: Islam in Deutschland – Islam in Europa, in: Fritsch-Oppermann, Sybille (Hrsg.): Islam in Deutschland, S. 161-173, hier S. 165 f.

und vor dem Hintergrund einer überwiegend säkularen Gesellschaft die Rückbindung an die eigenen religiösen Wurzeln gesucht wird. Das ist menschlich, aber gerade für ein zukunftsfähiges säkulares multikulturelles Zusammenleben braucht Deutschland beziehungsweise Europa muslimische Partner, die an der Weiterentwicklung des säkularen, freiheitlichen und toleranten Grundmusters des gesellschaftlichen Zusammenlebens interessiert sind statt nur an der Nutzung der rechtlichen Spielräume zwecks Absicherung der Selbstisolation.

4.2 Euro-Islam

Einerseits treffen wir in Europa auf den Immigranten-Islam, der auf die aggressiven und kriegerischen Elemente des Islam weitgehend verzichtet, beziehungsweise verzichten muss und auch das Konzept der Tolerierung von Juden und Christen als Schutzbefohlene notwendig übergehen muss, da sich ja die Muslime selbst in einer Minderheitensituation befinden. Dennoch wird für den eigenen Glauben geworben und die westliche Vorstellung von der Moderne ausdrücklich abgelehnt. Andererseits kommen unter dem europäischen Schutz von Meinungsfreiheit und Demokratie auch Islamvertreter zu Wort, die ihre Religion von kämpferischen Elementen wie Missionierung und islamische Dominanz befreit haben und sich außerdem ganz bewusst und bedingungslos zu Demokratie und Menschenrechten nach dem Verständnis der UN-Charta bekennen. In diesem Kontext wird auch von einem „Euro-Islam" gesprochen, der eine natürlich gewachsene Variante in Bosnien hat.

Der langjährige Kulturreferent des Oberseniors der islamischen Glaubensgemeinschaft im damaligen Jugoslawien Husein Djozo (gestorben 1982) hat zum Beispiel eine islamische Theologie für das säkulare Zeitalter entwickelt, in der er die Zeitgebundenheit der Offenbarung betont. Ihm geht es genau wie Abu Bakr Zaid darum, die Grundabsichten, die der Koran formuliert, von seinem eigentlichen Wortlaut abstrahierend herauszustellen und für die moderne Zeit neu anzuwenden.

> „Ein und dasselbe Problem kann zu einer anderen Zeit ein völlig neues Gewicht haben. Demnach muss jedes Problem entsprechend der jeweiligen Situation angegangen werden."[1]

Europa bietet also einen wichtigen Schutzraum für die rationalen Strömungen im Islam und deren moderne Vertreter. Das ist deshalb so wichtig, weil auf diese Weise der Traditionalismus überwunden werden kann, der mit dem Islam oft ein altes orientalisches Kulturgut verbindet, das der ursprünglichen Motivation des Islam entgegenläuft. So beschneidet dieses Kulturgut die Rechte der Frauen in

---

1 Husein Djozo, zitiert nach: Balić, Smail: Islam für Europa, S. 49

weitaus stärkerem Maße, als dies von Mohammed für gut geheißen worden wäre und widersetzt sich der Auseinandersetzung mit der modernen Zeit und ihren speziellen Erfordernissen. Diese rückwärts gewandte Sicht ist merkwürdigerweise gar nicht dem Charakter des Propheten entsprechend, der sich mit den sozialen und politischen Voraussetzungen seiner Zeit aktiv auseinandersetzte. Dies betont auch Djozo:

> „Die Ausarbeitung und Anwendung des islamischen Gedankens durch Muhammad sind durch Notwendigkeiten, Probleme und Bedingungen des gegebenen historischen Augenblicks determiniert worden. Muhammads großer Erfolg lag darin, dass er den Lauf der Geschichte und ihre Gesetze erkannt und ihnen entsprechend gehandelt hat. Dies zwingt uns beinahe, seiner Praxis lediglich den Charakter eines *iğtihâd* zuzuschreiben."[1]

Ein klassischer Vertreter des Euro-Islam ist der muslimische Politologe Bassam Tibi. Er postuliert für einen künftigen „Euro-Islam" fünf normative Grundlagen: Pluralismus, Toleranz, Säkularität, demokratische Zivilgesellschaft und individuelle Menschenrechte. Bassam Tibi betont in vielen seiner Veröffentlichungen die Notwendigkeit des Vorantreibens eines „Euro-Islams", in dem die modernen rationalen Strömungen des Islam weiterentwickelt werden können.[2] „Wir müssen von den Muslimen im Geiste der Aufklärung fordern, dass sie hier Religion und Gemeinwesen, in dem sie Bürger sein wollen, trennen."[3] Diese laizistische Grundvoraussetzung wird von den meisten muslimischen Verbänden in Deutschland leider nicht geteilt. Von deutscher Seite spiegelt sich in dem Verlangen nach einem „Euro-Islams" sicherlich die Befürchtung, dass in Deutschland weiterhin Gruppen entstehen könnten, die fundamentalistisches und gewaltbereites Gedankenpotential pflegen und verbreiten. Auch Otto Schily hält es für nötig, seine Dialogbereitschaft ganz klar einzugrenzen. Er betont zwar, die Bundesregierung halte „den interkulturellen und interreligiösen Dialog für eine der wichtigsten Zukunftsaufgaben unserer Zeit"[4], zieht für diesen Dialog aber deutliche Grenzen.

> „Die Grundwerte unserer Verfassung, ich könnte auch hinzufügen, die Universalität der Menschenrechte, auf die auch das Grundgesetz verweist – stehen unter keinen Umständen zur Disposition, gegenüber keiner Religion."[5]

---

1   Husein Djozo, zitiert nach: Balić, Smail: Islam für Europa, S. 48 f.
2   Vgl. Tibi, Bassam: Europa ohne Identität? Leitkultur oder Wertebeliebigkeit. München: Bertelsmann, 1988
3   Tibi, Bassam: „Nur Euro-Islam sollte in Europa Platz haben!" Tendenzen-Gespräch (www.tendenzen.de/interviews/int499.htm)
4   Ebenda, S. 167
5   Ebenda, S. 166

Es ist bedauerlich, dass die in Deutschland garantierten Rechte und Freiheiten von den meisten islamischen Dachverbänden für eine offene religiöse Diskussion noch zu wenig genutzt und stattdessen die internen Unterschiedlichkeiten gepflegt werden. Ein anderes Handicap ist die Umklammerung der Dachverbände durch Organe der türkischen Regierung, so dass Veränderungsimpulse ausgebremst werden. Europa bietet den Muslimen genau die Voraussetzungen, die ihre eigenen Staaten ihnen nicht zugestehen wollen: das uneingeschränkte Recht der Meinungsfreiheit und die Möglichkeit der offenen Diskussion des eigenen religiösen Standortes. Nur wenige Muslime, die in Europa leben, nutzen diese Rechte dazu, über die Situation im eigenen Land und innerhalb ihrer Religion frei zu reflektieren und weiterführende Gedanken zu entwickeln. Dabei böte sich in Europa die große Chance, den entwicklungshemmenden Teufelskreislauf zwischen fehlender Demokratie und notwendigem religiösen Diskurs zu durchbrechen.

Der Islamkundler Heinz Halm, Dozent am Orientalischen Seminar in Tübingen, sieht die Forderung nach einem Euro-Islam allerdings auch kritisch. Er stellt zum einen die Notwendigkeit eines solch veränderten Islam in Frage und hält ihn zum anderen für kaum realisierbar. In Bezug auf die fragwürdige Umsetzbarkeit führt er die Zersplitterung der Muslime in unterschiedliche Organisationen an. In Bezug auf die Forderung eines Euro-Islam gibt er zu bedenken, dass es dem Staat nicht zustehe, inhaltliche Definitionen innerhalb einer Religion zu fordern. Die Religion müsse sich dem Staat ja sowieso anpassen, täte sie dies nicht, wäre dies ein Fall für den Verfassungsschutz und die Organisation würde verboten, wie das Verbot der Organisation „Kalifatstaat" ja auch gezeigt habe.[1] Insofern stimme ich Halm zu, dass ein Euro-Islam von westlicher Seite her nicht gefordert werden kann, solange die muslimischen Organisationen sich dem Grundgesetz der Bundesrepublik Deutschland fügen. Spannungsfelder sollten aber thematisiert werden, so dass sich ein freier Dialog entwickeln kann. Denn dauerhafte Anpassung ohne innere Überzeugung fördert das Gefühl der Fremdheit. Bassam Tibi setzt seine Hoffnung auf die schweigende Mehrheit der Muslime, die nicht organisiert sind. Der Euro-Islam will den Islam in seiner Lehre und Praxis mit der pluralistischen Demokratie und ihrer weltlichen Verfassung kompatibel zu machen. Dass der Islam den Anforderungen der Moderne gerecht werden kann, haben die vorausgegangenen Ausführungen gezeigt. Reformerische Muslime sprechen in Bezug auf Europa freilich nicht von „Euro-Islam", sondern von „modernistischer Auslegung" oder „Historisierung" der Quellen.[2]

„Dass Muslime ihre Kultur, ihre im Koran und in der Tradition wurzelnde Lebenswelt in den europäischen Ländern aufgeben werden, ist kaum zu erwarten.

---

1 Vgl. Heinz Halm: Was ist „Euro-Islam"? Muslime und Islam in der Diaspora. In: Islam und Globalisierung. Heft 2/3/2003
2 Vgl. Lerch, Wolfgang Günter: Auf dem Weg zum Euro-Islam?, in: FAZ vom 17.10.2006

Maßstab für Veränderungen muss jedoch in Deutschland das Grundgesetz sein, seine Standards bei den Menschenrechten, der Gleichberechtigung von Mann und Frau, der Religionsfreiheit, um nur die wichtigsten Punkte zu benennen."[1]

Auf welche Weise die in Europa lebenden Muslime dies leisteten, sei ihre Aufgabe, so Lerch. In der Tat liegt hier das allergrößte Problem. Allerdings habe, so Lerch, nicht nur die moderne europäische Philologie und Hermeneutik, sondern auch der frühe Islam selbst Methoden der Koraninterpretation entwickelt, deren rationaler Ansatz geeignet wäre, so etwas wie einem Euro-Islam den Weg zu ebnen. Anfänge dazu seien schon gemacht, wie die Lehrstühle für islamische Theologie in Münster und Frankfurt zeigten. Eine akademische islamische Theologie, die den Obskurantismus vieler Koranschulen in Hinterhöfen obsolet mache, müsse etabliert werden.[2] Und auch der muslimische Religions- und Kulturwissenschaftler Smail Balić mahnt an: „Das Verharren in zum Teil schon längst überholten patriarchalischen Lebensgewohnheiten wird auf die Dauer im aufgeklärten Europa nicht möglich sein."[3]

Die Problematik veranschaulicht sich an einer aktuellen Debatte. In einem immerhin kontrovers diskutierten Beschluss der dritten Islamkonferenz vom März 2008 wurde der Plan formuliert, dass an deutschen Schulen flächendeckend islamischer Religionsunterricht eingeführt werden soll. Dieser praktischen Forderung nach Gleichberechtigung steht aber eine zentrale Kritik gegenüber, die der Religionspädagoge Jürgen Heumann beispielsweise so formuliert: „Wenn ein solches Fach eingerichtet wird, dann muss es den Kriterien der Wissenschaftlichkeit, Aufklärung, Selbstkritik und des Dialoges genügen."[4] Gleichzeitig kritisiert Heumann aber auch die deutsche Regierung:

> „Der Staat hat es seit Jahrzehnten versäumt, Lehrstühle für islamische Religionspädagogik zu ermöglichen, die vergleichbar den Lehrstühlen für evangelische und katholische Religionspädagogik historisch-kritisch ausbilden."[5]

Auch hier befinden wir uns in einer Diskussion, für die es fraglich ist, wieweit sich deutsche Öffentlichkeit einmischen darf. Denn einerseits ist es Sache der Muslime, ihren Religionsunterricht an deutschen Schulen so abzuhalten, dass er mit der Verfassung in keine Konflikte gerät und das Mitspracherecht christlicher Theologen und Religionspädagogen ist da für Muslime wohl nur schwer einzu-

---

1   Lerch, Wolfgang Günter: Auf dem Weg zum Euro-Islam?, in: FAZ vom 16.10.2006
2   Vgl. ebenda.
3   Balić, Smail: Islam für Europa, S. 11
4   Lossi, Heiko: Religionsforscher warnt vor Islam-Unterricht. Prof. Jürgen Heumann kritisiert flächendeckende Einführung des Fachs, in: Nordwest-Zeitung vom 22. März 2008, S. 10
5   Ebenda.

sehen. Andererseits ist es schwer erträglich, an deutschen Schulen einen Unterricht zu wissen, der wissenschaftlichen Methoden den Rücken kehrt.

Einen etwas anderen Weg als Bassam Tibi mit seiner Forderung nach einem „Euro-Islam" beschreitet Tariq Ramadan, der Enkel des Begründers der ägyptischen Muslimbruderschaft. Er will die Schari'a als Richtwert für die Handlungen eines Muslims in Europa erhalten und unterzieht diese einer kritischen Analyse. Gleichzeitig beklagt er die intellektuelle Passivität vieler Muslime. Ramadan sieht das Leben in Europa ganz klar als Chance für die *Umma*.[1]

Die Forderung der Etablierung eines Islam, der nicht mit den Werten des säkular-christlichen Abendlandes kollidiert, ist zweifelsohne berechtigt und notwendig, wenn man die europäische Identität nicht vollständig in Frage stellen lassen will. Auf dem „Dialog der Kulturen", der im Juni 2006 in Wien stattfand, ist hinsichtlich eines solchen interreligiösen Dialogs bereits einiges an Fortschritten erzielt worden. Diese Forderung nach Integration verlangt vom Islam nichts, was nicht schon in seinen eigenen Wurzeln angelegt wäre.

Allerdings haben die vorangegangenen Kapitel auch gezeigt, dass zentrale abendländische Werte wie Toleranz, Religionsfreiheit, Meinungsfreiheit und Demokratie vom Islam nicht in gleicher Weise kopiert werden können, sondern dass ein eigenes Verständnis in der muslimischen Welt immer erarbeitet werden muss. Es wird Aufgabe der in Europa lebenden Muslime sein, dieses Verständnis so zu entwickeln, dass es nicht mit deutschem bzw. europäischem Recht kollidiert. Es gab Zeiten, in denen das Abendland von der islamischen Welt lernte, sollte es jetzt nicht möglich sein, vom Abendland zu lernen, Anschluss an die eigene Vernunfttradition zu finden? Wäre dies nicht ein Akt, der Frieden stiften würde, fundamentalistischen Gruppen den Wind aus den Segeln nähme und vergessen ließe, dass die erste Renaissance scheiterte? Balić sieht in der Entwicklung eines an Europa angepassten Islam nicht nur eine Assimilationsleistung der Muslime an Europa, sondern auch eine Chance für die muslimische Welt selbst, die eigenen Probleme anzugehen:

> „Die Frage, wie sich die Muslime zu den demokratischen Gesellschaftsstrukturen des säkularisierten Europa verhalten werden, ist von entscheidender Bedeutung für die Zukunft. Es liegt auf der Hand, dass sie sich aus den hier laufenden demokratischen und emanzipatorischen Prozessen auf die Dauer nicht heraushalten können, selbst wenn sie es wollten. Von ihrer Anpassungsfähigkeit, ihrem Anteil an den gemeinsamen Weltproblemen, ihrer Solidarität mit den Mitbürgern anderer Weltanschauungen und von einer Erweiterung ihres religiösen Bewusstseins im Sinne einer Aufnahmebereitschaft für die großen geistigen Errungenschaften der Aufklärung hängt weitgehend sowohl ihr persönliches, als auch ihr kollektives Wohlergehen ab."[2]

---

1   Ramadan, Tariq: Muslimsein in Europa. Marburg: MSV, 2001
2   Balić, Smail: Islam für Europa, S. 12

Andererseits ist es aber auch Aufgabe des Europäers, dem Islam das Recht auf die eigene Kultur, Religion und Identität zu lassen und ihn nicht vorschnell zu verurteilen oder zu verdächtigen.

4.3 Ausblick: Voneinander lernen in Gleichberechtigung

Anfang des dritten Jahrtausends nach Christus leben wir in Europa in einer Welt, die Religion an sich mehr und mehr in Frage stellt. „Eine neue Generation von Skeptikern und Wissenschaftlern hat sich aufgemacht, die Welt vom Glauben zu befreien"[1], stellte jüngst das Magazin „Der Spiegel" fest und widmete dem Thema einen Titel. Jedoch klingt in dem Artikel auch Skepsis gegenüber der neuen Glaubensfeindlichkeit an:

> „Es ist, als würde nun auch die Aufklärung ihre Fundamentalisten hervorbringen." (...) Bisweilen scheint es, als würde auf alles eingeschlagen, was sich dem Messbaren entzieht, ohne dem Geheimnis einen Raum zu lassen, als wäre unsere Zeit nicht schon an sich ausgenüchtert genug. (...) Lässt sich vom Glauben überhaupt etwas retten, ohne damit gleich zu Komplizen der Gotteskrieger und Kreationisten zu werden?"[2]

Die oben zitierte Frage zielt auf das neue Phänomen in der westlichen Welt, ganz „unaufgeklärt" zu Pauschalisierungen zu greifen und unter dem Eindruck fundamentalistischen Terrors Glauben mit Krieg, Barbarei und Dummheit zu identifizieren. Die kritische Frage des „Spiegel" ist mehr als angemessen und ein erfreuliches Beispiel für notwendige Reflexion. Ende der 90er Jahre schrieb der katholische Theologe Peter Antes besorgt über das unreflektierte Verhältnis der Presse zu Islam und Terror:

> „Presse und Medien (...) verschweigen, dass die überwiegende Mehrheit der Muslime friedliebende Menschen sind und in den meisten Fällen ihre Integration in die Gesellschaft auch gelungen ist."[3]

Die sich allgemein ausbreitende Glaubensfeindlichkeit, die Religion mit Gewalt und Rückständigkeit zu identifizieren bereit ist, stellt eine soziale Ausgangssituation dar, die es nicht ratsam erscheinen lässt, dass die islamische und christliche Welt sich auch noch gegenseitig in Konkurrenz aufreibt. Der Dialog zwischen

---

2   Smoltcyk, Alexander: „Gott ist an allem Schuld". Der Kreuzzug der neuen Atheisten. Der Spiegel Nr. 22, 26.05.2007
2   Ebenda.
3   Antes, Peter: Dialog mit dem Islam, in: Graf, Peter; Antes, Peter: Strukturen des Dialogs mit Muslimen in Europa. Frankfurt a. M. u. a. : Peter Lang Verlag, 1998, S. 19-49, hier S. 38

Islam und Christentum scheint also auch nötig zu sein, um Glauben und Religion wieder ein besseres Image zu verschaffen. Dabei könnte dies dem Islam helfen, seine rückständigen und modernefeindlichen Tendenzen aufzuarbeiten. Das moderne Christentum ist seinerseits ein Filtrat der europäischen Aufklärung und der Dialog mit ihm könnte dem Islam helfen, eigene Wege in die moderne Welt zu beschreiten. Die Parallelen zwischen der Vergangenheit der christlichen Kirche und dem Islam sind groß, wie die vorausgegangenen Ausführungen dieses Essays gezeigt haben dürften. So groß, dass diese Ähnlichkeit wohl besonders den protestantischen Vertretern eines liberalen Christentums geradezu unheimlich sein dürfte.

> „Konkret heißt dies, dass die christliche Theologie in den letzten hundert Jahren die historisch-kritische Methode für die Exegese übernommen, Ergebnisse der Naturwissenschaft und der Humanwissenschaften in die Theoriebildung einbezogen und wichtige Ansätze der Religionskritik aufgegriffen und verarbeitet hat, so dass vor allem für die protestantische Theologie vieles von dem, was Muslime heute als ihr Schriftverständnis, als göttliche Weisung, ja als Theologie in den Dialog einbringen, wie ein vormoderner Versuch einer längst aufgegebenen christlichen Position erscheint, teilweise erinnert es viele kritische Protestanten an fundamentalistische Positionen im eigenen Lager. Deshalb tun sich viele evangelische Pastoren schwerer, auf Muslime zuzugehen, als ihre katholischen Priesterkollegen."[1],

meint Peter Antes. In Anbetracht einer sozialen Stimmung in Europa, die sich anschickt, Religion in erster Linie mit Gewalteskalation und Bedrohung zu assoziieren, sollten Islam und die christliche Ökumene aber nach einem gemeinsamen Konsens suchen, um Antworten auf ein neues atheistisches Denken bereitzustellen. Beide Religionen sollten an einem positiven Außenbild arbeiten, indem sie ein gemeinsames Gegengewicht schaffen zu einer Welt der zunehmenden Technisierung und Oberflächlichkeit, einer Welt, in der immer mehr der Materialismus und immer weniger die Mitmenschlichkeit zählt. Der Islam ist sicherlich nicht nur dazu fähig, der westlichen Öffentlichkeit ein abschreckendes Bild von Intoleranz und Inhumanität zu liefern. Ich halte den Islam angesichts seiner überragenden Geistesgeschichte ebenfalls für fähig, mit dem Christentum in einen Dialog zu treten. Von diesem Dialog könnten für den Islam Impulse ausgehen, die ihm helfen, ein bewusstes Verhältnis zur eigenen Geschichte zu finden und die eigenen Glaubensgrundlagen kritisch zu reflektieren. Wir sollten den Muslimen immer eine Einsicht zugute halten, die in diesem Essay wohl gewonnen worden sein dürfte: Viele der Probleme, die uns heute als muslimisch erscheinen, sind in Wahrheit nicht muslimisch, sondern spiegeln eher die historische Auseinandersetzung des Monotheismus mit einer säkularisierten und aufgeklärten Welt. Es sind auch nicht so sehr die religiösen Grundlagen, die eine

---

1 Ebenda, S. 33 f.

Anpassung an diese säkularisierte Welt erschweren, sondern vielmehr die schwierigen politischen Umstände, in denen sich die arabische Welt seit längerer Zeit befindet. Einem Großteil der Christen könnte dieser Dialog hingegen dabei helfen, den eigenen Glauben mehr in die Lebenspraxis zu heben, vom Umgang mit der Trauer über solidarisches Verhalten bis zur praktizierten Nächstenliebe. Muslime leben ihren Glauben häufig konsequenter, als dies Christen mit ihrer Religion tun und dies ist jetzt nicht in negativer Hinsicht gemeint. Deutsche Jugendliche interessiert am Islam meist auch eher das praktische religiöse Leben als der theologische Hintergrund. Eine Faszination, die gerade für junge westliche Menschen vom Islam ausgeht, ist seine Gemeinschaft stiftende Kraft und seine Festigkeit gegenüber Werten, die in der westlichen Welt mehr und mehr verloren gehen. Europa wird vom Islam gleichermaßen der Spiegel vorgehalten und es sieht in diesem Spiegel nicht nur positive Werte wie Demokratie und Freiheit, sondern auch ausufernden Kapitalismus und Werteverfall.

Die Bedeutung des Gemeinschaftsgefühls in der islamischen Welt wurde mir in Tunesien vor allem während der Ramadan-Zeit bewusst. Es war faszinierend zu erleben, wie Menschen wochenlang gemeinsam fasteten und dieser gemeinsame Wertkonsens von keinen materialistischen Interessen überlagert wurde. Die Läden hielten sich bis hin zum großen französischen Supermarkt Carrefour an eingeschränkte Öffnungszeiten. Alle Cafés sind im Monat Ramadan mit schwarzen Tüchern verhängt und Esstheken öffnen erst gegen Sonnenuntergang.

Am Verhalten meiner Studenten wurde mir klar, dass der Ramadan mehr ist als ein religiöses Fest, sondern er auch einen stärkenden Charakter hat, der auf den Einzelnen zurück wirkt. Im Jahre 2005 fiel der Beginn des Fastenmonats auf Anfang Oktober und es war noch ziemlich heiß. Der Unterricht an der Universität lief weiter. Vor mir saßen müde Studenten und Studentinnen, die nichts gegessen und getrunken hatten. Mittags heizte der Saal auf, es waren noch dreißig Grad im Schatten. Ich darbte mit, denn öffentlich zu essen oder zu trinken wäre unhöflich gewesen. Die kleine Mensa auf dem Gelände der Universität war geschlossen. Die Wochen strichen langsam dahin und jeder sehnte das Ende des Fastenmonats herbei und träumte von süßem Ramadan-Gebäck und frischem Orangensaft. Als es endlich soweit war, wünschten sich alle „Aid Mabrouk" und umarmten sich. Die Cafés und auch die Mensa hatten wieder geöffnet, auf den Straßen war wieder Leben und man konnte wieder seine Wasserflasche mit in den Unterricht nehmen. Da fing ich langsam an zu begreifen, was Ramadan der islamischen Welt bedeutet. Ich erkannte das noch deutlicher, als ich bei meiner Vorlesung eine Anspielung wagte. Ich musste den Studenten erklären, was die deutsche Vokabel „heimlich" heißt in der Kurzgeschichte „Das Brot" von Wolfgang Borchert. In der Nachkriegszeit, als es feste Lebensmittelrationen gab, isst ein deutscher Mann heimlich das Brot seiner Frau, mit der er seit neununddreißig Jahren verheiratet ist. Ich demonstrierte gestisch das Essen hinter vorgehaltener Hand und erklärte ihnen, das sei wohl das, was sie alle im Ramadan getan hätten. Allerdings hätten sie nicht fremdes, sondern eigenes Brot heimlich gegessen. Die Studenten hätten jetzt beleidigt sein können, aber sie lachten stattdessen und in ihrem Lachen schwang Bewunderung dafür mit, dass ich offen ein scheinbares Tabu benannte. In Wirklichkeit wusste jeder von jedem, dass alle nur mehr oder weniger gut die Fastenzeit durchhielten. Aber es ging ja auch gar nicht so sehr darum, dem anderen nicht seine Heimlichkeiten zu gönnen, sondern vielmehr um die Demonstration von Stärke und Solidarität nach außen, um die Stärkung des Zusammenhalts der islamischen Gemeinschaft. Ein Erleben, das dem westlichen Menschen allenthalben im Sportstadion noch möglich ist, das er im Alltag aber schmerzhaft entbehrt.

Solidaritätsbewusstsein und der christliche Leitgedanke der Nächstenliebe sind nicht so weit voneinander entfernt, nur mit dem Unterschied, dass es uns im Westen immer weniger gelingt, diesen Gedanken auch in den gesellschaftlichen Alltag hinein zu tragen. Könnten wir da von den Muslimen nicht auch einen Impuls empfangen? Wünschenswert wäre eine Entwicklung, die es ermöglicht, dass Muslime in der westlichen Welt ein wirkliches Zuhause finden und die gleichzeitig dem westlichen Menschen das Gefühl gibt, zu ursprünglichen Werten wie Mitmenschlichkeit statt Egoismus („Geiz ist geil"), Gemeinschaft statt Vereinsamung („Jeder ist sich selbst der Nächste"), Solidarität statt Egoismus („Jedem das seine") und Selbstbeherrschung statt übermäßigen Drogenkonsums („Saufen bis der Arzt kommt") zurück zu finden. *In Tunesien lernte ich die Stärke der Werte Gemeinschaftsgefühl und Disziplin neu schätzen, denn würden sich mit der Armut dieses Landes noch Egoismus und Alkoholkonsum mischen, wäre dieser Staat kaum überlebensfähig.* Nicht alles, was die arabische Welt bereithält, ist schlecht oder dem Westen unterlegen. Dieser faule Zahl wäre dem „christlichen Abendland" erst einmal zu ziehen. Und diese Einsicht auch für ein Miteinander fruchtbar zu machen, erfordert als allerersten Schritt ein Aufeinanderzugehen ohne Vorurteile, sondern in gegenseitiger Achtung und Toleranz, wobei der Westen es ruhig wagen sollte, sich ehrlicher zu den eigenen Problemen zu bekennen und dem Islam mehr Gleichberechtigung im öffentlichen Raum zuzugestehen.

In dem angeblichen Bemühen um einen Dialog, in dem auch gemeinsame Zielsetzungen ausgearbeitet werden sollen, hat der Rat der Evangelischen Kirchen in Deutschland im November 2006 eine neue Handreichung vorgelegt. Die evangelische Kirche äußert in dem EKD-Papier „Klarheit und gute Nachbarschaft" ihren Willen,

„sich den konkreten Spannungsbereichen der gesellschaftlichen Integration und
des praktischen Zusammenlebens mit Muslimen zu stellen und nach Möglichkeiten ihrer Entspannung zu fragen."[1]

Die EKD betont einerseits theologische Differenzen, aber andererseits die vor-
dringliche Aufgabe, sich gemeinsam weltweit für den Frieden einzusetzen.[2] Dieses Papier kann jedoch nur als halb gelungen bezeichnet werden, denn alle großen muslimischen Verbände in Deutschland werfen den evangelischen Kirchen
vor, in ihm deutlicher als bisher Unterschiede zwischen Muslimen und Christen
hervorgehoben zu haben, etwa im Blick auf Gottesverständnis, Mission und gemeinsames Gebet. Vorurteile und Klischees gegenüber Muslimen würden be-
nützt, um die Überlegenheit der christlichen Kirche zu behaupten.

Wenn man mit den Muslimen in einen gelingenden aktuellen Dialog treten will, so darf man auch nicht vergessen, dass dieses Dialogbedürfnis gar nicht
so sehr auf muslimischer Seite besteht, weil die Muslime große Angst davor haben, an Identität zu verlieren. Das westliche Dialogbestreben hat sich erst in Anschluss an terroristische Bedrohung und durch nicht mehr zu übersehene Integ-
rationsprobleme der in Europa lebenden Muslime entwickelt. Wir können nun
nicht erwarten, dass Muslime Freude strahlend dieses Dialogangebot annehmen.
Die meisten in Deutschland lebenden Muslime haben auch nur einen einfachen
Schulabschluss und sind mit theologischen Fragestellungen zunächst einmal ü-
berfordert. Vielmehr suchen sie bei den Deutschen vor allem konkrete Hilfe für
ihr Alltagsleben in Deutschland. Gemeinsam für Frieden einzutreten, ist nun
auch keine theologische, sondern eine praktische Forderung und dürfte durchaus
auf Verständnis bei vielen Muslimen stoßen, die sich von Gewalt, die unter dem
Deckmantel des Islam ausgeübt wird, distanzieren. Selbst für Frieden eintreten
zu können, erfordert jedoch zunächst einmal, mit sich selbst einigermaßen im
Reinen zu sein.

„Wenn ein Dialog stattfinden soll, dann mit dem Ziel, gemeinsam zu handeln
zum Wohle aller, was in den meisten Fällen der Ungleichbehandlung von Muslimen und Christen in der Gesellschaft eigentlich nur eine konkrete Unterstützung für die Anliegen der Muslime bedeuten kann."[3],

meint Peter Antes in seiner Eigenschaft als Religionswissenschaftler und wirft
damit indirekt auch ein kritisches Licht auf das EKD-Papier. Vorrangig spielt er
dabei auf die Tatsache an, dass der Islam in Deutschland nicht als Körperschaft
öffentlichen Rechts anerkannt ist und Muslime damit auch kaum eine Möglich-

---

1   EKD-Texte 86: Klarheit und gute Nachbarschaft. Eine Handreichung des Rates der EKD.
    Hrsg. vom Kirchenamt der Evangelischen Kirche in Deutschland. Hannover 2006, S. 13
2   Vgl. ebenda, S. 20
3   Antes, Peter: Dialog mit dem Islam, S. 48

keit haben, am öffentlichen Leben in Deutschland wirklich aktiv und gleichberechtigt teilzunehmen.

> „Die Muslime würden es begrüßen, wenn auch sie einmal wie in Frankreich üblich ein religiöses Wort in den Tag im Rundfunk und Fernsehen sprechen könnten und wenn Imame als Hausgeistliche in Krankenhäusern, beim Wehr- und Zivildienst sowie in Gefängnissen die seelsorgerliche Betreuung für Muslime übernehmen könnten. Sie möchten auch das Recht haben, islamische Privatschulen einzurichten, wie dies den Christen für ihre Privatschulen seit langem zugestanden wird." [1]

Der Grund, warum ihnen all diese Ansprüche verwehrt werden, ist natürlich ein grundsätzliches Misstrauen, dass sich verfassungsfeindliche Strömungen in Deutschland breit machen könnten. Dieses Misstrauen verhindert aber gleichzeitig ein echtes tolerantes Miteinander in Deutschland. Tatsächlich wäre diese Gleichstellung im öffentlich-rechtlichen Raum auch die Grundlage für ein Gespräch, das auf der gleichen Augenhöhe stattfinden könnte, so wie es die aufgeklärten Theologen Abdoldjavad Falaturi auf muslimischer und Hans Jochen Margull auf christlicher Seite bereits gefordert und formuliert haben. Erst wenn das Selbstbewusstsein und die innere Sicherheit der Muslime weltweit wächst und sich stabilisiert, wird man wohl mit Recht erwarten dürfen, dass Muslime wieder Anschluss finden an den frühen Abschnitt islamischer Geschichte, in dem Fortschritt und kritische Reflexion der eigenen religiösen Grundlagen, Wissenschaft, Forschung und freie Kunst nichts Bedrohliches waren, sondern der islamischen Welt Stärke und innere Stabilität vermittelten. So gesehen haben die Forderungen, die Peter Antes unterstützt, ihre Berechtigung, jedoch stehen auch diese im Spannungsfeld von Bildung, Toleranz und historisch-kritischem Denken einerseits und nicht vorangetriebener islamisch-theologischer Forschung andererseits, das in diesem Essay beschrieben wurde.

Der Islam sollte aber auch bereit dazu sein, sich mit hermeneutischen Methoden wenigstens auseinanderzusetzen und einen eigenen Umgang mit ihnen schaffen. Zumindest auf Islam in Europa bezogen ist ein so dichtes Zusammenleben ansonsten viel zu Konflikt beladen. Das heißt ja nicht, dass der Islam nicht auch eine Modernekritik formulieren darf.

Kritische Selbstreflexion des Westens ist im Dialogprozess mit der islamischen Welt jedoch auch in vielen Punkten nötig. Denn Entmythologisierung und Verwissenschaftlichung haben in der westlichen Welt keineswegs zu der erhofften Ordnung und Sicherheit geführt. Vielmehr ist unsere Zeit vom Klimawandel bis hin zu unfreiwilliger Kinderlosigkeit moderner Paare von Faktoren bedroht, die man als beängstigende Nebenwirkungen einer immer unnatürlicheren Lebensführung und einer immer stärker technisierten Welt bezeichnen kann. Fort-

---

1 Ebenda, S. 46 f.

schritt produziert immer auch neue Probleme. Dies gilt für die Naturwissenschaften, für die Politik und die Gesellschaft ganz allgemein. Ein Beispiel hierfür wären auch die rasant fortschreitenden Biowissenschaften, die uns mit ethischen Fragen konfrontieren, denen wir uns erst noch gewachsen zeigen müssen. So stellen beispielsweise Präimplantationsdiagnostik oder Therapieverfahren mit embryonalen Stammzellen die Frage nach der Würde des Menschen ganz neu. Die Möglichkeiten des Wissens und der Einflussnahme, die sich uns mit rasender Geschwindigkeit auftun, lassen die Frage nach dem Wert des Menschen zu der Frage seines Nutzens, seiner Wirtschaftlichkeit und Erwünschtheit pervertieren. Gott erscheint da nur noch als hinderliche Größe. Gerade vor diesem Hintergrund gerät die angebliche Überlegenheit des Westens in der Menschenrechtsdiskussion ins Schwimmen und für die Dialektik der Vernunft braucht man gar nicht mehr den Nationalsozialismus anzuführen, sondern kann jetzt getrost auf US-amerikanische Methoden im Kampf gegen den Terror verweisen. Die moderne Welt ist und bleibt ambivalent und durchaus nicht nur von Vernunft beherrscht. Das Bemühen, Ordnung herzustellen, erzeugt in der Moderne Ambivalenz und Chaos.[1] In dieser Situation ist die Überlegenheit des so genannten „christlichen Abendlandes" keineswegs sicher und gegeben. Wir können es uns deshalb auch gar nicht leisten, die islamische Welt nicht ernst zu nehmen. Möglicherweise macht es den Westen besonders empfindlich, dass der Islam ihn auf seine eigenen Schwächen stößt, tiefenpsychologisch gesprochen: ihm seine Schattenseiten spiegelt.

Radikale Muslime, die in Europa leben, sich von der europäischen Gesellschaft aber abwenden, schätzen zwar die Freiheiten des Westens,

> „sie verachten aber zugleich eine Gesellschaft, die ihre Religion angeblich mit Füßen tritt, die die Freiheit höher schätzt als den Glauben. Sie verachten eine Gesellschaft, die scheinbar keinen inneren Halt besitzt außer dem Materialismus, die sich auf strafrechtliche Normen, nicht aber auf kulturelle Leitbilder verständigen kann."[2]

Wenn auch Verachtung und Gewaltbereitschaft emotionale Reaktionen sind, denen man jede Dialogfähigkeit absprechen muss und man auch der formulierten Kritik nicht vorbehaltlos zustimmen mag, so sollte man das, was Muslime an

---

2   Vgl. Bauman, Zygmunt: Moderne und Ambivalenz. Das Ende der Eindeutigkeit. Hamburg: Junius, 1992

2   Souad Mekhennet, Claudia Sautter, Michael Hanfeld: Die Kinder des Dschihad, in: Göttermann, Lilo (Hrsg.): Denkanstöße 2008, München: Piper Verlag, 2007, S. 10-21, hier S. 11

3   Souad Mekhennet, Claudia Sautter, Michael Hanfeld: Die Kinder des Dschihad, in: Göttermann, Lilo (Hrsg.): Denkanstöße 2008. Ein Lesebuch aus Philosophie, Kultur und Wissenschaft. München: Piper Verlag, 2007, S. 10-21, hier S. 11

unserer Gesellschaft vermissen, doch als Diskussionsgrundlage für eine kritische Selbstreflexion annehmen. Muslime beobachten mit Entsetzen einen Werteverfall in unserer Gesellschaft, dessen Konsequenzen wir uns früher oder später werden stellen müssen.

Der Islam hat in den letzten Jahrzehnten eine Vielzahl reformistischer Strömungen entwickelt, um das Spannungsverhältnis zwischen Moderne und Religion zu lösen. Er beginnt, auch zu modernen westlichen Problemen von Wissenschaft und Forschung Stellung zu beziehen, befindet sich hier aber noch in den Anfängen des Diskurses. Dass er diesen Diskurs ausbauen muss, ergibt sich aus der obigen Darstellung vieler Teilprobleme islamischer Staaten. So hat die islamische Welt auch die Frage neu zu überdenken, wie sie sich zu Forschung und Technisierung positionieren will. Der Frage sollte sich die islamische Welt im Diskurs offen stellen und sie nicht umschiffen, indem Regierungen islamischer Staaten beispielsweise den Import westlicher Technik über Ausreden rechtfertigen.

Angesichts terroristischer Bedrohung kann der Westen auch einen Beitrag zum Frieden leisten, indem er die schon früh in der Geschichte bewiesene Diskursfähigkeit des Islam neu einfordert und ein gleichberechtigtes Gespräch mit dem Islam für die kritische Reflexion der eigenen Entwicklung innerhalb der postmodernen Gesellschaft nutzt. Keine Frage, dass das von beiden Seiten viel verlangt ist. Imperialismus und eine ungerechte Weltwirtschaft haben jedoch zu der bedrohlichen Situation geführt, vor der der Westen zurzeit steht. Die Reaktion auf sie kann keinesfalls darin bestehen, die eigenen demokratischen Grundlagen nun einzuschränken, denn damit würden wir unsere Glaubwürdigkeit endgültig verlieren. Sie sollte darin bestehen, Ruhe zu bewahren und selbstkritisch die natürlichen Grenzen einer auf Kapitalismus, Technisierung, Freizügigkeit und Verweltlichung angelegten Gesellschaft auszuloten. Wie weit dürfen wir gehen, ohne dass Technisierung zu Realitätsverlust und Inhumanität führt, sexuelle Freizügigkeit nicht zum Exhibitionismus verkommt und Kapitalismus nicht zu einem perversen, verschwenderischen Lebensstil führt?

Der Islam dagegen muss seine Dialogbereitschaft auf Dauer verbessern und weltweit die intellektuellen Voraussetzungen dafür schaffen. Die Tatsache, dass dies ein großes Ziel ist, das noch weit entfernt zu sein scheint, heißt nicht, dass man es nicht ins Auge fassen sollte. Der Islam sollte sich im kulturellen Dialog die Frage gefallen lassen, wie er gedenkt, Freiheit und Religion miteinander in Einklang zu bringen. Wie gedenkt er seinen zentralen Solidaritätsgedanken zu verwirklichen, ohne die persönliche Entwicklung des in der *Umma* lebenden Individuums auf unwürdige Weise zu beschneiden? Tatsache ist, dass Reformen, die staatlich verordnet werden, wie zum Beispiel die Abschaffung der Polygamie in Tunesien, eigentlich tote Reformen sind, weil sie aus keinem gesellschaftlichen Diskursprozess erwachsen sind. Die islamische Welt muss

Schritt für Schritt ihre grundsätzlich vorhandene Diskursfähigkeit zurück er-
obern und ausbauen sowie eine Neuinterpretation ihrer religiösen Texte einschließlich deren Überlieferungsgeschichte entwickeln. Dazu muss sich zunächst einmal etwas an der Tendenz verändern, an der Neuzeit orientierte Korankommentare zurückzudrängen. Diese Leistung *muss* sie vollbringen, will sie
als Dialogpartner wirklich ernst genommen werden. Ein Rückzug wird nur zu
weiterer Eskalation der Gewalt führen, auf Dauer wird es für die islamischen
Staaten in unserer globalisierten Welt nur den Weg nach vorne geben. Für diese
aktive Anstrengung benötigen sie aber mit Sicherheit vom Westen Zutrauen,
Ermunterung und Hilfe. Das zu leisten wird dem Westen ebenfalls mit Sicherheit nicht leicht fallen. Ein anstrengender Weg, der vor der Welt liegt, soll die
Begegnung zwischen dem Westen und der islamischen Welt nicht weiter eskalieren.

Es dürfte aber daneben deutlich geworden sein, dass es im Dialog zwischen Islam und westlicher Welt vorrangig gar nicht um theologische Fragen
geht, sondern um praktische Fragen der Gerechtigkeit, der Toleranz und Sicherung der Menschenwürde. Dringliche Fragen, die im 21. Jahrhundert neu ins
Auge zu fassen sind. Dieser Einsicht sollte sich auch die christliche Kirche nicht
verschließen und ihre praktischen Hilfsangebote verstärken, um muslimische
Bevölkerung in Europa in der Bewältigung eines Alltags zu unterstützen, der für
Muslime über lange Zeit nach ihrer Migration ein Alltag in einer kulturell fremden Umwelt bleibt.

5 Literaturverzeichnis

1 Primärwerke aus dem Arabischen

Der Koran
Übersetzung von Rudi Paret. Stuttgart: W. Kohlhammer, 2004

Der Koran
Kommentar und Konkordanz von Rudi Paret. Stuttgart: W. Kohlhammer, 1980

Al-Bukhārī. Sahih (Hadīthe)

At-Tabarī. Ta'rich (Annalen)

Abu l-'Ala al-Ma'arrī. Paradies und Hölle, aus dem Arabischen von Gregor Schoeler. München: Verlag C. H. Beck, 2002

Abu Nuwās. Divan. Hrsg. und kommentiert von A.A.M. al Ghazāhz. Beirut 1982 (Übersetzung aus dem Französischen)

Avicenna. Islamic Philosophy. Volume 41. Die Metaphysik Avicennas. Übersetzt und erläutert von Max Horten. Second Part. Institute for the History of Arabic-Islamic Science at the Johann Wolfgang Goethe University Frankfurt am Main, 1999

Averroës. Philosophie und Theologie von Averroës. Übersetzt von Marcus Joseph Müller. Mit einem Nachwort von Matthias Vollmer. Weinheim: VCH, Act Humaniora, 1991

Ibn Chaldūn. Buch der Beispiele. Die Einführung (al muqaddima), deutsche Übersetzung aus dem Arabischen. Auswahl, Vorbemerkungen und Anmerkungen von Matthias Pätzold, Leipzig 1992

Scheich Nefzaui. Der duftende Garten des Scheich Nefzaui. Die arabische Liebeskunst verbunden mit zugehörigen Texten aus der erotischen Dichtung der Araber. Übersetzt, bearbeitet und herausgegeben von Jan-Pieter Hooft. München: Heyne, 1966

Stowasser, Karl. At-Tahtāwī in Paris: ein Dokument des arabischen Modernismus aus dem frühen 19. Jahrhundert. Münster/Westfalen 1968

2 Werke über den Islam

Antes, Peter. Der Islam als politischer Faktor. Hrsg. von der Niedersächsischen Landeszentrale für politische Bildung. Hannover 1997

Balić, Smail. Islam für Europa. Neue Perspektiven einer alten Religion. Köln, Weimar, Wien: Böhlau, 2001

Ben Jelloun, Tahar. Papa, was ist der Islam? Berlin: Berlin Verlag, 2002

Bielefeld, Heiner. Muslime im säkularen Rechtsstaat. Integrationschancen durch Religionsfreiheit. Bielefeld: Transcript, 2003

Buchta, Winfried. Schiiten. München/Kreuzlingen: Hugeldubel, 2004

Falaturi, Abdoldjavad. Der Islam im Dialog. 5. erw. Auflage, Hamburg 1996

Frese, Hans-Ludwig. Den Islam ausleben. Konzepte authentischer Lebensführung junger türkischer Muslime in der Diaspora. Bielefeld: Transcript, 2002

Gnilka, Joachim: Bibel und Koran. Was sie verbindet, was sie trennt. Freiburg: Herder, 2004

Hendrich, Geert. Islam und Aufklärung. Der Modernediskurs in der arabischen Philosophie. Darmstadt: Wissenschaftliche Buchgesellschaft, 2004

Kerber, Walter (Hrsg.). Wie tolerant ist der Islam? München: Kindt Verlag, 1991

Khoury, Adel Theodor. Was ist los in der islamischen Welt? Konflikte verstehen. Freiburg im Breisgau: Herder, 1991

Khoury, Raif Georges (Hrsg.). Averroës (1126-1198) oder der Triumph des Rationalismus. Internationales Symposium anlässlich des 800. Todestages des islamischen Philosophen. Heidelberg: Universitätsverlag C. Winter, 2002

Krämer, Gudrun. Geschichte des Islam. München: Verlag C. H. Beck, 2005 - Islam, Menschenrechte und Demokratie: Anmerkungen zu einem schwierigen Verhältnis. Bertha Benz-Vorlesung. Ladenburg 2003

Küng, Hans. Der Islam. München: Piper, 2004

Luxenberg; Christoph (Pseudonym). Die syro-aramäische Lesart des Koran. Ein Beitrag zur Entschlüsselung der Koransprache. Berlin: Verlag Hans Schiler, 2004

Mabud, Shaik Abdul. Theory of Evolution – An Assessment from the Islamic Point of View. Cambridge 1993

Manji, Irshad. Der Aufbruch. Plädoyer für einen aufgeklärten Islam. Frankfurt am Main: Eichborn, 2003

Meddeb, Abdelwahab. Die Krankheit des Islam. Paris: Editions du Seuil, 2002

Mernissi, Fatema. Der politische Harem. Mohammed und die Frauen. Frankfurt am Main: Dagyeli, 1989

Paret, Rudi. Mohammed und der Koran. Stuttgart, Berlin, Köln, Mainz: W. Kohlhammer, 1976

Ramadan, Tariq. Muslimsein in Europa. Marburg: MSV, 2001

Schwartländer, Johannes (Hrsg.). Freiheit der Religion. Christentum und Islam unter dem Anspruch der Menschenrechte. Mainz: Grünewald, 1993

Şen, Faruk und Aydın, Hayrettin. Islam in Deutschland. München: Beck, 2002

Strohmaier, Gotthard. Avicenna. München: Beck, 1999

Tibi, Bassam. Im Schatten Allahs. München: Piper, 1994

Walther, Wiebke. Kleine Geschichte der arabischen Literatur. Von der vorislamischen Zeit bis zur Gegenwart. München: Beck, 2004

Zaid, Nasr Hamid Abu. Islam und Politik. Kritik des religiösen Diskurses. Übersetzt von Chérifa Magdi. Frankfurt am Main: dipa, 1996

2.1 Buchbeiträge, Zeitungsartikel, Internetveröffentlichungen und Vorträge über den Islam

al-Kalamawy, Soheir und Makki, Mahmoud Ali. Arabische Literatur, in: Deutsche UNESCO-Kommission: Kulturaustausch zwischen Orient und Okzident. Bonn 1985

180 *Literaturverzeichnis*

Antes, Peter. Dialog mit dem Islam, in: Graf, Peter; Antes, Peter: Strukturen des Dialogs mit Muslimen in Europa. Frankfurt am Main u. a.: Peter Lang Verlag, 1998, S. 19-49

Arkoun, Mohammed. Religion und Demokratie: Das Beispiel Islam. In: Heller, Erdmute/Mosbahi, Hassouna (Hrsg.): Islam, Demokratie, Moderne. Aktuelle Antworten arabischer Denker. München: Beck, 1998, S. 138-153

Broder, Henryk M.. Dialog? Nein, danke! Spiegel-online vom 25.02.2006

Der Spiegel. „Das Tuch ist ein Sexsymbol", Nr. 7, 11.02.2008, S. 116

Daiber, Hans. Die Technik im Islam, in: Stöcklein, Ansgar; Rassem, Mohammed (Hrsg.): Technik und Religion. In 10 Bänden und 1 Registerband. Düsseldorf: VDI-Verlag, 1990, Bd. 2, S. 102-116

Halm, Heinz. Islamisches Rechts- und Staatsverständnis. Islam und Staatsgewalt. Orientalisches Seminar Tübingen. (www.uni-tuebingen.de/orientsem/download/halm.pdf)
- Was ist „Euro-Islam"? Muslime und Islam in der Diaspora. In: Islam und Globalisierung. Heft 2/3/2003

Hock, Klaus. Suchet das Wissen, und sei es in China. Der Islam und die Wissenschaften. Unveröffentlichter Vortrag. (mit freundlicher Genehmigung des Referenten).

Horten, Max. Entwicklungsfähigkeit des Islam auf ethischem Gebiet, in: Ağabnâmeh. Volume of Oriental Studies presented to Edward G. Browne on his 60th birthday. Cambridge 1922 (Neudruck Amsterdam 1973)

Kermani, Navid. Das heilige Phantasma, in: DIE ZEIT 02/2003

Lau, Jörg. Keine Huris im Paradies, in: DIE ZEIT, 15.05.2003, Nr. 21

Lerch, Wolfgang Günter. Auf dem Weg zum Euro-Islam?, in: FAZ vom 16.10.2006

Lossi, Heiko. Religionsforscher warnt vor Islam-Unterricht. Prof. Jürgen Heumann kritisiert flächendeckende Einführung des Fachs, in: Nordwest-Zeitung vom 22. März 2008, S. 10

Machfus, Nagib. Das Leben als höchstes Gut. Gleichberechtigung, Toleranz und Gerechtigkeit sind Grundprinzipien der arabischen Welt. In: Frankfurter Rundschau vom 6. Oktober 2004, Dokumentation 7

Merkel, Wolfgang. Islam und Demokratie. Vortrag im Rahmen des Uni-Forums 2003 des Südwestrundfunks zum Thema „The Clash of Civilizations – Der Westen und die „islamische Welt".

Metzger, Albrecht. Islam und Politik. Bonn: Bundeszentrale für politische Bildung, 2002

Montaser, Abdel Halim. Naturwissenschaften, in: Deutsche UNESCO-Kommission: Kulturaustausch zwischen Orient und Okzident, Bonn 1985, S. 118-148

Özdemir, Çem. Die Integration des Islam in Deutschland, in: Fritsch-Oppermann, Sybille (Hrsg.): Islam in Deutschland – Eine Religion sucht ihre Einbürgerung. Rehburg-Loccum, 1. Aufl. 2000, S. 175-189

Öztürk, Yasar Nuri. Die Zeit nach den Propheten, in: DIE ZEIT 09/2003

Räisänen, Heikki. Doppelte Prädestination im Koran und im Neuen Testament?, in: Hohenheimer Protokolle, Bd. 61: Heil in Christentum und Islam. Hrsg.: Schmidt, Hansjörg, Renz, Andreas und Sperber, Jutta. Stuttgart: Akademie der Diözese Rottenburg-Stuttgart, 2004, S. 139-159

Schily, Otto. Islam in Deutschland – Islam in Europa, in: Fritsch-Oppermann (Hrsg.): Islam in Deutschland – Eine Religion sucht ihre Einbürgerung. Rehburg-Loccum, 1. Aufl. 2000, S. 161-173

Schimmel, Annemarie. Toleranz und Intoleranz im Islam, in: Tilman Seidensticker, Annemarie Schimmel, Ulrich Zwiener (Hrsg.): Demokratie, Menschenrechte in den arabischen Ländern. Der Weg Saad Eddin Ibrahims. Jena und Erlangen: Collegium Europaeum Jenense Palm &Enke, S. 24-31

Shabestari, Mohammad M. Der Islam und die Demokratie, in: Bergsdorf, Wolfgang (Hrsg.): Christoph-Martin-Wieland-Vorlesungen. Erfurt: Sutton Verlag, 1. Aufl. 2003

Smoltczyk, Alexander: „Gott ist an allem Schuld". Der Kreuzzug der neuen Atheisten. Der Spiegel Nr. 22, 26.05.2007

Steinbach, Udo. Menschenbild und Menschenrechte in Europa und der islamischen Welt, in: Tilman Seidensticker, Annemarie Schimmel, Ulrich Zwiener (Hrsg.): Demokratie, Menschenrechte in den arabischen Ländern. Der Weg Saad Eddin Ibrahims. Jena und Erlangen: Collegium Europaeum Jenense Palm & Enke, 2002, S. 32-50

Tibi, Bassam. „Nur Euro-Islam sollte in Europa Platz haben!"
Tendenzen-Gespräch (www.tendenzen.de/interviews/int499.htm)

Unbekannter Autor. Merkel kritisiert Opern-Absetzung aus Angst vor Terror, in: Frankfurter Rundschau vom 27.09.2006

Valentin, Joachim. Rationalität im Islam?, in: Stimmen der Zeit 2/2005, S. 75-89

von Wolzogen, Christoph. Der Islam und die Quellen der Aufklärung, in: Neue Zürcher Zeitung vom 23. April 1991 im Feuilleton

Zaid, Nasr Hamid Abu. Spricht Gott nur Arabisch? in: Die Zeit 05/2003
-     Wege zu einer neuen islamischen Methodik in der Hermeneutik. (http://www.ibn-rushd.org/Deutsch/Rede-AbuZaid-D.htm)

3   Allgemeine Literatur zum religiösen, philosophischen, geschichtlichen, soziologischen und politischen Hintergrund

Bauman, Zygmunt. Moderne und Ambivalenz. Das Ende der Eindeutigkeit. Hamburg: Junius, 1992

Bielefeld, Heiner. Auseinandersetzung um die Menschenrechte.
Zum vierten deutsch-iranischen Menschenrechtsseminar. November 1994 in Teheran. In: ORIENT. Zeitschrift des Deutschen Orient-Instituts 36 (1995), S. 19-27

Bloch, Ernst. Naturrecht und menschliche Würde. Frankfurt am Main: Suhrkamp Verlag, 1961

Brownlie, I.. Basic Documents on Human Rights. Oxford 1981

Die Heilige Schrift des Alten und Neuen Testaments
Hrsg. vom Kirchenrat des Kantons Zürich. Ausgeliefert durch die Württembergische Bibelanstalt Stuttgart 1972

EKD-Texte 86. Klarheit und gute Nachbarschaft. Eine Handreichung des Rates der EKD. Hrsg. vom Kirchenamt der Evangelischen Kirche in Deutschland. Hannover 2006

Göttermann, Lilo (Hrsg.): Denkanstöße 2008. Ein Lesebuch aus Philosophie, Kultur und Wissenschaft. München: Piper Verlag, 2007

Höffe, Ottfried u. a. (Hrsg.). Johannes Paul II und die Menschenrechte. Ein Jahr Pontifikat. Freiburg/Schweiz 1981

Jaspers, Karl. Wahre und falsche Aufklärung (1950), aus: Jaspers, Karl: Einführung in die Philosophie. München: Piper Verlag, 1974, S. 67-69

Kant, Immanuel. Beantwortung der Frage: Was ist Aufklärung? (1784), aus: Kant, Immanuel: Werke in sechs Bänden. Hrsg. von Wilhelm Weischedel. Darmstadt 1964, Band VI, S. 53-61

Küng, Hans. Existiert Gott? München: dtv, 1981

Küng, Hans und Kuschel, Karl-Josef (Hrsg.). Erklärung zum Weltethos. Die Deklaration des Parlamentes der Weltreligionen. München-Zürich 1993

Margull, Hans Jochen. Zeugnis und Dialog. Ausgewählte Schriften mit Einführungen von Th. Ahrens, L. Engel, E. Kamphausen, I. Lembke, W. Ustorf, W. Weiße und J. Wietzke. Perspektiven der Weltmission Bd. 13. Ammersbek bei Hamburg 1992

Mestiri, Omar und Bensedrine, Sihem. Despoten vor Europas Haustür. Warum der Sicherheitswahn den Extremismus schürt. München: Antje Kunstmann Verlag, 2005

Tibi, Bassam. Europa ohne Identität? Leitkultur oder Wertebeliebigkeit. München: Bertelsmann, 1988

Vorländer, Hans. Demokratie. Geschichte, Formen, Theorien. München: Beck, 2003

Waldron, Jeremy. God, Locke and Equality. Cambridge University Press, 2002

Weischedel, Wilhelm. Die philosophische Hintertreppe. Die großen Philosophen in Alltag und Denken. München: dtv, 1999

Westermann, Claus. Theologie des Alten Testaments in Grundzügen. ATD Ergänzungsreihe 6, Vandenhoeck & Ruprecht, Göttingen 1978

Würth, Anna. Dialog mit dem Islam als Konfliktprävention? Zur Menschenrechtspolitik gegenüber islamisch geprägten Staaten. Deutsches Institut für Menschenrechte Berlin. September 2003

4   Nachschlagewerke

Das Fischer Lexikon. Philosophie. Hrsg. von Diemer, Alwin; Frenzel, Ivo. Frankfurt am Main: Fischer, 1958

Handbuch philosophischer Grundbegriffe. Hrsg. von H. Krings, H. M. Baumgärtner, Chr. Wild. Bd. 1, München: Kösel Verlag, 1973

Reclams Bibellexikon. Hrsg. von Klaus Koch, Eckart Otto, Jürgen Roloff und Hans Schmoldt. Stuttgart: Philipp Reclam jun., 4. Aufl. 1987

Taschenlexikon Religion und Theologie. Hrsg. von Erwin Fahlbusch, Bd. 1-5. Göttingen: Vandenhoeck & Ruprecht, 1983

Theologische Realenzyklopädie (TRE). Hrsg. von Gerhard Müller in Gemeinschaft mit H. Balz, J. K. Cameron, C. Grethlein, S. G. Hall, B. L. Hebblethwaite, K. Hoheisel, W. Janke, V. Leppin, K. Schäferdiek, G. Seebaß, H. Spieckermann, G. Stemberger, K. Stock. Berlin: Walter de Gruyter GmbH, 2002

RELIGION IN DER ÖFFENTLICHKEIT

Herausgegeben von Jürgen Heumann
und Wolfgang Erich Müller

www.peterlang.de

Peter Lang · Internationaler Verlag der Wissenschaften

Tharwat Kades

Der Dialog zwischen Christen und Muslimen im Spannungsfeld von Tradition und Moderne

Frankfurt am Main, Berlin, Bern, Bruxelles, New York, Oxford, Wien, 2008.
108 S., zahlr. Tab.
Theion. Jahrbuch für Religionskultur.
Herausgegeben von Wilhelm-Ludwig Federlin und Edmund Weber. Bd. 21
ISBN 978-3-631-56704-3 · br. € 26.60*

Im Lichte der jetzigen politischen, wirtschaftlichen und religiösen Situation ist es erforderlich, die Diskussion über die Beziehung zwischen Christen und Muslimen neu zu bedenken. Eindrücke und Meinungen, die vielfach durch Unwissenheit und Vorurteile entstanden sind, sind als solche aufzuspüren. Nur so kann es gelingen, Ängste und Vorurteile, die die Beziehung zwischen Christen und Muslimen beherrschen, abzubauen und durch gegenseitiges Verstehen zu ersetzen. Ziel dieses Buches ist es, eine Grundlage für beide Religionen zu schaffen, auf der sie den Dialog vollziehen können. Denn um den Anderen anzunehmen, ist es nicht unbedingt erforderlich, die gleiche Meinung zu haben. Der Dialog bietet die Chance, Missverständnisse abzubauen und im gemeinsamen Gespräch zu bleiben. Um den Herausforderungen der heutigen Zeit begegnen zu können, ist auch unsere gemeinsame Tradition immer wieder zu überdenken. Dafür ist es erforderlich, Religion und Politik auseinander zu halten. Toleranz und Akzeptanz waren und bleiben wichtige Bausteine auf dem Weg zu einem friedlichen Zusammenleben der Kulturen.

Aus dem Inhalt: Klärung grundlegender Begriffe für den christlich-islamischen Dialog – seine theologische Bedeutung, seine Geschichte, insbesondere auf der arabischen Halbinsel · Gemeinsamkeiten und Unterschiede von Islam und Christentum: das Gottesbild, das Prophetenverständnis, die heiligen Schriften Koran und Bibel · u.v.m.

Frankfurt am Main · Berlin · Bern · Bruxelles · New York · Oxford · Wien
Auslieferung: Verlag Peter Lang AG
Moosstr. 1, CH-2542 Pieterlen
Telefax 0041 (0) 32/376 17 27

*inklusive der in Deutschland gültigen Mehrwertsteuer
Preisänderungen vorbehalten
Homepage http://www.peterlang.de